全国革命老区县发展史丛书·广东卷

# 阳山县革命老区发展史

阳山县革命老区发展史编委会　编

SPM 南方出版传媒·广东人民出版社
·广州·

图书在版编目（CIP）数据

阳山县革命老区发展史 / 阳山县革命老区发展史编委会编 . —广州：
广东人民出版社，2021.3
（全国革命老区县发展史丛书·广东卷）
ISBN 978-7-218-14707-9

Ⅰ.①阳… Ⅱ.①阳… Ⅲ.①阳山县—地方史 Ⅳ.①K296.54

中国版本图书馆CIP数据核字（2020）第243053号

YANGSHAN XIAN GEMING LAOQU FAZHANSHI

## 阳山县革命老区发展史

阳山县革命老区发展史编委会 编 　　　　　　版权所有　翻印必究

出 版 人：肖风华

**责任编辑：**王智欣
**装帧设计：**张力平等
**责任技编：**吴彦斌　周星奎

出版发行：广东人民出版社
地　　址：广州市海珠区新港西路 204 号 2 号楼（邮政编码：510300）
电　　话：（020）85716809（总编室）
传　　真：（020）85716872
网　　址：http://www.gdpph.com
印　　刷：广州市浩诚印刷有限公司
开　　本：715mm×995mm　1/16
印　　张：25.625　插　页：12　字　数：330 千
版　　次：2021 年 3 月第 1 版
印　　次：2021 年 3 月第 1 次印刷
定　　价：105.00 元

如发现印装质量问题，影响阅读，请与出版社（020-85716849）联系调换。
售书热线：（020）85716826

# 广东省编纂《革命老区县发展史》丛书
## 指导小组

组　长：陈开枝（广东省老区建设促进会会长）

副组长：林华景（广东省老区建设促进会常务副会长）

宋宗约（广东省农业农村厅二级巡视员、广东省老
区建设促进会副会长）

刘文炎（广东省老区建设促进会副会长）

郑木胜（广东省老区建设促进会副会长）

姚泽源（广东省老区建设促进会副会长兼秘书长）

谭世勋（广东省老区建设促进会副会长）

廖纪坤（广东省农业农村厅总经济师）

## 办公室

主　任：姚泽源（兼）

副主任：韦　浩（广东省农业农村厅扶贫协作与老区建设处
处长）

柯绍华（广东省老区建设促进会副秘书长）

伍依丽（广东省老区建设促进会副秘书长）

# 清远市编纂《革命老区县发展史》丛书

# 指导小组

组　长：谢土新（清远市老区建设促进会会长）

副组长：赖志军（清远市农办、扶贫办副主任）

　　　　蔡少玲（清远市史志办副主任）

　　　　曾金玲（清远市老区建设促进会常务副会长）

　　　　梁刚毅（清远市老区建设促进会常务副会长兼秘书长）

## 办公室

主　任：梁刚毅（清远市老区建设促进会常务副会长兼秘书长）

副主任：林永泽（清远市扶贫办副调研员）

　　　　莫祖扬（清远市史志办党史科科长）

　　　　卢瑞其（清远市扶贫办老区科科长）

　　　　李秀红（清远市老区建设促进会副秘书长）

# 《阳山县革命老区发展史》编纂委员会

## 编委会

顾　　　问：钟旭城（清远市委原副书记、阳山县委原
　　　　　　　　书记）

　　　　　　谢土新（清远市老促会会长、清远市人大常
　　　　　　　　委会原副主任、阳山县委原书记）

　　　　　　吴显标（广东省社会主义学院党组书记、常
　　　　　　　　务副院长，政协清远市委员会原副
　　　　　　　　主席、阳山县原县长）

　　　　　　温湛滨（阳江市市长、阳山县委原书记）

　　　　　　伍文超（清远市人大常委会副主任、阳山县
　　　　　　　　委原书记）

　　　　　　李　欣（韶关市副市长、阳山县委原书记）

主　　　任：余国平（阳山县委书记）

常务副主任：廖敬华（阳山县委副书记、县长）

副　主　任：张焕明（阳山县人大常委会主任）

　　　　　　钟土城（政协阳山县委员会主席）

　　　　　　朱燕群（阳山县委副书记）

　　　　　　刘沁汀（阳山县委常委、县委组织部部长）

　　　　　　潘文彬（阳山县委常委、常务副县长）

罗永忠（阳山县委常委、县委办公室主任）

李素娟（阳山县委常委、县委宣传部部长）

陈章钦（阳山县老促会会长，县扶贫办原主任，县人大常委会原委员、农村工委原主任）

唐国英（阳山县老促会名誉会长、县委原常委、县纪委原书记、县政协原主席）

委　　员：林耀雄（阳山县人民政府党组成员、办公室主任）

陈伟珍（阳山县委办公室副主任）

李学森（阳山县史志办公室主任）

李扬基（阳山县老促会常务副会长、县纪委原副书记、县监察局原局长）

李炽光（阳山县老促会常务副会长、县纪委原常委、县监察局原副局长）

李两平（阳山县老促会常务副会长兼秘书长，县人大常委会原委员、常委会党组原成员、办公室原主任、财经工委原主任）

**编辑部**

主　　　编：陈章钦

执 行 主 编：李两平

副　主　编：胡顺音（阳山县史志办公室副主任）

邹定君（阳山县扶贫办公室副主任）

编　　辑：李扬基

　　　　　李炽光

　　　　　陈发娣（阳山县史志办公室综合办主任）

　　　　　郭锡全（阳山县史志办公室原副主任、县档案局

　　　　　　　原局长）

　　　　　伍洪斌（阳山县扶贫办公室老区建设办主任）


**评审组**

组　　　　长：唐国英

执 行 组 长：李学森

副　组　长：林耀雄

　　　　　陈伟珍

组　　　员：张有干（阳山县发展改革局局长）

　　　　　饶火明（阳山县文化广电新闻出版局局长）

　　　　　潘志伟（阳山县民政局局长）

　　　　　邹华鹏（阳山县统计局局长）

　　　　　谭雄辉（阳山县扶贫办公室主任）

　　　　　邹剑英（阳山县史志办公室科员）

　　　　　成洁梅（阳山县史志办公室科员）

　　　　　陈佩英（阳山县史志办公室科员）

　　　　　向雪欣（阳山县史志办公室科员）

在举国欢庆新中国成立 70 周年前夕，中国老区建设促进会王健会长请我为《全国革命老区县发展史》丛书作序，作为一名在老区战斗过并得到老区人民生死相助的老兵，回首往事，心潮澎湃，感慨万千，深感义不容辞，欣然应允。

中国革命老区，是以毛泽东为代表的中国共产党人在领导人民推翻帝国主义、封建主义和官僚资本主义三座大山，争取民族独立和人民解放伟大斗争中建立的革命根据地，在这片红色的土地上，诞生了无数可歌可泣的革命英雄儿女，为后人树起了一座不朽的丰碑，她是新中国的摇篮，是党和军队的根。

在艰苦卓绝的战争年代，老区人民把自己的命运与中华民族的命运紧紧地联系在一起，与中国共产党和人民军队的命运紧紧地联系在一起，他们生死相依，患难与共。我曾亲历过战争年代，并得到过老区红哥红嫂的救助，切身感受到发生在身边的一幕幕撼天动地的革命故事，在那极其艰难的条件下，老区人民倾其所有、破家支前，不怕艰难困苦，不怕流血牺牲。"最后一碗米送去做军粮，最后一尺布送去做军装，最后一件老棉袄盖在担架上，最后一个亲骨肉送去上战场"，这是当时伟大的老区人民为建立新中国做出巨大牺牲的真实写照，它将永远镌刻在中国共产党、中国人民解放军、中华人民共和国的历史丰碑上。他们的光辉业绩永载史册，他们的革命精神必将影响一代又一代的革命新人，造就一代又一代的民族脊梁。

在社会主义革命和建设时期，革命老区和老区人民响应党的号召，面对落后的面貌、脆弱的经济、恶劣的生态环境，他们本色不变，精神不丢，自力更生，艰苦奋斗，干一行爱一行。始终坚持"革命理想高于天"，自觉做共产主义远大理想的坚定信仰者和忠实实践者，勇于向恶劣的自然环境和贫穷落后宣战，他们在各条战线上为国建功立业，用平凡的双手创造了一个又一个不平凡的奇迹，彰显了老区人的崇高精神和人格力量。

在改革开放的伟大进程中，老区人民解放思想，勇于创新，发奋图强，攻坚克难，老区的经济社会建设取得了辉煌成就。特别是在改变中国的面貌、中华民族的面貌、中国人民的面貌、中国共产党的面貌的伟大实践中发挥了至关重要的作用。老区人民既是改革开放的参与者，也是改革开放的推动者。

艰苦练意志，危难见精神。老区人民在近百年的革命战争、社会主义建设和改革开放的伟大实践中，孕育形成了伟大的老区精神：爱党信党、坚定不移的理想信念；舍生忘死、无私奉献的博大胸怀；不屈不挠、敢于胜利的英雄气概；自强不息、艰苦奋斗的顽强斗志；求真务实、开拓创新的科学态度；鱼水情深、生死相依的光荣传统。这是党和人民宝贵的精神财富、丰厚的政治资源，是凝心聚力、振奋民族精神的重要法宝，也是社会主义核心价值观的重要内容。

中国老区建设促进会怀着强烈的政治责任感和历史使命感，组织全国各地老促会人员克服困难，尽心竭力编纂《全国革命老区县发展史》丛书，记录老区的光辉历史和辉煌成就，传承红色基因，弘扬老区精神，是功在当代，利及千秋的一件大事。手捧这部丛书的部分书稿，读着书中的故事，倍感亲切，深感这部丛书具有资政、育人、存史的社会功能，有着重要的时代和历史价值。它是不忘初心、牢记使命的源头活水，是赞颂共产党、讴歌老区人民的一部精品力作，是弘扬老区精神、传承红色记忆的丰厚载体，是一项继承优秀传统文化、弘扬革命文化、发展社会主义先进文化，坚定"四个自信"的宏大文化工程。它必将成为一种文化品牌，为各界人士了解老区宣传老区支持老区提供一部有价值的研究史料。希望读者朋友们能从中了解并牢记这些为党和民族的利益不断奉献的老区人民，从中得到教益，汲取人生奋斗的精神动力。

新时代赋予新使命，新起点开启新征程。让我们更加紧密地团结在以习近平同志为核心的党中央周围，坚持以习近平新时代中国特色社会主义思想为指导，增强"四个意识"，坚定"四个自信"，做到"两个维护"，弘扬老区精神，铭记苦难辉煌。为实现"两个一百年"奋斗目标，实现中华民族伟大复兴的中国梦作出新的更大的贡献！

邓清田

2019 年 4 月 11 日

　　2017 年 6 月，中国老区建设促进会组织全国各地老促会启动编纂《全国革命老区县发展史》丛书，按照"建立中国共产党、成立中华人民共和国、推进改革开放和中国特色社会主义事业"三大里程碑的历史脉络，系统书写革命老区百年历史，深入挖掘革命老区红色文化资源，这对于充实丰富中国革命史籍宝库、在新时代传承红色基因、弘扬革命精神、强固根本，对于激励人们在新的历史条件下夺取中国特色社会主义伟大胜利，实现中华民族伟大复兴的中国梦具有重要意义。

　　丛书编纂以习近平新时代中国特色社会主义思想为指导，以《中国共产党历史》《中国共产党的九十年》等重要文献为基本依据，以党的领导为核心，以老区人民为主体，以老区发展为主线，体现历史进程特征，突出时代发展特色，坚持辩证唯物主义和历史唯物主义相统一、历史真实性与内容可读性相统一的原则，书写革命老区从站起来、富起来到强起来的光辉革命史、不懈奋斗史、辉煌成就史，把老区人民的伟大贡献、伟大创造、伟大成就、伟大精神充分展示出来，形成一部具有厚重历史特征和鲜明时代特色的精品力作。这是一部培根铸魂、守正创新，既为历史立言，又为时代服务，字里行间流淌着红色血脉、催生着革命激情的传世之作。丛书的编纂出版将成为讴歌党讴歌人民讴歌时代、传播红色文化、为革命老区和老区人民树碑立传的重要载体。

　　丛书按照编年体与纪事本末体相结合、以编年体为主的编写体例确定框架结构；运用时经事纬、点面结合的方式记述史实；坚持人事结合、以事带人的原则处理人与事的关系；采取夹叙夹议、叙论结合以叙为主的方法展开内容。做到了史料与史论、历史与现实、政治与学术统一，文献性、学术性、知识性相兼容。

　　为编纂好《全国革命老区县发展史》丛书，打造红色文化品牌，中国老区建设促进会认真组织积极协调，提出政治立场鲜明、史料真实准确、思想论述深刻、历史维度厚重、时代特色突出、编写体例规范、篇目布局合理、审读把关严格、出版制作精良的编纂出版总要求，力求达到革命史籍精品的精神高度、思想深度、知识广度、语言力度，增强丛书的权威性和社会影响力。各省（区、市）、市（州、盟）、县（市、区、旗）老促会的同志，以强烈的使命感、责任感和紧迫感，勇于担当，积极作为，认真实施，组织由老促会成员、专家学者等参加的十余万人编纂队伍。编纂工作主体责任在县，省、市组织协调、有力指导、审读把关。各方面人员以高度负责的精神和科学严谨的态度，满腔热情地投入工作，为丛书编纂出版作出了重要贡献。丛书编纂工作还得到了党和国家有关部委、地方各级党委政府及有关部门的大力支持和积极参与，社会各界也给予了热情帮助。中共中央政治局原委员、中央军委原副主席、原国务委员兼国防部长迟浩田上将，对老区人民怀有深厚感情，对革命老区建设发展十分关注，欣然为《全国革命老区县发展史》丛书作总序。

　　丛书由总册和 1599 部分册（每个革命老区县编纂 1 部分册）组成，共 1600 册。鉴于丛书所记述的史实内容多、时间跨度长和编纂时间紧，不妥之处，敬请批评指正。

中国老区建设促进会

● 县城新貌 ●

阳山县委、县政府行政大楼（许明辉摄于2018年11月）

阳山县城一角（许明辉摄于2018年11月）

阳山县城中轴线（许明辉摄于2018年10月）

阳山县城连江水（欧阳艺麟摄于2019年2月）

阳山县城贤令山阳山革命烈士陵园正门坊（许明辉摄于2016年10月）

阳山国家地质公园正门坊（许明辉摄于2016年5月）

## ● 昔日老区 ●

中华人民共和国成立前的阳山县城（档存资料）

小江镇下坪老区村田心村羊行墩晒场——阳山人民
武装起义誓师地点（档存资料）

弹痕累累的黄坌高陂老区村民宅
（档存资料）

昔日的老区黄坌镇高陂村（档存资料）

## ● 今日老区 ●

小江镇下坪老区村田心村今貌（许明辉摄于2018年3月）

小江镇小江老区村灰沙村今貌（许明辉摄于2018年4月）

小江镇下坪老区村老围墩村今貌（许明辉摄于2018年3月）

小江镇小江老区村光伏扶贫电站（李两平摄于2017年7月）

小江镇双山老区村雷公岩村今貌（许明辉摄于2018年4月）

小江镇塘冲老区村茶山村今貌（许明辉摄于2016年5月）

小江镇船洞老区村架吊村今貌（许明辉摄于2018年）

小江镇下坪老区村山根村今貌（许明辉摄于2018年）

黄坌镇黄坌老区村今貌（许明辉摄于2017年）

黄坌镇高陂老区
村今貌（许明辉
摄于2017年）

黄坌镇雷村老区
村今貌（许明辉
摄于2017年）

黄坌镇王村老
区村庙背村今
貌（许明辉摄
于2017年）

黎埠镇水井老区村今貌（许明辉摄于2018年1月）

黎埠镇升平老区村500亩花海（黎埠镇政府提供，2014年2月摄）

黎埠镇鲁塘老区村村民饮用水工程水塔（李两平摄于2017年7月）

黎埠镇大龙老区村菜场（黎埠镇政府提供，2018年7月摄）

黎埠镇洞冠老区村茶山村今貌（许明辉摄于2018年1月）

黎埠镇界滩老区村边江村今貌（许明辉摄于2018年1月）

秤架瑶族乡东坑老区村今貌（许明辉摄于2017年9月）

秤架瑶族乡漏水坪老区村今貌（许明辉摄于2012年2月）

秤架瑶族乡炉田老区村白水寨村今貌（许明辉摄于2017年9月）

秤架民族学校（李两平摄于2018年11月）

阳城镇麦冲老区村双塘村今貌（彭志雄摄于2016年）

阳城镇雷公坑老区村丫界塘村今貌（许明辉摄于2018年）

江英镇田心老区村沙坝水库（江英镇政府提供，摄于2017年7月）

江英镇田心老区村田心村今貌（卢绍剑摄于2016年）

江英镇荣岗老区村发展食用菌种植基地（江英　江英镇荣岗老区村硬底化公路（江英镇政府提
镇政府提供，2016年摄）　　　　　　　　　供，2017年摄）

● 纪念场所 ●

重建后的阳山人民武装起义纪念碑（李两平摄于2018年7月）

重建前的阳山人民武装
起义纪念碑（李两平摄
于2017年7月）

阳山革命烈士陵园革命烈士纪念碑（李两平摄于2019年4月）

阳山革命烈士陵园烈士之墓（欧志光摄于2018年7月）

坚守高陂一百零八天战斗纪念碑（李两平摄于2017年9月）

秤架革命烈士陵园纪念碑（欧志光摄于2018年7月）

黎埠革命烈士纪念碑（欧志光摄于2018年7月）

七拱革命烈士纪念碑（欧志光摄于2018年7月）

阳山人民武装起义纪念馆（欧志光摄于2018年7月）

阳山革命斗争历史展厅（冯俐俐摄于2018年7月）

小江镇冯光纪念中学（李两平摄于2018年11月）

小江镇冯光纪念中学思源室内布置（李两平摄于2018年11月）

黄坌革命历史纪念馆（李两平摄于2018年12月）

黄坌镇高陂思源室内布置（李两平摄于2018年11月）

黎埠中学三思教育馆
（李两平摄于2018年11月）

黎埠中学三思教育馆内布置（李两平摄于2018年11月）

阳山县秤架瑶族乡思源室内布置（李两平摄于2018年11月）

阳山县秤架瑶族乡思源室
（李两平摄于2018年11月）

黎埠镇界滩思源室
（欧志光摄于2018年7月）

黎埠镇界滩思源室
内布置（欧志光摄
于2018年7月）

阳城镇水口学校思源室
（李两平摄于2018年11月）

阳城镇水口学校思源
室内布置（李两平摄
于2018年11月）

阳山县江英中心小学（李两平摄于2018年11月）

阳山县江英中心小学思源室内布置
（李两平摄于2018年11月）

● 本书编纂 ●

召开征求意见座谈会（李炽光摄于2018年11月）

县老促会编纂人员修改校核中（袁志文摄于2019年2月）

编纂委员会初稿审稿会议（袁志文摄于2019年4月）

微信扫描二维码
您立即开展本书的
延伸阅读。

序　言 / 001

**第一章　区域和革命老区概况 / 001**

第一节　区域基本情况 / 002

一、自然地理 / 002

二、建制沿革 / 003

三、行政区划 / 005

四、自然环境 / 007

五、矿物资源 / 007

六、生物资源 / 007

七、旅游资源 / 008

八、人文社会 / 009

第二节　阳山县革命老区评划情况 / 011

一、开展评划革命老区工作 / 011

二、阳山县评划革命老区结果 / 011

第三节　老区村主要革命事件概况 / 018

一、小江镇老区村主要革命事件 / 018

二、黄坌镇老区村主要革命事件 / 021

三、黎埠镇老区村主要革命事件 / 023

四、秤架瑶族乡老区村主要革命事件 / 025

五、阳城镇老区村主要革命事件 / 026

六、江英镇老区村主要革命事件 / 027


第二章　火种播撒　农运兴起 / 029

第一节　进步思想和革命火种播撒阳山 / 030

一、进步思想在阳山传播 / 030

二、中共党员在阳山的早期活动 / 031

三、红七军转战途经阳山 / 033

第二节　阳山农民运动 / 035


第三章　抗日救亡　群情踊跃 / 039

第一节　党组织和抗日组织在阳山建立 / 040

一、阳山县青年抗敌同志会建立 / 040

二、中共阳山县支部、中共阳山县支部委员会成立 / 041

三、中共阳山中学支部建立 / 042

第二节　阳山抗日救亡活动 / 043

一、阳山——广东抗战的大后方 / 043

二、青抗会踊跃抗日 / 044

三、阳山学生抗日活动 / 045

四、日机轰炸阳山 / 046

五、粤桂边抗战总指挥部设在阳山 / 047

六、第四十七官兵伤运站 / 047

第三节　阳山党组织分散隐蔽 / 049

一、国民党顽固派的反共高潮 / 049

二、"十六字方针"和"三勤" / 049

**第四章　武装斗争　如火如荼 / 051**

第一节　党组织的恢复和发展 / 052

　　一、中共小江区委成立 / 052

　　二、阳山第一批农村党支部建立 / 053

　　三、中共虎岗中学支部成立 / 054

　　四、中共阳山县委成立 / 054

　　五、黎埠地区青盟组织 / 057

第二节　武装起义与武装队伍建立 / 060

　　一、阳山人民武装起义 / 060

　　二、飞雷队挺进阳山 / 063

　　三、高陂会师 / 064

　　四、阳山人民抗征自救队成立 / 065

　　五、组建连江支队第五团 / 065

第三节　阳山游击根据地的建立与发展 / 067

　　一、老区农会与民兵组织建立 / 067

　　二、老区妇女投入革命 / 069

　　三、开辟新区，鱼冲突围 / 070

第四节　游击根据地的斗争 / 072

　　一、游击队开展武装斗争 / 072

　　二、界滩争夺战 / 073

　　三、罗汉塘伏击战 / 075

　　四、坚守高陂108天战斗 / 077

　　五、冲子岩坚壁清野 / 079

　　六、二战神岗村 / 081

第五节　人民民主统一战线工作 / 083

　　一、争取国民党政权中基层人员和开明士绅 / 083

　　二、对地方土匪教育改造 / 084

第六节　阳山解放与新政权诞生 / 087

　　一、阳山全面解放 / 087

　　二、阳山县人民政府成立 / 090


第五章　老区建设　群策群力 / 093

第一节　重点倾斜　扶持老区发展 / 094

　　一、"两不具备"老区村庄迁移 / 095

　　二、老区农田水利建设 / 095

　　三、老区饮用水设施建设 / 095

　　四、老区美丽村庄建设 / 096

　　五、老区学校建设 / 096

　　六、老区医院建设 / 097

　　七、老区道路交通建设 / 098

　　八、老区供电设施建设 / 099

第二节　老区镇（村）建设发展概况 / 100

　　一、小江镇老区发展概况 / 100

　　二、黄坌镇老区发展概况 / 110

　　三、黎埠镇的老区发展概况 / 118

　　四、秤架瑶族乡的老区发展概况 / 125

　　五、阳城镇的老区发展概况 / 135

　　六、江英镇的老区发展概况 / 140

**第六章 翻身做主 探索发展 / 145**

第一节 向社会主义过渡的实现 / 146

一、民主建政,当家做主 / 146

二、剿匪斗争,维持社会秩序 / 147

三、镇压反革命与肃奸反特 / 150

四、土地改革,分配果实 / 152

五、农业合作化 / 153

六、人民公社化运动 / 154

七、党建在曲折中发展 / 156

第二节 实施经济计划 探索建设发展 / 158

一、经济恢复和"一五"时期发展概况 / 158

二、"二五"和经济调整时期发展概况 / 163

三、"三五"和"四五"时期发展概况 / 164

四、"五五"时期发展概况 / 164

五、主要经济指标统计数据 / 165


**第七章 改革开放 飞跃发展 / 169**

第一节 拨乱反正 加强党建 / 171

一、落实干部政策 / 171

二、平反冤假错案 / 172

三、党建步入正轨 / 173

第二节 "六五"至"十一五"时期发展概况 / 175

一、"六五"时期发展概况 / 175

二、"七五"时期发展概况 / 175

三、"八五"时期发展概况 / 176

四、"九五"时期发展概况 / 177

五、"十五"时期发展概况 / 178

六、"十一五"时期发展概况 / 179

七、主要经济指标统计数据 / 180

第三节 改革开放创新 "三农"振兴发展 / 184

一、农村改革，开放搞活 / 184

二、特色农业，经济发展 / 185

三、农综改革，巩固基础 / 187

四、全民造林，绿化阳山 / 188

五、"双到"扶贫，建设新村 / 190

第四节 大兴地方工业 提振阳山经济 / 192

一、大力发展特色工业 / 192

二、因地制宜，发展"两水一矿" / 194

三、筑巢引凤，发展民营经济 / 196

四、横向经济联系与国有企业改革 / 198

第五节 开发旅游项目 发展第三产业 / 200

一、打造旅游景点 / 200

二、发展旅游产业 / 201

三、推动第三产业加快发展 / 202

第六节 加大基础投入 建设宜居阳山 / 203

一、交通网络建设提速 / 203

二、水利电力设施建设步伐加快 / 204

三、开展"一核两极"城镇建设 / 206

第七节 发展环境优化 社会事业进步 / 208

一、加强行政管理体制改革 / 208

二、保护生态环境，营造"发展洼地" / 209

三、财税金融业显著发展 / 210

四、教科文卫社保事业蓬勃发展 / 211


**第八章　深化改革开放　新时代新发展 / 215**

第一节　"十二五"和"十三五"时期发展概况 / 217

一、"十二五"时期发展概况 / 217

二、"十三五"时期前三年发展概况 / 218

三、主要经济指标统计数据 / 219

第二节　"广清一体化""一核一带一区"建设 / 223

一、融入"广清一体化" / 223

二、实施"一核一带一区"发展战略 / 225

三、强化学习教育，加强党建工作 / 227

第三节　乡村振兴　"三个全域两大攻坚" / 229

一、实施"三个全域"，乡村振兴新举措 / 229

二、实施"两大攻坚"，乡村振兴新作为 / 232

第四节　注重生态　第一产业绿色发展 / 237

一、绿色农业经济持续发展壮大 / 237

二、着力综合治理，改善生态环境 / 239

三、建设美丽乡村，城乡面貌巨变 / 240

四、实施精准扶贫，力求稳定脱贫 / 241

第五节　拓新能源　第二产业有新发展 / 242

一、开发绿色能源，发展新型工业 / 242

二、主体功能区建设，新推进新成效 / 243

三、精准招商引资，新举措新项目 / 244

四、固定资产投资，平稳增长增效 / 245

第六节　加强服务　第三产业快速发展 / 248

　　一、利用自然资源，发展旅游产业 / 248

　　二、发展电商物流业，拉动社会消费 / 249

　　三、财税平稳增长，金融服务提升 / 250

第七节　以人为本　社会事业全面发展 / 252

　　一、深化改革开放，增活力促发展 / 252

　　二、创强有新成就，教育均衡发展 / 254

　　三、文化卫生事业持续蓬勃发展 / 255

　　四、重民生促和谐，新增劳动就业 / 257

第八节　科学谋划　老区发展明天会更好 / 259

　　一、"十三五"时期阳山建设发展展望 / 259

　　二、阳山县"十三五"时期主要奋斗目标 / 260


**附　录 / 263**

附录一　革命旧（遗）址和红色文物 / 264

附录二　纪念场馆及设施 / 281

附录三　缅怀革命先烈　弘扬红色基因 / 288

附录四　红色歌曲歌谣 / 324

附录五　革命历史文献 / 331

附录六　阳山县革命烈士名录 / 348

附录七　大事记（1938—1949） / 366

附录八　阳山县老区建设促进会历届机构设置 / 376


**后　记 / 381**

　　盛世修志是中华民族优秀的文化传统。编纂《阳山县革命老区发展史》，是为了贯彻落实习近平总书记关于"发扬红色资源优势，深入进行党史、军史、老区革命史优良传统教育，把红色基因代代传下去"的指示和中办发〔2015〕64号文件中提出的"积极支持老区精神挖掘整理工作，扶持创作一批反映老区优良传统，展现老区精神风貌的优秀文艺作品和文化产品"的要求，根据中国老区建设促进会的统一部署，在省、市老区建设促进会指导下，由县老区建设促进会主导开展的一项十分有意义的工作。

　　处在新时代这样一个太平盛世，我们有责任为后人留下一部系统的、翔实的革命老区发展史料，从而为现在乃至将来老区各项建设提供借鉴，为爱国主义教育、革命传统教育提供教材，使各界人士了解阳山县革命老区斗争历史和建设发展情况。编纂《阳山县革命老区发展史》，目的是回顾革命老区在战争年代的斗争历程和不可磨灭的贡献；缅怀那些在阳山革命历史上英勇战斗，抛头颅洒热血，作出巨大牺牲与贡献的革命先烈先辈；勉励后人向革命先烈先辈学习，继承和弘扬革命老区、革命先烈先辈的崇高革命精神和优良传统；教育后人不忘初心常思源，饮水不忘挖井人，珍惜老区和革命先烈先辈留下的宝贵精神财富，牢记使命，记住老区，建设好老区，使革命先烈先辈打下的江山永葆红色，代代相传。阳山县于2018年初成立机构，开展《阳山县革命老区发展史》编纂工作，认真记载、展示阳山革命老区光辉的革命史、不懈的奋斗史、辉煌的成就史，传承红色基因，弘扬老区精神。本史上限时间为1927年，下限时间为2018年底。

阳山县有着光荣的革命历史。早在大革命时期，阳山就建立农民协会，农民运动风起云涌。1938年，已在阳山建立党的组织，党领导的抗日救国运动蓬勃开展，党的外围组织——青年抗敌同志会遍布城乡。解放战争时期，阳山县是中国人民解放军粤桂湘边纵队连江支队的重要活动地域，同时是连江支队开展连江流域武装斗争的指挥中心。在连江支队中，阳山参军参战人数最多，牺牲最大。阳山是游击队活动主要根据地，在艰难困苦的革命战争年代，根据地人民在中国共产党领导下，为了推翻"三座大山"、抗日救国、解放阳山，前仆后继，进行艰苦卓绝的斗争，作出过重大贡献，也蒙受了生命、财产的重大牺牲和损失。阳山革命老区和革命先烈先辈们"坚定信念、听党指挥，不怕牺牲、艰苦奋斗，植根群众、为民谋福"的崇高精神，激励阳山人民不断奋斗、继续前进。

1993年阳山县黄坌乡（现黄坌镇）、小江镇被评划为革命老区镇，另有石螺镇（后撤并入小江镇）、黎埠镇、阳城镇、秤架镇（现秤架瑶族乡）、江英乡（现江英镇）为有老区村庄的乡镇。全县共有417个自然村被评划为解放战争游击根据地村庄。

中华人民共和国成立后，特别是改革开放和中共十八大以来，在中国共产党的坚强领导下，在革命先辈崇高精神的激励鞭策下，一代又一代阳山儿女为阳山建设、改革、发展不懈奋斗，取得辉煌成就。昔日的"天下之穷处"变成生态宜居的美丽家园。阳山县老区人民发扬革命优良传统，自力更生，艰苦奋斗，持续努力，建设家园，积极发展生产和开展各项建设，根据地人民生产、生活条件有了较大改善，经济建设稳步协调发展，文教卫生福利事业不断进步，精神文明建设进一步加强，各方面取得很大成就，也为国家经济社会建设作出了重要贡献。过去，革命老区作出伟大的历史贡献，今天，老区发生了历史性变革，取得历史性辉煌成就。老区人民正在为中华民族伟大复兴而奋斗，老区的明天会更好！

《阳山县革命老区发展史》记述和反映阳山老区人民在党领导下几十年奋斗发展壮大的历史，记述创建和发展革命根据地的历史贡献和地位作用，记载老区人民在创建革命根据地和开展武装斗争过程中的重大事件、著名英模事迹及展现出来的崇高革命精神和光荣传统，肯定老区人民的伟大贡献，总结老区建设发展的经验，展示老区建设的伟大成就，对于发扬革命传统，继承红色基因，弘扬老区精神，不忘初心，牢记使命，与时俱进，明确老区发展方向，促进老区建设与发展，都具有重要历史意义和现实意义。

《阳山县革命老区发展史》在记述阳山县老区和全县建设发展情况时，分为社会主义革命和建设发展时期、改革开放和社会主义现代化建设时期、中国特色社会主义新时代三个时期分别记载，反映了阳山从站起来、富起来到强起来的历史发展进程和取得的辉煌成就。

饮水不忘挖井人。我们要不忘老区，感恩老区，崇敬老区，进一步建设好老区，把老区各项事业推上新台阶。纪念历史的最好方式，就是建设好现在、开创更好的未来。努力创造无愧于时代、无愧于人民、无愧于先烈先辈的新业绩，是对革命老区、革命先烈先辈的最好纪念和缅怀。我们要不忘初心常思源，牢记使命葆红色，进一步深入实施"红色基因"传承工程，加强红色革命遗址保护利用，把革命老区、革命先烈先辈革命精神发扬光大。

在新时代，我们要在以习近平同志为核心的党中央领导下，高举习近平新时代中国特色社会主义思想伟大旗帜，在县委、县政府领导下，联系阳山实际，奋勇向前，不懈努力，全面实施乡村振兴战略"三个全域两大攻坚"系列行动，坚决打好打赢精准脱贫攻坚战，努力开创生态振兴、绿色崛起新局面，努力建设生态阳山、善美之县，实现阳山振兴发展，以实实在在的业绩，谱写出无愧于革命先烈先辈和时代的光辉篇章！

阳山县革命老区发展史编委会

2019年11月30日

# 第一章
## 区域和革命老区概况

　　阳山县位于广东省西北部，全县总面积3418平方千米，辖12个镇1个瑶族乡，总人口57.56万人。

　　阳山县有着光荣的革命历史。阳山是中国人民解放军粤桂湘边纵队连江支队的重要活动地域，是连江支队司令部所在地和开展连江流域武装斗争的指挥中心。全县共有417个自然村被评划为解放战争游击根据地村庄（简称老区村），分布于6个乡镇32个行政村之中。有2个镇被确定为老区镇。老区人民在中国共产党领导下进行艰苦卓绝革命斗争，为阳山解放事业作出重要贡献。

# 第一节 区域基本情况

## 一、自然地理

阳山县位于广东省西北部、南岭山脉南麓、连江中游，是石灰岩山区县。在东经112°22′01″～113°01′06″，北纬23°58′47″～24°55′52″之间。县境东接乳源县、英德市，南连清远市清新区、广宁县、怀集县，西接怀集县、连南瑶族自治县，北与连州市及湖南省宜章县接壤。2018年，阳山下辖13个乡镇（其中12个镇、1个瑶族乡），分设159个村委会和8个社区居委会，户籍人口57.56万人。

阳山县境四至：最东为秤架瑶族乡的亚叉顶，与乳源瑶族自治县为邻；最南为杨梅镇的大风坳顶，与广宁县、清远市清新区相接；最西为黎埠镇的排角，与连南瑶族自治县接壤；最北为秤架瑶族乡太平洞的猛坑石，与乳源瑶族自治县和湖南省宜章县相连。阳山县属南亚热带向中亚热带过渡的季风气候区，冬日短而夏日长，年平均气温15.5 ℃～20.4℃；年降水量1500～2200毫米；日照年平均时数为1568.3小时，上半年日照时间偏短而下半年日照时间长。

阳山以山闻名，有"八山一水一分田"之称。县境东西相距最宽67.05千米，南北相距最长104.07千米，地势南北高、中间低，平面呈橄榄状。全县面积3418.365平方千米，占全省总面积的1.92%，占全国总面积的0.0356%。县境山多地少，大致是山地面积占90%，盆地面积占10%。县内地形复杂，峰峦起伏，山地、丘陵、盆地和河谷平原交错，海拔千米以上高山有150多座。最高峰是秤架瑶族乡的石坑崆（又名猛坑石），海拔1902米，是广东省最高山峰，有"广东屋脊"之称。县境内主要河流有连江、岭背河、同冠河、庙公坑、七拱河等，水运以小北江为主线，可常年通航150吨货轮。清连高速公路，国道107线、323线和省道250线、524线、525线贯穿全境。

县城在阳城镇，东距英德市界37.4千米（公路里程，下同），南距清远市清新区界33千米，西距连南瑶族自治县界48.4千米，西南距怀集县界91.8千米，北距连州市界48.4千米，东北距乳源瑶族自治县界68.2千米。县城东距英德市区120千米，南距清远市区110千米，西南距怀集县城144千米，西北距连州市城区81千米，东北距韶关市区169千米，南距广东省会广州市170千米，北距首都北京2165千米。县城至各乡镇政府所在地公路里程：至青莲21千米，江英32千米，杜步23千米，七拱27千米，太平36千米，杨梅57千米，大崀20千米，黎埠41千米，小江22千米，岭背25千米，秤架49千米，黄坌35千米。

## 二、建制沿革

阳山地域，古为南交地，周时属楚。战国时境内有阳禺国，治所在今县之东，即青莲峡头一带。秦时为长沙郡南境。秦末在境内设"阳山关"。西汉，汉高帝（前206—前195）析长沙郡南部设桂阳郡，置阳山县，属荆州桂阳郡。汉献帝建安十九年（214），孙权取桂阳郡地，遂属孙权。建安二十五年（220），入含洭县。吴甘露元年（265），析桂阳郡置始兴郡，仍属荆州，以含洭县之桃乡置阳山县，属始兴郡。晋太康元年（280），始兴郡隶属广州。永嘉元年（307），始兴郡改隶属湘州。咸和三年（328），始兴郡又改为隶属荆州。阳山县皆随始兴郡改属。南朝宋时，阳山县属始兴郡。元嘉二十九年（452），始兴郡隶属广州，元嘉三十年（453）又改隶属湘州，阳山县皆随郡改属。泰始六年（470），析始兴郡置宋安郡，隶属湘州，阳山县属湘州宋安郡。泰豫元年（472），废宋安郡，阳山县仍归属始兴郡。元徽四年（476），改始兴郡为广兴郡，阳山县属湘州广兴郡。齐建元元年（479），又改广兴郡为始兴郡，阳山县属湘州始兴郡。梁天监六年（507），置阳山郡、梁乐郡（在今县境南部，治所失考），属衡州（治所在含洭）。阳山郡辖含洭、阳山、桂阳、广德四县；梁乐郡辖梁乐、洊安两县。隋开皇十年（590），平陈，废阳山、梁乐两郡，置连州，阳山、梁乐两县属连州。开皇十八年（598），梁乐县改为宣乐县。大业三年（607），废连州，置熙平郡，隶属荆州，阳山、宣乐两县属荆州熙平郡。大业十三年（617），宣乐县并入阳山县，熙平郡属萧铣。唐武德四年（621），平萧铣，改熙平郡为连州，阳山县属连州。贞观元年（627），连州属江西道。天宝元年（742），改连州为连山郡，隶属岭南道，阳山属连山郡。乾元元年（758），连山郡复为连州，隶属湖南道。大历三年（768），连州改隶岭南道。阳山县俱随州改属。五代南汉时，阳山县属湖南道连州。宋开宝四年（971），平南汉，阳山县属广南东路连州。元至元十七年（1280），阳山县属连州路。元至元十九年（1282），升桂阳县为桂阳州，初隶属湖南道，后隶广东道，阳山县属桂阳州。明洪武元年（1368）四月，废桂阳州，阳山县并入连山县，属韶州府。洪武四年（1371），复置阳山县，连山县并入阳山县，属广州府。洪武十三年（1380）十一月，连山县从阳山县析出。洪武十四年（1381），复置连州，阳山县隶属广州府连州。清初,阳山县仍属广州府连州。雍正七年(1729)阳山县属连州直隶州。民国三年(1914),阳山县属广东省岭南道。民国十五年(1926),阳山县属广东省北区。民国二十五年(1936),改属广东省第二行政区。1949年10月1日,中华人民共和国成立。1950年1月,属广东省北江地区。1952年9月,属广东省粤北行政区。1956年3月,属广东省韶关专区。1958年11月,阳山县与连县、连南、连山合并为连阳各族自治县,属广东省韶关专区。1960年10月,复置阳山县,属广东省韶关专区。1979年,属广东省韶关地区。1983年6月,属广东省韶关市。1988年2月改属广东省清远市。

## 三、行政区划

阳山县现时(2017)行政区划为:全县下辖12个镇和1个瑶族乡,全县共设村委会159个、社区居委会8个。

### 表1-1-1 阳山县行政区划表

| 乡镇名称 | 村委会名称 | 居委会名称 |
|---|---|---|
| 阳城镇(村委会21个、居委会5个) | 鱼水、蕉湾、河坪、大里、湟池、五爱、水口、范村、高村、大莲塘、城南、雷公坑、畔水、麦冲、石坳、车路、元江、黄竹、暗浪陂、城北、通儒 | 城北东社区、城北西社区、城南东社区、城南西社区、环城新村 |
| 小江镇(村委会13个、居委会1个) | 小江、沙寮、双山、船洞、下坪、坦塘、石螺、黄牛滩、塘冲、罗汉、塘楼、珠光、水槽 | 小江居委会 |
| 七拱镇(村委会17个、居委会1个) | 七拱、塘坪、火岗、和平、龙虎坑、潭村、芙蓉、西路、合上、新圩、三所、龙脊、石角、桂花、隔坑、岩口、西连 | 七拱居委会 |

（续上表）

| 乡镇名称 | 村委会名称 | 居委会名称 |
|---|---|---|
| 黎埠镇（村委会18个、居委会1个） | 黎埠、隔江、联坝、大龙、六古、均安、水井、南村、孟山、燕岩、扶村、保平、升平、凤山、大塘、洞冠、界滩、鲁塘 | 黎埠居委会 |
| 太平镇（村委会12个） | 太平、龙塘、毛岽、大城、杏棠、清水、围龙、田庄、白莲、湖洞、大清、沙陂 | — |
| 岭背镇（村委会12个） | 岭背、莲花、黄屋、户稠、蒲芦洲、大册洞、犁头、牛备、松木、水建、岗头、马落桥 | — |
| 青莲镇（村委会12个） | 深塘、江佐、中心、青莲、南塘、大洞、峡头、朋塘、寺山、屋村、山口、柳塘 | — |
| 江英镇（村委会15个） | 江英、英阳、岩洞、田心、坑边、长富洞、马坪、上坪、宫花、立夏、大桥、龙家、荣岗、三联、大塘坪 | — |
| 杜步镇（村委会8个） | 杜步、旱坑、石溪、湟川、山坪、大路、东江、东山 | — |
| 大崀镇（村委会8个） | 大崀、茶坑、琶迳、沙田、坑塘、木家塘、松林、振民 | — |
| 杨梅镇（村委会6个） | 杨梅、坪洞、理洞、何皮、蕉坑、大夆 | — |
| 黄坌镇（村委会7个） | 黄坌、雷村、白屋、塘底、王村、高陂、大坪 | — |
| 秤架瑶族乡（村委会10个） | 东坑、杜菜、炉田、太平洞、大坳、秤架、大陂、五元、漏水坪、茅坪 | — |

## 四、自然环境

阳山县山清水秀，资源丰富。矿产资源储量大，品位高，现已探明的主要矿产有35种。宋开宝五年（972）在同官（今黎埠镇洞冠）设银铅矿开采场，在太平镇牛鼻岩开采铁矿。明洪武七年（1374），阳山冶铁所是全国13个冶铁所之一。全县水力资源蕴藏量达50万千瓦，已开发近30万千瓦，年均发电量约10亿千瓦时。阳山县小水电装机容量和发电量在全国县级行政区均名列前茅，是"中国农村电气化达标县""中国农村水电之乡"。阳山县自然生态条件优越，森林资源丰富，生态公益林面积全省最大，是"中国绿色名县""全国封山育林先进单位"。阳山县气候资源独特，温差大，适宜种植不同气候带农作物，现全县有供港蔬菜出口备案基地4个，合作社取得农产品有机认证11个、无公害认证1个，国际标准产品标志认证1个，国家地理标志保护产品专用标志认证1个。阳山县是"中国反季节蔬菜之乡"。

## 五、矿物资源

阳山地下矿产主要有24种。其中，黑色金属矿产有铁、锰；有色金属矿产和稀有金属矿产有铜、铅、锌、铝、钨、锡、铌、钽；非金属矿产有滑石、石灰岩、白云岩、萤石、瓷土、重晶石、磷、硼、水晶、硫铁矿、高岭土、石棉、毒砂；燃料矿产有煤。

## 六、生物资源

阳山县属粤北地区重点石灰岩山区县，海拔40～1902米，地貌复杂多样。气候属中亚热带湿润季风气候，一年四季受季风影响，冬冷夏热，年平均气温20 ℃。阳山县降水量充沛，年平均降水量1800毫米。阳山县地处中亚热带以及石灰岩地区，地形变化复杂，母岩种类较多，在热带、亚热带季风气候条件生物因子长期作用下，形成丰富的土壤类型，主要有山地红壤、山地黄土、高山草甸土、石灰土、紫色土。

阳山县地貌、气候、土壤的复杂多样性，形成阳山独特的以森林为主体的生态系统，构成中国南方珍稀动植物物种基因库。经初步调查，阳山县共有植物271科1031属2678种，其中苔藓类53科115属206种，蕨类43科94属180种；被列入国家重点保护野生植物的有银杏、柏乐、红豆杉、苏铁、桫椤、报春苣苔、伞花木、广东松、红椿、樟树、毛果木莲等。动物有陆栖类25科58属86种；两栖类7科19属33种；爬行类动物74种，鸟类217种，鱼类143种。被列入国家或省重点保护野生动物的有水鹿、大灵猫、小灵猫、狗熊、短尾猴、白鸥、虎纹蛙、猫头鹰、老鹰、蟒蛇、山瑞鳖等。

林木种类繁多，用材树近200种，以杉、松、桉和阔叶树为主。林副土特产品有松香、棕皮、竹笋、茶油、桐油、香胶粉、山苍子；水果、坚果品种主要有板栗、沙田柚、洞冠梨、枇杷、桃、柑、橘、沙梨等。

## 七、旅游资源

阳山县是广东省旅游强县，"全国森林旅游示范县"，旅游资源独具特色。主要风景名胜有广东第一峰、神峰关、北山古寺、连江风景带和南岭国家森林公园等。公元804年，唐代大文豪韩愈任阳山县令时，曾赞叹"吾州之山水名天下"。现代诗人陈列盛赞阳山"山似琼岛云似海，水如瑶玉江如带；人间常云桂林好，只缘未到阳山来"。

典型的喀斯特地貌，孕育出阳山县丰富而奇特的旅游资源。阳山县人文古迹众多，自然风光秀美。人文资源方面，有省级重点文物保护单位贤令山摩崖石刻，有读书台、远览亭、千岩表，有富丽堂皇、庄严气派的北山古寺，有气势不凡"广东布达拉宫"——

学发公祠，有古人类生活遗址七拱三山寨，有清乾隆年间建造的莫氏镬耳楼，有享誉国内外的四驱车赛场等；自然资源方面，有省内最高峰、原始生态保存良好的"广东第一峰"，有被称为"洞中张家界"的神峰关的神笔洞，有依山傍水、景色优美的石螺森林温泉，有享"广东漓江"美誉的鱼水景区，数不胜数。

## 八、人文社会

**人口** 阳山县自西汉置县，唐以前姓氏居民如何传入无考。宋元两代人口也甚少，最早传入的姓氏是今七拱镇岩口村委会鸦山湖村陈、谢两姓，于宋代从福建传入，阳城镇新风村何姓于元代从南海传入。

大部分姓氏居民是明清时期传入繁衍的，且多为省内传入，少数为外省传入。各种姓氏居民传入阳山后，随着朝代更替而不断播迁，不断繁衍。

中华人民共和国成立初期，阳山县总人口仅为18.87万人，到改革开放前夕的1977年总人口达到38.08万人，2000年达52.07万人，2017年达56.95万人。到2018年底，阳山县户籍总人口为57.56万人。

**民族** 县境主要为汉族，也有少许瑶族等少数民族居住。汉族居住在各乡镇，瑶族主要居住在秤架瑶族乡，其他少数民族散居在工作单位所在地。到2010年第六次全国人口普查时，全县户籍人口546383人，常住人口356095人，其中汉族352679人，占普查人口的99%，少数民族3416人（少数民族中，瑶族2992人，壮族189人，回族4人，苗族114人，白族1人，满族7人，黎族8人，蒙古族4人，土家族5人，藏族4人，维吾尔族4人，彝族13人，布依族8人，哈尼族2人，侗族20人，傈僳族1人，佤族2人，畲族3人，羌族1人，哈萨克族28人，傣族1人，毛南族1人，仡佬族1人，怒族3人），占普查人口1%，其中瑶族占0.84%。外国人加入中国国籍1人。

**语言**　阳山县境内使用的方言主要有两种：一种是阳山白话（本地话），属粤语范畴，使用者占全县总人口的55%；一种是客家话，使用者占全县总人口的35%。此外，还零星分布着瑶话、惠州白话、星子话、湖广话方言，使用人口占全县总人口的10%。

**人文**　阳山县文物古迹甚多。全县有121个文物点纳入不可移动文物名录，其中贤令山摩崖石刻、学发公祠为省级文物保护单位。县博物馆现有馆藏文物805件（套），其中国家二级文物9件（套）、国家三级文物280件（套）。

阳山县历代都有知名人物。汉代，吴霸为广郁都尉和太守。唐代，何昌期为千牛卫大将军、封宁国伯，李玉珪官至右卫将军。宋代，七拱芙蓉村雷庠是阳山第一个进士。明代，通儒乡莫屋村莫纯授常山主簿，子孙均在各地为官，为"书香奕世"。清代，乾隆六十年（1795）七拱镇新圩杨梅坑村郑士超考取进士，任监察御史。民国时期，阳城镇五爱行政村留贤塘村黄其勋曾任阳山县首任民选县长；均安村黄鸿猷曾任阳山县县长、护理陆军总司令；黄公汉曾任粤汉铁路警备司令；大崀镇茶坑行政村武官崀村李及兰、黎埠镇隔江行政村青坪村薛广、凤山村陈见田曾率国民政府军抗击日军，均为中将军衔；黎埠镇凤山行政村营墩村陈丹青为国民政府军少将师长，曾任潮阳县县长；黎埠镇燕岩行政村燕岩村杨仲修任四川省眉山县知县；七拱镇朱屋排村朱海均是爱国人士，资助编修《阳山县志》。中华人民共和国成立后，阳山各界人才辈出，黄垌村陈枫曾任驻阿富汗等国大使，下坪村梁天培是首任阳山县县长，燕岩村杨竞生是著名药学家、药用植物学家。

# 阳山县革命老区评划情况

20世纪90年代初，广东省开展评划解放战争游击根据地和确定老区乡镇、老区县工作。通过评划，阳山县共有417个自然村被评划为解放战争游击根据地（简称老区村），按现时行政区划，分布在6个乡镇32个行政村之中。根据老区村评划结果，有两个乡镇被确定为老区镇。

## 一、开展评划革命老区工作

1992年4月，阳山县正式启动开展评划解放战争游击根据地和确定老区乡镇工作。评划工作在县委、县政府领导下，由县老促会、县民政局、县老区建设办、县党史办等部门和有关乡镇负责开展具体工作。根据当地革命斗争具体情况以管理区或自然村为单位进行评划，先由申报单位填写评划解放战争游击根据地审批表报县人民政府，然后由县人民政府负责组织力量逐个调查核实，整理出真实可靠、党史部门认可的革命斗争史料，连同旁证人证明材料原件上报上级人民政府审批。1992年7月上旬，阳山县完成评划上报工作。

## 二、阳山县评划革命老区结果

1993年，清远市人民政府发布《关于评划确认解放战争游击根据地的批复》，确认阳山县上报评划解放战争游击根据地村庄，全部符合有关条件和标准，经市人民政府同意，确定评划为解放战争游击根据地村庄。

**（一）按当时行政区划老区乡镇、老区村情况**

被确定为老区乡镇2个：小江镇、黄坌乡；有老区村的乡镇5个：石螺镇、黎埠镇、秤架镇、阳城镇、江英乡。全县被评划为老区村（自然村）共417个，共11694户，63658人，分布于42个管理区（居委会）之中。被评划为解放战争游击根据地村庄（老区自然村）分布情况：

小江镇共8个管理区（居委会）111个自然村，其中：下坪管理区13个，外洞管理区10个，小江居委会1个，小江管理区21个，珠光管理区27个，船洞管理区15个，双山管理区11个，木槽管理区13个。

石螺镇共4个管理区32个自然村，其中：罗汉管理区16个，塘冲管理区11个，黄牛滩管理区1个，石寨管理区4个。

黄坌乡共11个管理区98个自然村，其中：大坪管理区14个，小水管理区8个，高陂管理区7个，水吊管理区7个，王村管理区7个，杨梅冲管理区3个，塘底管理区6个，白屋管理区11个，雷村管理区13个，黄坌管理区15个，大坳管理区7个。

黎埠镇共7个管理区64个自然村，其中：界滩管理区18个，民合管理区12个，南村管理区8个，水井管理区6个，鲁塘管理区9个，洞冠管理区7个，木山管理区4个。

秤架镇共7个管理区54个自然村，其中：东坑管理区9个，漏水坪管理区11个，茅坪管理区9个，下塘管理区7个，联控管理区14个，杜菜管理区1个，炉田管理区3个。

阳城镇共3个管理区25个自然村，其中：青山管理区14个，双塘管理区6个，麦冲管理区5个。

江英乡共2个管理区32个自然村，其中：田心管理区15个，荣岗管理区17个。

**（二）按现时行政区划老区乡镇、老区村情况**

由于乡镇、管理区撤并改制（如石螺镇撤销并入小江镇），有的乡改为镇（如黄坌乡改为黄坌镇、江英乡改为江英镇），有的镇改为乡（如秤架镇改为秤架瑶族乡），所有管理区改称为行政村。在设置行政村时，原来的管理区有13个撤并入其他行政村，其中：小江镇原外洞管理区并入下坪行政村，原木槽管理区并入珠光行政村；石螺镇原石寨管理区并入罗汉行政村；黄坌镇原小水管理区并入高陂行政村，原水吊管理区并入王村行政村，原杨梅冲管理区并入塘底行政村，原大坳管理区并入大坪行政村；黎埠镇原民合管理区并入界滩行政村，原木山管理区并入升平行政村；秤架瑶族乡原下塘管理区并入茅坪行政村，原联控管理区并入流水坪行政村；阳城镇原青山管理区并入雷公坑行政村，原双塘管理区并入麦冲行政村；因原秤架联控管理区立新一队、立新二队两个老区自然村部分移民到大陂行政村建立两个"移民新村"，大陂成为有老区的行政村。因此，现时老区镇为2个：小江镇、黄坌镇；有老区村的乡镇为4个：黎埠镇、秤架瑶族乡、阳城镇、江英镇；全县有老区的行政村为32个，其中小江镇9个，黄坌镇7个，黎埠镇6个，秤架瑶族乡6个，阳城镇2个，江英镇2个；全县老区自然村共417个，其中小江镇143个，黄坌镇98个，黎埠镇64个，秤架瑶族乡55个，阳城镇25个，江英镇32个。现时有老区的行政村及老区自然村分布情况详见表1-2-1：

表1-2-1　阳山县现时有老区的行政村及老区自然村分布情况表

| 乡镇 | 有老区的行政村 | 老区自然村 |
|---|---|---|
| 小江镇 | 小江居委会 | 小江居委会（1个） |
| | 下坪行政村 | 田心、山根、老围、老墩、下庄、大苗、山口、伍屋、陈屋、石墩、新屋、毛屋、牛主、崀头、黄泥塘、在田坪、伍屋塝、苟子田、克山、杨柳江、格屋、韦屋、磨拱（共23个） |
| | 小江行政村 | 大陂坑、寺坪、江脚、大塘、婆庙、邝屋、欧屋、立宅、岩下、石桥、东安、谭屋、中围、庙龙、石灰、曾屋、谢屋、马屋、邹屋、灰沙、街头（共21个） |
| | 珠光行政村 | 田圢、欧屋、牛角、麻涵、岭尾、深佛、雷屋、牛栏坪、田墩、蔡屋、烧酒涵、茶山坳、山仔背、陈屋、更头、新寮、铜锣、狗尾山、大坳、来良、老控、李屋、沙坦、红联、大围、下围、黄屋、岭顶、牛黎、下坑、苋菜、横塝、上坑、大伞、白竹园、高圢、岭脚、木槽、珠光、香花（共40个） |
| | 船洞行政村 | 船洞、蔡洛、白花、竹仔、沙墩、黄京、板塘、大涵、水井、麦寮、架吊、山顶、墩坪、坳口、欧屋（共15个） |
| | 双山行政村 | 汶仔、蕉坑、温屋、江顶、天马、大崀、岩口、竹山、松崩、东风、雷公岩（共11个） |
| | 罗汉行政村 | 大伞、马坪、麦屋、白雪、厂坪、田头、田尾、独角、大墩、寨脚、梁屋、上塝、下寮、狮子尾、红联、横圳、石寨、松塘田、红腾塝、沙冲（共20个） |

（续上表）

| 乡镇 | 有老区的行政村 | 老区自然村 |
|---|---|---|
| 小江镇 | 塘冲行政村 | 黄屋、赵屋、龙塘、大圳、禾带、蛇洞、鲤鱼井、苦竹、松木、茶山、大围（共11个） |
| | 黄牛滩行政村 | 冷水坑（1个） |
| 黄坌镇 | 大坪行政村 | 塘控、长控、利是控、小伞、大坪、坪塘、沙子坪、菜伞、南木洞、小洞、牛婆洞、塘梨控、坛墩、牛眼井、大伞、大坳、雉鸡坳、青草塘、白花坪、中井控、麻苟洛（共21个） |
| | 高陂行政村 | 小水坑、牛岗、老鸦石、长塘、江西控、白花山、茶叶山、新田岭、水圳、高陂、茅坪、大东山、大坳、马下、隔岭（共15个） |
| | 王村行政村 | 王村坑、红藤塝、大塘坑、大洞田、庙背洛、江咀、禾仓墩、大迊、水吊、矮寨、寨背、草麦坪、大坪岭、白石岭（共14个） |
| | 塘底行政村 | 后岗田、谷拔崀、塘底、隔江、瓦田墩、白蚁崀、松树崀、长江寨、杨梅冲（共9个） |
| | 白屋行政村 | 鸡爪湾、生菜、挂榜山、大岗脚、田洞心、湾头、康元洞、白屋、左村、马料水、松树坳（共11个） |
| | 雷村行政村 | 梅田、桂竹水、太保圹、雷村、隔江、坤江、川龙、瓜冲、水坑、带下、桂冲、坑坪、荷木山（共13个） |
| | 黄坌行政村 | 黄坌圩、车田、鹅公头、流清、新冲、木坑崀、走马崀、松木桥、旱田墩、马屎墩、鸭仔水、芹菜塘、园墩、高冲、东冲（共15个） |

（续上表）

| 乡镇 | 有老区的行政村 | 老区自然村 |
|---|---|---|
| 黎埠镇 | 界滩行政村 | 鸡石、合头、滩头、塘寮、郑屋、骆屋、新屋、徐屋、井头、叶屋、陈屋、陶屋、河边、径下、白联、联安、下围、牛坳、白浪、中心、坪尾、良村、边江、草湖、坑尾、邹屋、黄屋、高洞、花车、田寨（共30个） |
| | 南村行政村 | 大村、军崀、马岭、下岩、浪子、南坪、六楼、石洞（共8个） |
| | 水井行政村 | 洞头、大围、六公岩、白芒、虾哺、塘墩（共6个） |
| | 鲁塘行政村 | 大鲁塘、小鲁塘、四众、前锋、刘屋、黄豆塘、白石脚、大田头、友坪（共9个） |
| | 洞冠行政村 | 瓦寮、茶山、车头、大海、下角、岩角、营信（共7个） |
| | 升平行政村 | 荷木山、潮洲厂、瓦潭、邓屋（共4个） |
| 秤架瑶族乡 | 东坑行政村 | 东坑坪、石犁塝、田洞、党仔坑、保又洞、大禾洞、王坪、深坑、塘坳（共9个） |
| | 漏水坪行政村 | 水浸坪、漏水坪、老熊坪、崩头寮、大塘控、江坪控、白竹塘、涸湖、径下、五开控、大夅、木苍控、大苍控、坑底、田冲岭、白石脚、田仔坳、茶控、蚁岩、同古坑、下深控、山心、上深控（共23个） |
| | 茅坪行政村 | 茅坪、礼人控、决控、圹涸、控仔、牛更、李仔坪、白木控、苦竹坪、下塘、横山、木加坪、天石控、单竹坪、佛头控、苦竹头（共16个） |
| | 杜菜行政村 | 鸡公坪上坪、鸡公坪下坪（共2个） |

（续上表）

| 乡镇 | 有老区的行政村 | 老区自然村 |
|---|---|---|
| 秤架瑶族乡 | 炉田行政村 | 牛埞、白水寨、大洞（共3个） |
| | 大陂行政村 | 移民新村立新一、立新二（共2个） |
| 阳城镇 | 雷公坑行政村 | 青山脚、大块坪、过路山、灯界塘、丫界塘、禾连涧、水决塘、大涧、二圢、黄泥冲、沙仔田、吉古埞、黄羌坪、新塘（共14个） |
| | 麦冲行政村 | 麦冲洞、老女塘、梅仔山、禾狸洞、下岩、双塘、荷木塘、大石坪、狮猫头、上岩、水槽（共11个） |
| 江英镇 | 田心行政村 | 蒋家洞、田心、家村、福建埞、狗尾岭、岭下、角塘、石街、山下、小洞、欧垠、水径、垠仔洛、新垠、新田（共15个） |
| | 荣岗行政村 | 大洞田、水山、沙坳、柳塘、泥陂、塘下、长塘、王斯坪、围角、径面、径坪、径脚、长坪、水塂底、上圹坪、长夫田、长塝（共17个） |

注：1. 表中小江镇、黄坌镇为老区镇，黎埠镇、秤架瑶族乡、阳城镇、江英镇为有老区村的乡镇。2. 数据截至2018年12月底。

# 第三节 老区村主要革命事件概况

阳山县革命老区村主要指解放战争时期游击根据地村庄。革命老区在中国共产党领导下，开展轰轰烈烈、艰苦卓绝的革命斗争，发生了不少革命事件。主要革命事件概况简录于下：

## 一、小江镇老区村主要革命事件

### （一）小江居委会

小江区委成立：1946年2月，中共小江区委正式成立，王式培任书记兼组织委员，区委设在小江圩"民康"杂货店，该店同时也是区委地下交通站。小江圩党支部成立：小江区委成立后5个月，小江圩党支部在区委直接领导下也成立，支部书记王式培（兼）。

### （二）下坪行政村

青年抗敌同志分会成立：1938年冬，下坪成立青年抗敌同志分会，创办夜校、图书室，举办读书会。革命兄弟会成立：1944年4月，下坪成立革命兄弟会（又称"青年抗日同盟"），5月，集资购买长、短枪20多支，子弹1万多发。重建青年抗日同盟：1944年5月19日，梁呈祥、梁受英等8名下坪当地青年在牛岩举行"重建青年抗日同盟"宣誓，意在团结起来，为解放阳山而努力奋斗。农民协会成立：1946年秋，下坪成立农民协会，会员80多人。阳山第一个农村党支部成立：1946年6月，在下坪村建立阳山第一个农村党支部——中共下坪支部，梁格夫任支部书记。阳山县人民武装起义：小江镇下坪村是阳山人民武装起义发源地。1948年7月15日，阳山人民在中共连阳中心县委领导下，成立阳山人民抗征抗暴义勇队，同时成立下坪民兵第一中队，在小江下坪举行武装起义。在参加起义的46名骨干中，有29名是下坪村人。下坪村为阳山解放作出了贡献。

### （三）小江行政村

组织群众与进行地下党活动：当时小江圩是国民党小江乡公所驻地，地下党工作及各项活动在敌人眼皮底下进行，共产党的方针政策只能通过青年抗敌同志会、青盟会、读书会等群众组织去贯彻执行。

### （四）珠光行政村

开展游击活动：1948年11月，为了发展壮大武装力量，游击队武工队长梁受英带领10多名武工队队员来到木槽、珠光开展游击活动，发动组织人民群众，建立民兵和农会组织。袭击国民党乡长：1948年冬，在游击队配合下，范广宁带领20多名民兵和农会会员，袭击国民党乡长李世凡和恶霸地主陈志、黄海龙家，缴获物资一批交给游击队处理。

### （五）船洞行政村

开展游击活动：1948年9月，下坪武工队队长梁受英，游击队领导麦永坚、梁呈祥带领19人来到船洞、板塘、黄猓梗、白花、水井、架吊等地开展游击活动，组织群众，宣传革命，建立起一支20多人的民兵小分队。

### （六）双山行政村

鸡涵战斗：1949年3月，民兵独立小分队出动13人在双山毗邻的自然村鸡涵与国民党反动派作战，打死敌人1人，缴获步枪3支。

### （七）罗汉行政村

成立农会组织：1948年8月，罗汉塘成立农会组织，破大户粮仓为人民军队筹粮。当年，罗汉塘、横圳两个民兵中队分别到曲车、神岗、外塘、飞鹅坪（以上村今属连州）、石螺、界滩、黄垒等村筹粮，共筹粮4400多斤支援部队。9月，国民党小江乡政府派出400多人，到罗汉塘、塘冲一带征粮，在牙爷庙（地名）被罗汉塘民兵伏击。民兵截获粮食13担，交给人民军队。罗汉塘沙坪伏击战：1949年1月22日，国民党阳山县县长李谨彪和广东省保安司令部十七团三营营长王笃祥带领400名官兵，分两路"清剿"小江罗汉塘游击区。连江支队组织游击队及民兵400余人在罗汉塘沙坪布阵伏击。由于获取情报过迟，布阵时间仓促，游击队处于劣势。敌我双方在抢占制高点时进行激战，由拂晓战至下午4时，共毙敌30多名，但连江支队司令员冯光及猛虎队二班长冯着、三班长□①木新、四班副班长欧西、战士李土和、欧春奎等数人壮烈牺牲。罗汉塘民兵、农会在解放战争中不仅直接参加战斗，还为部队筹粮、传递情报、护理运送伤病员，作出不少贡献。

### （八）塘冲行政村

成立农民自救会和民兵组织：塘冲人民在中共连阳中心县委、小江区委的领导下，于1949年8月成立农民自救会和民兵组织。农民自救会、民兵组织建立以后，在党组织和部队统一指挥下，协助界滩、冷水税站收税，袭击土匪和国民党政府运输船只，切断他们的水上运输，并把所缴获的各种物资、税款及时交给塘冲保管员梁水财保管，然后如数上缴给部队。民兵还到界滩，连县曲车、飞鹅坪、神岗等地筹运粮食，一年多共筹运粮食70多担，运回苦竹村保管，随时供给部队。

---

① 原姓名已佚失，下同。

### （九）黄牛滩行政村

建立冷水坑村民兵班：1948年8—9月，中共连阳中心县委、小江区委和下坪党支部派江浩、张政芳、梁受英等到冷水坑村建立民兵班。民兵班共8人，班长张金海，通讯员叶记芬。他们属阳山人民抗征自救队领导，阻击敌人，搜集敌人护航队的情报，并参加税收工作，及时将收缴的税款、物资运回塘冲游击根据地。民兵（农会会员）在连江河畔各要点站岗放哨，监视敌人。

## 二、黄坌镇老区村主要革命事件

### （一）大坪行政村

成立民兵中队：1949年2月，大坪民兵中队成立，黄盈有任中队长。紧接着，大坪村成立农会，黄森为会长。大坪战斗：1949年2月7日，成家球带领国民党军队进攻黄坌。大坪村民兵在中队长黄盈有带领下，配合黄堂等武工队队员英勇作战，击退敌人的进攻。反"清剿"战斗：1949年2月下旬，国民党反动派"清剿"大坪青草塘村，大坪村民兵奋力抗击，击退敌人的进攻，粉碎了敌人的"清剿"。

### （二）高陂行政村

高陂会师：1948年8月16日，连江支队司令员冯光、政治委员周明率领飞雷队到达黄坌高陂，与阳山人民武装起义部队会师，高陂成了连江支队司令部驻地。1949年2月5日，西江部队火箭队（连江支队第二团）也到达高陂与阳山武装队伍会师。坚守高陂108天战斗：1949年8月13日到11月27日，国民党军队对黄坌乡和高陂村发动疯狂"围剿"，武工队和高陂村民兵、群众在邻村各民兵中队支持下，奋力反击，坚守108天，抗击国民党军队数十次进攻，创造歼敌60多人、民兵仅伤亡4人的光辉战绩，史称"坚守高陂108天战斗"。

## （三）王村行政村

田茛伏击战：1949年8月，黄坌乡第五中队民兵在田茛高山埋伏，打退敌人五六十次进攻。黄琼岭战斗：1949年8月，敌人进攻黄琼岭山区，被民兵10多人打退。夜袭江咀据点：8月30日，猛虎队、黄堂武工队夜袭江咀村敌人据点，歼灭敌人20余人。

## （四）塘底行政村

成立民兵中队：1948年8月，黄坌乡第四民兵中队成立，冯家进任中队长。1949年8月11日，冯家进率领民兵7人在塘底庙放哨，捉住3个到三江口送情报的敌对分子，交给游击队。参加"坚守高陂108天战斗"：1949年8月13日到11月27日坚守高陂108天战斗时，第四民兵中队派出祝胜、苏井等民兵10多人，自始至终参加战斗。

## （五）白屋行政村

松树坳战斗：1949年7月，国民党军队围攻白屋村，在白屋湾头一带活动的曾夏妹率领武工组10多人，在当地民兵配合下，在白屋松树坳抗击敌人，使敌人不敢进村。参加游击队和武工队：1949年3月，敌人实行"三光"政策，"清剿"白屋村的鸡爪湾村，白屋人憎恨敌人，1949年9月至1949年冬，白屋村群众有黄棠、李松年等30人参加游击队，黄棠是武工队队长。

## （六）雷村行政村

成立民兵中队：1948年8月，黄坌乡第七民兵中队成立，罗汝庆任中队长，辖四个小队十三个班，雷村、隔江为一小队，小队长罗汝金。松球岭伏击战：1948年12月下旬，国民党县长李谨彪带队从西江经过雷村向黄坌方向撤退，在罗汝庆带领下，中队民兵140多人配合武工队在松球岭伏击敌人，毙伤敌人4人。

### （七）黄垒行政村

成立民兵中队：1948年8月，黄垒乡第一民兵中队成立，李土生任中队长。袭击黄垒乡公所：1948年10月，阳山人民抗征自救队政治委员张彬率部袭击国民党黄垒乡公所，推翻国民党乡政权，乡长蔡观贤被赶下台，共产党及其领导的游击队完全控制了黄垒所有村庄。松球岭伏击战：1948年12月下旬，第一民兵中队一小队民兵30多人，在李土生带领下，配合游击队在松球岭伏击县长李谨彪军队，敌军狼狈逃命。老鸦山战斗：1949年2月7日，第一民兵中队全体民兵在李土生带领下，会同黄垒乡各民兵中队以及大坪民兵中队，配合游击队在老鸦山作战。

## 三、黎埠镇老区村主要革命事件

### （一）界滩行政村

成立农会组织和民兵中队：1948年8月，界滩的农会组织成立。9月，界滩民兵中队成立，有民兵200多人。界滩民兵中队成立后，配合连江支队猛虎队在界滩河伏击大地主刘晋丰的商船，截获花生油22桶、生麸2000多斤。界滩农会和民兵组织在共产党领导下，开展打土豪、分田地、减租减息和反"三征"（征兵、征粮、征税）工作，民兵配合武工队与国民党军队进行多次战斗，为解放阳山作出贡献。设立界滩税站：1948年9月中旬，游击队在界滩设立税站，江浩任站长。税站工作人员白天向上下船只的人员宣传游击队税收和保护政策，并按规定收税，晚上访贫问苦，向群众宣讲革命道理。这一时期，界滩吸收一批优秀青年参加游击队，在税站河段伏击来往的国民党货船，收缴粮食、财物。界滩成为游击队的粮仓、金库和连江支队的主要给养点。

界滩碌石磅战斗：1948年，国民党阳山民团对界滩游击区进行"清剿"。12月10日，敌军分两路包围界滩税站，游击队、民兵共32人抢占附近碌石磅的山峰制高点，与敌人展开激烈战斗。此战毙敌10余人，游击队牺牲4人。黎寨地区游击战：1946年，国民党军队开始大举进攻解放区。1948年粤桂湘边纵队连江支队第五团成立，同年9月，猛虎队队长麦永坚率部进入界滩，与黎埠地下党配合，开辟黎寨地区游击根据地。其间有过六七次轰动连阳的战役，有力地打击了敌人。1949年12月13日，游击队配合人民解放军解放黎埠。解放战争中黎埠地区共63名战士壮烈牺牲，其中多数在界滩地区牺牲。黎寨地区游击队为解放连阳片作出了很大贡献。

**（二）南村行政村**

组建武工队和民兵组织：1948年10月，麦永坚率连江支队猛虎队到南村活动，他与武工队队长钟文靖研究工作，决定组建武工队和民兵组织，领导南村人民开展革命武装斗争。

**（三）水井行政村**

建立水井武工队：1948年10月，水井山区建立以钟文靖任指导员兼队长的武工队，开始进行革命武装斗争。

**（四）鲁塘行政村**

开展武装斗争与农会活动：1948年8月，在共产党领导下，鲁塘人民组织民兵、农会，发动轰轰烈烈的武装斗争，建立人民政权，同国民党反动派展开不屈不挠的斗争。1948年春，中共党员骆毅、钟文靖等人先后到大田头、小鲁塘、大鲁塘，开展农会活动。

**（五）洞冠行政村**

成立农民兄弟会与民兵中队：1948年8月，革命组织农民兄弟会成立，1948年10月，洞冠成立由陆海清、文芳、钟玉意等40人组成的民兵中队，由文永棠任中队长。农会和民兵组织积极带领群众开展反"三征"和减租减息运动。建立大海游击根据地：解放战争时期，麦永坚等领导小北江游击支队在大海自然村建立游击根据地，不少农户为游击队堡垒户，大海、瓦寮、下角、岩角等自然村部分村民自愿参加游击队，为连阳四县解放作出贡献。

### （六）升平行政村

秘密处决内奸：1949年5月，木山民兵接到武工队队长钟文靖的命令，由民兵赵运路带领民兵8人，在木山活捉灰条（内奸）张门胜，然后秘密处决，为民除害。参加连江支队：解放战争时期，荷木山自然村村民赵文路、赵文程等参加连江支队，村里不少农户为游击队堡垒户。国民党军队第十四军某团团长朱明亮率队进犯游击根据地，在荷木山村内被击毙。

## 四、秤架瑶族乡老区村主要革命事件

### （一）东坑行政村

成立阳山人民抗征自救队：1948年9月初，阳山人民抗征自救队在秤架乡东坑坪成立，梁天培任队长，张彬任政治委员。建立东坑坪农会：1948年冬，游击队经常在东坑村东坑坪一带活动，当地群众在共产党领导下，在黎氏祠堂组织成立东坑坪农会。农会发动附近农民支援连江支队，为阳山解放作贡献。东坑反"清剿"战斗：1949年3月，国民党军队对东坑等村发动大规模"清剿"，烧毁民房50多间，抢去粮食、牲畜一大批。东坑等村民兵奋起反击，毙敌、俘敌各2名，国民党军队"清剿"失败。组建连江支队第五团：1949年4月，连江支队主力600多人北上湘南开辟新游击区。阳山人民抗征自救队被整编为连江支队第五团，指挥部设在东坑。

### （二）漏水坪行政村

迎接飞雷队：1948年8月5日，冯光、周明率领飞雷队进入秤架乡五元坑、漏水坪，在漏水坪活动，于8月16日到达黄坌乡高陂村，与阳山人民武装起义部队胜利会师。

### （三）茅坪行政村

成立民兵中队：1948年8—9月，黄垄乡第六民兵中队成立，曾石友任中队长，有来自高陂、大东山、茅坪、大坳等10多个村庄的人参加。

### （四）炉田行政村

连江支队主力团路经炉田：1949年4月23日，冯光牺牲后任连江支队司令员的周明率领主力团650多人，从东坑坪出发，经瑶区炉田、大洞、白水寨，过三元坳，一路上避免惊动村民。周明等途中在白水寨连夜召集部队领导开会研究活动路线，决定前往湖南省宜章县莽山瑶族乡。

### （五）大陂行政村

秤架剿匪战斗：1950年5月，在秤架剿匪战斗中，解放军一二三师三六七团一营一连毕长福、丛连君等11位战士在秤架大陂渡河作战中英勇牺牲。

## 五、阳城镇老区村主要革命事件

### （一）雷公坑行政村（原青山老区村并入该村）

建立民兵组织和农会：1948年秋，钟文靖、蓝富、肖木兰到青山、麦冲、双塘发动群众，秘密建立民兵和农会组织。

### （二）麦冲行政村

建立民兵组织和农民分田分地会：1948年7月，在钟文靖领导和武工队队员蓝富、肖木兰的帮助下，麦冲人民建立民兵组织和农民分田分地会，组织群众与国民党反动派、地主恶霸展开斗争。在一年多时间里，麦冲人民参军参战，为人民解放事业作出贡献。

## 六、江英镇老区村主要革命事件

### （一）田心行政村

成立英阳边人民抗征队：1947年初，英西地下党特派员李冲以游医（流动土医生）作掩护，来到田心村蒋家洞村秘密从事地下工作。1948年7月，李冲在蒋家洞成立以农会成员为骨干的英（德）阳（山）边人民抗征队，队员120多人。随后以田心、荣岗村为中心的30多个村庄连成一片的游击根据地建立起来，武装斗争的烽火在这片大地熊熊燃起。秘密组织农会：1947年10月，共产党员赖明威、唐万昌、梁天培、吴裕元和青盟会蓝光球、黄三桂在荣岗和田心的20多个村庄，宣传党的政策和主张，秘密组织农会。荣岗田心战斗：1949年3月12日凌晨，阳山县"反共救国军"团长陈子模带队向荣岗、田心进犯。民兵奋起抗击，毙敌1人，伤敌2人。

### （二）荣岗行政村

开辟飞雷队挺进连阳的"绿色通道"：1948年3月，粤桂湘边区工委派吴裕元、梁天培进入英阳三山（江英坑边村一带山区）做匪首的统战工作。经过几个月的努力，匪首们慑于人民解放军的威名而同意让道。1948年底，冯光率领飞雷队，由地方武装护送，不放一枪一弹，沿着吴裕元、梁天培开辟的英阳三山的"绿色通道"，挺进连阳，建立新的游击根据地。

# 第二章

## 火种播撒　农运兴起

　　大革命时期和土地革命战争时期（1927年7月—1937年7月），阳山虽然还没有建立革命根据地，但已开展农民运动，也出现了阳山籍进步学生、革命先驱。

# 进步思想和革命火种播撒阳山

大革命时期，阳山县虽然还未建立本地区中共党团组织，但新民主主义革命思想的传播还是比较早的。中共党员已在阳山开展活动，红七军转战途经阳山，播下了革命火种。

## 一、进步思想在阳山传播

阳山地处偏僻，远离中心城市。19世纪20年代，只有一条小北江水路可与外埠连通，陆路运输只能肩挑步行，到1935年才办起一间初级中学。因此，阳山一直是个交通闭塞、信息不灵、文化落后、经济萧条的山区贫穷县。但是，俄国十月社会主义革命后马克思主义传播，五四运动爆发，中国共产党创立，孙中山"联俄、联共、扶助农工"新三民主义思想，国共合作等重大革命事件及其影响还是通过人员来往及书信传到阳山。一些不满家乡"乌烟瘴气"，立志改造社会、改造家乡的热血青年和莘莘学子纷纷到省城广州投考各类学校，寻求真理，"以解救民众于水深火热"。他们有读法政、工、商、农、医的，但更多的是从军习武。如邱堪、邱炳权、邹海、邱时、邱玉亭、邱习轩等人通过老同盟会会员、革命党人邱玉如介绍直接加入孙中山领导的国民革命军，当上孙中山的贴身卫士，他们在叛军陈炯明炮击广州总统府时，护送孙中山、宋庆龄登上"永丰舰"脱险，立下卓著功勋。有些则考上黄埔军校，受训后成为东征、北伐先锋，抗日战将，如陈国光、冯绍晃、李及兰、陈见田、薛广、陈丹青、邱是膺等。也有的满腔热忱，为改造家乡而返回阳山筹备成立国民党党部，发动农民建立农民协会，开展农民运动，如黄大钧、刘公量、陈维嵩、陈秉中、邹永华等。孙中山逝世，蒋介石发动反革命政变之后，这些革命青年有的解甲归田经商务农，有的继续参加革命被反动派逮捕杀害，有的加入蒋介石反共集团，也有的率兵起义加入共产党的军队，成为中国共产党党员。尽管他们各自的归宿不同，但客观上他们是阳山进步思想的传播者。

总之，经过辛亥革命、五四运动和马克思主义的传播，阳山人民有了新觉醒，开始接受新思想、新文化，一大批先进青年更加清楚地看到，必须通过革命和斗争才能将国家命运和民族前途掌握在广大劳动人民手中，也只有通过革命和斗争，广大人民才能翻身解放。于是，一批批先进青年，以各种方式，通过各种渠道，以救国救民、改造贫穷落后的社会为己任，投身于革命斗争。这是近代社会阳山人民的光荣历史。

## 二、中共党员在阳山的早期活动

1927年大革命失败后，国民党大肆搜捕共产党员。湖南省嘉禾、宜章、永兴、桂阳等县的部分共产党员、农运骨干，陆续转移到湘粤边境的连县、乐昌、乳源以及阳山县的西江、朝天、秤架、黎埠、寨岗等地隐蔽（1953年寨岗划归连南瑶族自治县；1956年西江、朝天两乡划归连县即今连州市管辖。下同），并积极创造条件，建立武装队伍，继续开展革命斗争。

1927年8月，"马日事变"发生后，湖南省嘉禾县第一区袁家乡梅溪村人、共产党员毛升珍在战斗中与战友失去联系，便去广州寻找南昌起义后撤退到潮汕的贺龙、叶挺部队，未遇。9月，他折返阳山县白虎（黎埠）、寨岗等地，以打铁为公开职业，秘密串连约3个月，招募部分工人、农民，又策动并联合绿林首领张玉，组建一支拥有90多人枪的队伍。这支队伍推举张玉为连长，毛升珍为政治指导员，随后于12月初，从寨岗出发，返回湖南打土豪劣绅。队伍行至临武西山时，遭到陈光保匪部截击而失败。

1928年，参加湘南暴动的宜章县共产党员李兆甲，被国民党宜章当局通缉，转移到阳山县朝天乡松柏村李家躲避居住，改名李植，以教书作掩护，从事党的地下工作。

1929年初，中国工农红军圣公坛后方营军需副官谭庆华，在作战中走散，被国民党宜章当局悬赏通缉。他从宜章逃到阳山县西江圩躲避，易名谭庆安，在此定居谋生。随后，他陆续接纳了参加湘南暴动后转移来西江的共产党员谢光庭、李必超、彭良等人，并分别介绍他们到西江乡的岩头、豆地崀和朝天乡上蓝殿松柏新屋等地教书，以教书作掩护，开展革命活动。

1929年5月，中共湘粤边工作委员会成立后，一方面积极发展基层地方党组织，先后在粤北建立了中共梅花特支和连州特支，并组建一批党支部，其中李兆甲任谭源洞锡矿支部书记，谢光庭等在阳山县西江、朝天一带活动；另一方面重新组织地方革命武装。

1929年6月，在谭源洞锡矿当行政秘书的李兆甲，常与前来该处和朝天桥一带收税的阳山县"护商大队"大队长李锦泉交往。李锦泉苦于该队伍缺乏文人，要求李兆甲给他介绍"人才"。湘粤边工委得知这一情况后，便乘机选派共产党员尹子韶、黄平、李鄂、何鼎新等到李锦泉部当兵（驻朝天桥），设法拿到枪支。经过一段时间工作，他们取得李锦泉信任，领到枪支弹药。9月，他们发动兵变，带枪十余支，跑到宜章栗源堡，成立湘粤边赤色游击队。

1931年2月，中共宜（章）临（武）连（县）边工委书记欧阳健（欧子健）在宜章被捕，在押解途中逃走后，逃到阳山县西江圩找到谭庆安，改名欧子平，在西江圩以教书为公开职业隐蔽下来。后通过李兆甲介绍，他到国民党西江乡公所当文书。欧阳健对乡公所自卫队副队长张佩文做了大量教育感化工作，把他争取过来，后由他出面先后在西江圩、豆地崀开炉炼铁，铸造土枪，建立秘密武装。但于1932年8—9月被人告发，欧阳健和张佩文等同时被连县国民党军逮捕，后遭杀害。

1932年，李兆甲、刘汉、彭良等率领游击队及武装群众400余人持180余支长枪、80余支短枪，集结在阳山县秤架牛子营整训约20天，声势浩大，并在连（县）、阳（山）、宜（章）、乐（昌）、乳（源）边一带占据山头，出击黄沙、笆篱之敌，闹得敌人惶惶不可终日。国民党郴（县）、宜（章）、永（兴）等九县团防区不得不联合各县地方反动武装进行"会剿"。但当敌人到秤架"会剿"时，游击队又回到宜章，把赤石区的"挨户团"和"铲共队"一网打尽，打得敌人晕头转向，疲于奔命。

1934年，李兆甲由于受国民党宜章县当局悬赏通缉，在阳山县朝天乡上蓝殿被国民党军警逮捕，并将其送回宜章杀害。

### 三、红七军转战途经阳山

1930年9月，邓小平、张云逸、李明瑞率领的中国工农红军第七军在广西百色奉命东征，转战桂、湘、粤，向赣南挺进，与中央红军会合。1931年1月16日，红七军进入广东连县东陂镇，19日前锋部队进入连州外城，从20日起向内城发起攻击，23日发起总攻，击溃国民党守城部队莫辉助的警卫大队及星子、三江、东陂各路来援民团。取得胜利后，部队给养得到补充，预期目的已达到，遂撤离连州。24日，经飞鹅坪进入阳山县西江山区，在西江圩、外塘、蔗塘、亚陂洞、东江村、岩头、水楼脚等10多个村庄宿营。红军进村后，与老百姓打成一片，说话和气，买卖公平，有借有还，损坏东西赔偿。红军还在各驻地墙壁上刷上了"工农兵联合起来，建立苏维埃政府！""打倒国民党军阀！""打倒土豪劣绅！"等许多革命标语，向群众宣传"本军革命之目的在于推翻国民党反动派的统治，肃清贪官污吏，解除民众痛苦"的革命道理。红军在西江乡驻扎了几天之后，又进入朝天乡，见到了在该地活动的地下党员李兆甲等，并赠送给他们步枪20余支。红军途经阳山，播下革命火种后继续北上，进入湖南宜章，向湘赣苏区进发。

# 阳山农民运动

阳山虽然远离中心城市，交通闭塞，文化落后，信息不灵，但一些有抱负的热血青年为了寻求革命真理而纷纷到省城求学，并在广州成立阳山县留省同学会，阳山七拱乡留省大学生黄大钧被公推为特派代表。他们接受孙中山三民主义思想，革命热情高涨，"感到本县民众受压迫痛苦，水深火热，非组织党部，带领民众参加革命，必无以出民众于水火"。

正当第一次国共合作下的农民运动如火如荼时，在1926年3月，黄大钧等5人被孙中山领导的国民党广东省党部委任为筹备员，返回阳山筹备成立国民党阳山县党部。在全体筹备员共同努力下，于1927年1月16日，在阳山县城正式成立县党部，挂起县党部牌子。经过筹备员深入发动，吸收1600多名工农活跃分子和开明人士加入国民党，先建立3个区党部、15个区分部。与此同时，贯彻执行广东省第二次农民代表大会提出的"中国民族运动必须有广大农民群众参加"决议，组织发动农民群众参加农民协会，成立阳山县农民协会，在县城"四季堂"挂起农会牌子。农会成立后，发动县城附近塔坑、暗浪陂、雷公坑、松荣等村农民以及县城教师、学生两三百人集会游行，参加游行的人手持写着"打倒土豪劣绅""打倒贪官污吏""开展二五减租，实行耕者有其田"的三角纸旗，并高呼口号，号召民众起来与土豪劣绅、贪官污吏做斗争，矛头直指阳山大地主梁秀清、黄炳墼。农会组织很快从县城扩展到城外塔坑、松荣、雷公坑、暗浪陂等乡村，声势浩大，吓得土豪劣绅惶惶不安。

阳山农会成立没几天，就遭到残酷镇压。梁秀清、黄炳堃等害怕民众造反，于己不利，便砸农会牌子，并诬告农会骨干是"共党分子"，施行暗杀，手段残忍。一人被捕后被剁去耳朵，锁在铁箱内用红炭火活活烤死。党部和农会随即解体。梁秀清、黄炳堃仍不罢休，为绝后患，制造了暗杀阳山"留省八学生"的重大血案。当时阳山就读于广州法政学校、陆军测量学校、大夏中学、育才学校、廉伯学校、仲恺农工学校的罗启霖、陈嘉访、邓士钊、王建生、冯祥瑞、陈凤岐、吴德业（连县人）及邓敬钊（虎门要塞司令部庶务员）被刺杀身亡。镇压和暗杀活动猖獗，黄大钧因此被迫离开阳山。

梁秀清、黄炳堃倒行逆施，更激怒阳山各界民众和留省同学会学生，他们四处查访、奔走呼号，革命群众发表檄文公布案情，声讨梁、黄的罪行。强大的社会舆论压力和民众义愤，使北江绥靖公署专员李汉魂不得不出面缉拿由梁、黄指使的杀人凶手蔡丽泉，并处以极刑，消除民怨。随后，李汉魂为了顺乎民意，炫耀公德，又以"绥靖"小北江治安为名，捉拿黄炳堃，列数罪状后予以处决。此时梁秀清已因气成疾，暴死家中，但李汉魂亦将其罪状一并公之于众，申明其已伏天诛，罪有应得。梁、黄二人被除掉后，反动势力一时受到沉重打击，民众斗争取得初步胜利，百姓扬眉吐气。

为了进一步揭露贪官暴政，号召民众起来与反动势力做斗争，留省同学会又发起追悼被杀害的"留省八学生"大会。当时，"阳山各机关民众参加者不下数千人，祭挽联，编订成册，传播海内外，使爱国人士及海外华侨，晓于梁、黄阴谋残暴之行为"。大会标语口号："大家联合起来，铲除梁黄罪恶势力和一切投机腐化分子！""打倒土豪劣绅，打倒贪官污吏！""实现改造乌烟瘴气之阳山！""继续八学生精神奋斗！"由此起，闭塞的阳山大门被叩开，阳山出现革命曙光。革命旗帜辉映于边邑山城，而彻底改造阳山之浪潮，日高一日。

因豪贼梁秀清、黄炳塈压制和暗杀行刺国民党阳山县党部人员，造成党部解体，阳山农运停顿。阳山刚刚燃起的革命星火被暂时扑灭。但是阳山县农民协会的建立是阳山近代史上最先崭露头角的革命新生事物。它的斗争有力地打击了阳山封建势力，开阳山人民斗争先河。它的精神激励着后人前赴后继为改造阳山、发展阳山而斗争。

1927年12月震惊中外的广州起义爆发。阳山县籍留省学生黄大钧也参加了起义，但不幸被捕，并于1928年5月被敌人杀害，光荣牺牲。黄大钧是阳山县参加广州起义的革命先驱，是土地革命战争时期的阳山革命英烈，也是阳山最早为革命牺牲的烈士。

# 第三章

## 抗日救亡　群情踊跃

　　全面抗日战争时期（1937年7月—1945年8月），阳山虽然也还没有建立革命根据地，但已建立中共组织和抗日救亡组织，并开展了抗日救亡活动。

# 第一节 党组织和抗日组织在阳山建立

## 一、阳山县青年抗敌同志会建立

1938年8月，日军南侵，广东形势紧迫。为了动员后方人民抗日救国、支持前线，中共广东省委把从延安抗日军政大学毕业的中共党员陈枫派回家乡阳山开展党的工作。陈枫回到阳山后，利用当时国共两党建立抗日民族统一战线的有利时机，在县城与进步青年李广仁（后改名李卜凡）、毛鸿筹、梁天培等开展抗日活动的筹备工作，9月公开成立阳山县青年抗敌同志会（简称"青抗会"），负责人由陈枫担任。1939年春，青抗会组织逐渐由县城扩展到乡村，会员人数达到200多人，因此在黎埠、小江、黄坌、七拱、青莲陆续建立起青抗分会组织。青抗会组织除陈枫负总责外，各分会都由共产党员和青抗会骨干负责，黎埠分会由吴震乾负责，小江分会由梁天培负责，黄坌分会由刘俊、黄奔负责，七拱分会由李广仁负责，青莲分会由梁桃生负责。青抗会还创办了会刊《青锋报》，以此为抗日阵地，带领广大人民群众投入抗日救亡运动，使沉寂的阳山掀起一股巨大的抗日浪潮。从此，阳山人民群众抗日斗争有计划、有组织地进行，抗日救亡的星星之火，燃起燎原之势。

## 二、中共阳山县支部、中共阳山县支部委员会成立

1938年8月，阳山县籍中共党员陈枫在延安抗日军政大学毕业，奉命返回阳山建立党组织，开展抗日救亡活动。10月，陈枫到广州向中共广东省委汇报工作。这时，日军正侵略广东，广州形势紧迫，省委正部署战略转移，把党干部转移到省内各地开展抗日活动，省委机关也从广州转移到粤北山区。省委在转移中分成两路，一路经英德到韶关，一路经清远、阳山到连县。11月初，陈枫随省委常委兼军事委员会书记尹林平、宣传部长饶彰风及省委机关部分人员乘船抵达连县，在连州成立中共连阳特支，负责领导开展连县、阳山、连山各县党的工作，由王炎光任特支书记，杨克毅任副书记兼管统战工作，张尚琼管组织工作，陈枫管宣传工作。1938年11月，宣布成立中共阳山县支部，由陈枫兼任支部书记，阳山县党组织从此诞生。1939年2—3月，上级党组织从外地派共产党员吴震乾、刘俊、吴奇勋、黄奔、梁桃生等到阳山工作，1938年冬至1939年春，先后从党的外围组织阳山青抗会中吸收李广仁等一批积极分子加入党组织，1939年3月，在县城成立中共阳山县支部委员会，由陈枫担任支部书记，吴震乾担任支部副书记兼组织委员，李广仁、刘俊任宣传委员。中共阳山县支部隶属中共连阳特支领导。党支部通过演进步戏、唱革命曲、画壁画、出壁报、写标语等向群众开展抗日宣传。同时，组织群众捐款，支援前线，慰问前线抗日负伤转来的伤病员，开展抗日民族统一战线工作。同时，组织学校、妇女学习班等教群众识字；物色党员发展对象，培养和发展新党员。1940年3月，因形势恶化，阳山县党支部被迫停止活动。

## 三、中共阳山中学支部建立

1941年9月，原中山大学文学院党支部书记卢炽辉经中共广东省委青年部同意，通过社会关系来到阳山中学任校长。为使阳山中学成为党的宣传教育、培养人才阵地，省委青年部同时派中山大学法学院党支部书记林之纯随同卢炽辉到阳山中学任教务主任。10月，卢炽辉与林之纯一起建立中共阳山中学支部，卢炽辉担任支部书记（1941年10月至1945年2月），林之纯任支部副书记。1945年2月，卢炽辉秘密带领30余名师生离开阳山，奔赴东江纵队，参加抗日武装斗争。林之纯接任阳山中学支部书记。该支部直接归省委青年部领导，不与地方党组织发生横向联系。

# 阳山抗日救亡活动

## 一、阳山——广东抗战的大后方

1937年7月，抗日战争全面爆发。1938年10月，日军打通粤汉线，韶关、广州相继沦陷，广东大部分地区已被日军占领。由于地处粤北的连（连县、连山、连南）阳（阳山）一带山多林密，就连唯一一条刚开通不久的韶连公路，为抵御日军进犯也不得不炸毁所有桥梁而不能通车，因此连阳成为广东抗战的大后方。省城不少机关团体学校纷纷撤向连阳，广东省国民政府也搬到连州临时办公。小北江则成为广州、清远以及珠江三角洲其他城市通往连阳后方的唯一水路，而阳山青莲、附城、小江、黎埠成了商埠集镇。此时沦陷区佛山、南海、新会、顺德、三水、番禺的一些商人纷纷乘船而上，到阳山经营生意或谋生。一时间，寂静萧条的阳山小镇店铺林立，商贾云集，人流如织，空前繁荣。仅青莲镇各种行业的店铺和摊档就增至200多间，其中较大的商行有豆豉行22间、纱布行7间、屠宰行5间、药材行6间、杂货行11间、茶叶行3间、酒楼食店4间，此外，经营柴炭、典当、银饰铺、文具、修理、缝衣、理发、打铁、补鞋、元宝蜡烛等的商铺比比皆是，林林总总。青莲镇还开有造船、打铁铸造厂。青莲河面上每天都停泊着大量商客船，多时达130多艘。外地运来的各种货物，有的搬到镇上销售，有的转运外地，一些商人又把从阳山收购的土特产如竹木、柴炭、药材、木薯片、生猪、茶油、桐油等装船运往外地。青莲成了繁荣的商品交换中心，被称为"小佛山"。随着商贸交流日增，各类商会如船舶公会、粮食公会、广州会馆、南海同乡会、客籍同乡会等群众职业团体应运而生，给闭塞的阳山带来勃勃生机。然而，好景不长，随着日军步步进逼，阳山繁荣也只是昙花一现。

## 二、青抗会踊跃抗日

阳山县抗日救亡活动是在党组织领导下，通过青抗会这个群众团体开展的。主要分为两个阶段：第一阶段从1938年9月青抗会成立之初到1939年初，主要任务是集中组织流动宣传队四五十人，从县城到区乡，大张旗鼓地向群众宣传；第二阶段从1939年2月到同年8月，主要做法是，把流动宣传队骨干派到小江、黎埠、七拱、青莲、黄坌5个中心区乡，以区乡为单位组织青抗分会活动。具体分工是陈枫在县城负责全面工作，各区乡青抗分会由共产党员和县青抗会骨干负责。青抗会深入各乡村、各阶层人士中宣传，揭露日本帝国主义的侵略罪行和汉奸的卖国罪行，组织群众捐献支持前线，慰问从抗日前线转回来的伤病员。宣传活动形式主要是演进步戏、唱革命歌、出墙报板报、画画、写标语、演说等，此外还组织夜校、妇女学习班教群众识字，组织各类球队，开展比赛，把青年广泛团结在青抗会周围。在宣传群众、组织群众的同时，青抗会还不断与国民党反共逆流做斗争。1939年5月，国民党阳山县党部书记范少楷贪污青抗会的捐款，青抗会就发动学生和群众包围他的住所示威，要他公布账目，公开揭露他的贪污行为。不久，他就垮台了。

青抗会通过宣传、组织群众抗日救国，不仅唤醒了群众，教育了人民，使人民增强了爱国热情，懂得抗日救国道理，憎恨汉奸卖国贼，看清国民党顽固派的反动本质，也锻炼了干部，为之后的革命斗争培养了一大批优秀干部。

### 三、阳山学生抗日活动

全面抗日战争时期，阳山中学师生在中共阳山中学支部组织带领下，开展各种革命活动。1942年春，经林之纯组织发动，成立阳山中学第一个读书会，秘密学习《大众哲学》《中国近百年史》《新华日报》《群众》《中国革命运动史》《中国的新生》等进步书报刊。师生们通过学习，提高了政治、思想觉悟，懂得了更多的革命道理。同时，采取下乡家访形式，争取学生家长和社会各界的支持、帮助，扩大阳山中学及党支部的影响。

1944年，侵华日寇垂死挣扎，企图打通粤汉线，向清远、英德、韶关等地进犯，大片国土沦陷。在这危急关头，阳山中学进步师生在党支部领导和组织下，学生运动开展得如火如荼。经党支部研究，决定把学生组织起来，进行军事训练，把平时教育体制变为战时教育体制，将班级变为连队编制，增加反击日寇和革命斗争军事课程。同学们既学军事，又学政治。校长还组织同学们学习毛泽东《抗日游击战争的战略问题》《论持久战》等著作，使同学们深感"国家兴亡，匹夫有责"，决心投身到抗日洪流中。教师、学生还组织成立歌咏队、戏剧组、美术组，利用课余时间排练《黄河大合唱》《打回广州去》《太行山上》《上当了》《毒药》《放下你的鞭子》等抗日歌曲和话剧，画抗日漫画，鼓舞抗日的斗志。与此同时，师生还组织几支抗日宣传队，分别到七拱、太平、杜步、黄坌、青莲和英德县的九龙、明径等乡去，宣传抗日救国主张，号召各地人民和各阶层迅速行动起来，投身抗日救亡运动，全民皆兵，抗击日本帝国主义的侵略。

通过宣传发动，全县各地纷纷成立抗日组织和革命团体，形成浓郁的抗日气氛。

1945年春节前后，根据上级党组织指示，阳山中学党支部支部书记、校长卢炽辉秘密动员并组织带领30多名师生冲破日军和国统区层层封锁线，奔赴东江抗日游击纵队，投身到抗日前线和敌后战场。

### 四、日机轰炸阳山

1944年农历八月十四日下午3时许，日本侵略军轰炸机侵入阳山县黎埠圩上空，疯狂地轰炸、扫射黎埠圩的店铺、民房，为时约30分钟之久，投下炸弹36枚。除在横街谢松记门前、瑞兰街口斜角、黄杨宝屋旁、社学后、诸紫街头伯公坛边、圩岗亭边、盐行街韩天华屋前门、烂泥街口等处各投下炸弹一枚外，其余的均集中轰炸同聚园。在这次日机轰炸中，惨遭炸死者3人（2女1男），炸伤者2人。一头在操场边的耕牛被机枪打死。同聚园内场杨氏小学课室四壁被打得弹痕累累。

1945年7月17日上午8时许，4架日本侵略军空军飞机，从广西八步经连县星子、连州和阳山县小江、阳城、水口、青莲向英德洸洸方向飞去。敌机对沿途所经圩镇、渡口狂轰滥炸，并配机关枪扫射，在阳山境内炸毁房屋多间，炸沉大小船艇2艘，炸死、炸伤群众20余人。死伤者大都断手肢残，血肉模糊，惨不忍睹。这次日机轰炸、扫射，在青莲投下炸弹2枚，炸沉船艇2艘，死1人、伤5人；在水口圩渡口，有2人被机关枪扫射打伤；在阳山县城，日军投下燃烧弹数枚，南门街一号中弹燃烧，造成群众10多人死伤，其中多属艇家（水上打鱼或运输船家）。骆金树、刘兰等4人当场被炸死，蔡桂、李任元、伍质贞、覃锡鹏、王英元、林其东、袁树生、林拾、梁玉金等10多人被炸伤。

### 五、粤桂边抗战总指挥部设在阳山

1944年6月，日本侵略军从广州出兵，攻陷清远县城，粤桂边抗战总指挥邹洪中将受命督师，驰赴清远，率部与日敌鏖战月余，收复清远县城。1945年1月，邹洪奉命总制粤桂边区，总指挥部设阳山县城。1945年春，日本侵略军从韶关兵分三路，一是由韶关经侯公渡，二是从桂头经扁山，三是由桂头经云门，侵占乳源县城后，不几天又从乳源县城出兵沿乳阳公路进逼阳山。日本侵略军在汤盆水附近遭到布防于高山密林中的邹洪部队抗击，战斗持续三天三夜，战况激烈。由于邹洪部所处地势险要，将士勇敢杀敌，日寇伤亡惨重，溃退回乳源县城，不久即撤回韶关，阳山人民免遭日寇铁蹄蹂躏。

在全面抗日战争期间，邹洪重视军政，军民团结，枪口对准日本侵略者。1938年邹洪督师于韶关、乳源、阳山一带，修筑韶连公路，打通韶关至连县的公路运输线。到阳山任职后，他筹办昌黎（韩愈）医院，并支持士绅刘平创办《北江日报》，后又支持部下连长邱桂坚从被俘日军中挑选两名有建筑设计知识的到新圩乡石角村，办起在当时阳山县较为先进的光启小学。1945年4月16日，邹洪因劳瘁致疾，病逝于阳山县城北松莹村。

### 六、第四十七官兵伤运站

1938年10月，广州沦陷后，国民政府军政部下属第五十四官兵伤兵收容所奉国民党中央军政部命，从湖北随军南下到韶关待命。1941年春奉令到英德黎洞，任务是接收从清远、源潭等前线撤下来的伤病员。当时国民党军队在前线的布防是南线由黄涛率领的一五七师，布防于从化、源潭一带，由邹洪率领的暂二军布防于清远一带，北线是四十七军，驻防于乳源汤盆水一带。1941

年春，日本侵略军从广州派出大量兵力，进袭清远，清远县城陷落，第五十四官兵伤兵收容所改组为第四十七官兵伤运站。1942年，第四十七官兵伤运站从英德黎洞撤到阳山县的小江圩，任务是接收乳源汤盆水等前线部队的伤病员。第四十七官兵伤运站转移到阳山小江圩后，人员共有160多人，包括主任、副主任、行政管理人员、医务人员和一个担架连，编制上属国民党中央军政部，为附近所在的前线军队伤病人员服务。当时配合第四十七官兵伤运站工作的还有一个国际红十字医疗队，有40多人，配有汽车3辆，负责人是个美国少校军官。

伤运站在小江期间，共接受、治疗三批伤病员，第一批是从清远撤到英德黎洞随站转移来的伤员，第二批是从乳源撤下来的伤员，第三批是从汤盆水撤下来的伤员。三批伤员中以第三批伤员人数最多。汤盆水阻击战打响后，军医杨亮曾和站里部分军医同担架连到汤盆水前线救护伤员。

1945年6月5日，伤运站奉命关闭，人员有的遣散，有的撤离小江。1946年归还原建制，校官级别以上的文职人员集中韶关犁市，编为4个大队，归入第九军官纵队；尉官则缩编到各个卫生大队。

# 阳山党组织分散隐蔽

## 一、国民党顽固派的反共高潮

1939年冬至1940年春，国民党顽固派在全国掀起第一次反共高潮，大批共产党员被杀害，党的群众组织受到破坏。1939年11月，国民政府军事委员会政治部主任陈诚在韶关发表反共演说，反共逆流很快波及广东。国民党阳山县政府配合反共高潮，采取限制群众抗日的措施，以成立县抗敌后援会为借口，命令青抗会停止活动并到国民党官办的所谓抗敌后援会去。在国民党镇压下，青抗会活动从公开转为隐蔽，继续开展工作。

1940年春，国民党反共更加猖狂，形势恶化。国民党阳山县政府发出指令通缉搜捕共产党员，阳山县党组织被迫停止活动，大部分党员陆续离开阳山转移到外地，只留下部分阳山县籍党员梁天培、马秀居、李松年、温则刚、熊燎继续隐蔽活动，阳山的工作由梁天培负责与上级单线联系。1940年9月，根据党组织指示和安排，梁天培与熊燎也相继离开阳山到连县东陂钦州师范学校开展学运工作。

## 二、"十六字方针"和"三勤"

1940年12月，中共广东省委分为粤北省委和粤南省委。1942年5月，由于粤南省委组织部长郭潜被捕后叛变，带领特务逮捕粤北省委书记李大林和组织部长饶卫华等人，粤北省委遭到破坏。这次事件是继皖南事变之后，国民党顽固派制造的又一起严重反对共产党、破坏团结抗日的事件。"南委"、粤北省委事件发生后，广东各地党组织处境十分危险。为了避免广东党组织继续遭到更大破坏，中共中央南方局和周恩来决定并指示广东各级党组织暂时停止活动，党员执行"隐蔽精干，长期埋伏，积蓄力量，以待时机"的"十六字方针"和"勤业、勤学、勤交友"的"三勤"任务。分散隐蔽保存了组织，保护了党员，积蓄了革命力量。

1942年11月，原在中共粤北省委青年部工作的副部长张江明也疏散到阳山中学隐蔽，任图书管理员。他向阳山中学党支部传达党中央指示精神。从此，这个受省委青年部直接领导，不与地方党组织横向联系，在阳山秘密存在而未被反动当局察觉的阳山中学党支部也停止组织活动。

# 4

# 第四章

## 武装斗争　如火如荼

解放战争时期（1945年8月—1949年12月），阳山老区人民经历艰苦卓绝的革命斗争，在党的领导下，创建和发展了一批革命根据地，这些革命老区为阳山解放事业作出重大贡献，发挥重要作用。革命根据地人民在开展武装革命斗争中，涌现出许多英模事迹，展现出崇高的革命精神。

第
一
节 **党组织的恢复和发展**

1945年5月，抗日战争进入最后阶段。国民党蒋介石集团为了掠夺胜利果实，蓄谋发动内战，企图消灭共产党和人民军队。为了粉碎蒋介石的阴谋，中共中央提出争取和平，准备战争两手准备的方针。在国内形势发生重大变化的时刻，广东粤北各地党组织恢复活动，中共北江特委派李信到连阳组建中共连阳中心县委，统一领导连县、阳山、连山各县党的工作。阳山县党组织得以重建并恢复活动。

## 一、中共小江区委成立

1945年5月，中共连阳中心县委书记李信把在东江纵队的连阳干部带回家乡开展党的工作。其中阳山县张国钧回朝天乡神岗村，梁格夫回小江乡下坪村，以教书等职业为掩护开展工作。梁格夫从东江纵队回来后，被聘为小江下坪育贤小学教员。他在地下党帮助下，通过各种形式，大力开展以学校为阵地的宣传活动，宣传共产党的抗日主张和政策，揭露国民党蒋介石集团假和平真内战，企图消灭共产党的罪恶阴谋。在宣传抗日主张的同时，梁格夫按照当时共产党"十六字方针"，积极、慎重、隐蔽地发展党的外围组织青抗会会员。梁格夫还根据上级党组织的指示，利用小江是连县、西江、朝天到阳山的交通要道，又靠近大东山脉，有利于党的活动和组织武装斗争的条件，在小江、下坪建立党的地下交通站，接待过往地下党员。梁格夫还与育贤小学校长梁受英、教员梁呈祥，拿出各自教学薪金，共同在下坪开设一间名曰"四健"的店铺，以经营蒸酒、磨豆腐兼养猪作掩护，开展革命活动。

1945年8月15日，日本天皇宣布日本战败无条件投降，抗日战争胜利结束。根据上级指示，为适应解放战争形势发展的需要，1946年2月，中共连阳中心县委决定利用阳山小江开展游击战争的有利条件建立中共小江区委，并派王式培到小江，与梁格夫、张国钧共同组成中共小江区委，王式培任书记兼组织委员，张国钧任宣传委员，梁格夫任统战委员。区委上归中共连阳中心县委领导，向下联系小江、黄垄、犁头、岭背、秤架、西江、朝天（西江、朝天于1956年划归连县）等区乡的共产党员，积极开展隐蔽的革命活动。区委的任务是发展党员，壮大党组织力量，培养干部，积蓄资源，为开展武装斗争做好人员和物质准备。小江区委驻地设在小江街一间商铺，名曰"民康"。"老板"王式培，化名王向忠，梁格夫负责筹资，黄象伯负责经营管理，也是区委地下交通员。"民康"不仅是中共小江区委的活动掩护场所，是区委经费的主要来源，而且也是接待过往地下党员的地下交通站。

## 二、阳山第一批农村党支部建立

中共小江区委建立后，经过一段时间培养和考察，陆续在下坪、朝天、小江圩吸收一批进步青年和原青抗会会员加入党组织。在中共小江区委领导下，1946年6月首先在小江乡下坪村建立全县第一个农村党支部——中共下坪支部，支部书记先后由梁格夫和梁呈祥担任，梁受英任组织委员兼武装委员。接着西（江）朝（天）支部和小江圩支部也相继建立。西朝支部由张国钧兼任支部书记,小江圩支部书记由王式培兼任。小江区三个农村支部建立后,各支部又陆续发展了一批新党员。新发展的党员,下坪支部有梁泽英、伍柏荣、梁茂发,西朝支部有王廷雄、谢新华、陈茂良,小江圩支部有林辛、黄伟,整个小江地区共产党员人数达到10多人。这些共产党员成为日后阳山人民武装起义的骨干力量。

## 三、中共虎岗中学支部成立

1946年8月,中共小北江特委副特派员李福海安排共产党员岑文彬、刘淑贻、冯国侯、郑永光到黎埠虎岗中学任教,并建立中共虎岗中学支部,由教导主任岑文彬任支部书记,直接归连阳中心县委领导。虎岗中学7名教师中,6名是党员。1947年上半年,虎岗中学从淇潭搬到黎埠圩大街尾,冯国侯、郑永光调离,党组织又派钟文靖、罗克坚来当教师。下半年,岑文彬、刘淑贻调离虎岗中学,党支部工作由潘耀霖负责。经过党支部的培养,罗昆烈、罗海林、谢学达、骆镜光(又名骆毅)加入党组织,罗水钦、罗柏源、谢隆坤等参加中国民主青年同盟会(即青盟)。虎岗中学共有14名党员和20多名青盟盟员。1948年5月开始,虎岗中学党支部根据连阳中心县委书记张彬的指示,组织黎埠、寨岗130多名农民参加分田分地,为武装斗争做好思想和组织上的准备。阳山人民武装起义后,麦永坚带部队来到界滩、水井、黎埠、寨岗一带活动,虎岗中学一些同学参加游击队。1949年底,解放军进驻黎埠剿匪,虎岗中学同学主动为解放军做向导,积极开展征粮筹款、搜集情报、宣传发动群众等工作。

## 四、中共阳山县委成立

在阳山战斗的连江支队第五团主力被抽调跟随连江支队司

令部北上湘南后，国民党阳山县县长李谨彪乘机纠合各种反动武装向各游击区发动大规模"清剿"，妄图一举消灭阳山人民武装力量。为了保卫阳山游击根据地人民生命财产安全，加强阳山军民反"清剿"的力量，中共粤湘边临时工委、连江支队司令部又于1949年7月派在湘南战斗的麦永坚率领猛虎队返回阳山。麦永坚回到阳山后，会见了五团领导张彬、梁天培，向他们传达中共粤湘边临时工委和连江支队司令部的指示，并交给他们一封由周明、马奔、蔡雄、陈奇略、司徒毅生亲笔签名的信，内容是指示成立中共阳山县委，统一领导阳山各级党组织和部队工作。其时，县委下辖3个党支部，有党员40多人。中共阳山县委由张彬担任书记，梁天培、麦永坚任委员。后来县委又增补杨青山、钟文靖为委员。从此，阳山县的党组织更加坚实，更有力量，阳山人民夺取解放战争胜利有了更坚强保证。

表4-1-1　新民主主义革命时期中共阳山县各级组织党员数及领导人名录

| 起讫时间 | 组织名称 | 党员人数 | 领导成员 | | 组织驻地 | 隶属上级组织名称 | 下辖组织名称 |
|---|---|---|---|---|---|---|---|
| | | | 姓名 | 职务 | | | |
| 1938年11月— | 中共阳山县支部 | 1 | 陈枫 | 支部书记 | 阳山县城 | 中共连阳特支 | |
| 1939年3月—1940年3月 | 中共阳山县支部委员会 | 15 | 陈枫 | 支部书记（前） | 阳山县城 | 中共连阳特支 | |
| | | | 吴震乾 | 支部书记（后） | | | |

（续上表）

| 起讫时间 | 组织名称 | 党员人数 | 领导成员 | | 组织驻地 | 隶属上级组织名称 | 下辖组织名称 |
|---|---|---|---|---|---|---|---|
| | | | 姓名 | 职务 | | | |
| 1941年10月—1945年5月初 | 中共阳山中学支部 | 10 | 卢炽辉 | 支部书记（前） | 阳山中学 | 中共广东省委青年部 | |
| | | | 林之纯 | 支部书记（后） | | | |
| | | | 莫福枝 | 支部书记（后） | | | |
| 1946年2月—1948年7月 | 中共小江区委员会 | 17 | 王式培 | 书记 | 小江随军 | 中共连阳中心县委 | 下坪、西朝、小江圩3个支部 |
| | | | 张国钧 | 宣传委员 | | | |
| | | | 梁格夫 | 统战委员 | | | |
| 1946年8月—1948年7月 | 中共虎岗中学支部 | 14 | 岑文彬 | 支部书记（前） | 黎埠虎岗中学 | 中共连阳中心县委 | |
| | | | 潘耀霖 | 负责人（后） | | | |
| 1948年8月—1949年7月 | 中共阳山人民抗征自救队委员会 | 40 | 张彬 | 书记 | 小江随军 | 中共连阳中心县委 | 按各部队活动区域下辖3个支部 |
| | | | 梁天培 | 委员 | | | |
| | | | 麦永坚 | 委员 | | | |
| 1949年7月—1949年12月 | 中共阳山县委 | 40多 | 张彬 | 书记 | 小江随军 | 中共粤湘边临时工委 | 按各部队活动区域下辖3个支部 |
| | | | 梁天培 | 委员 | | | |
| | | | 麦永坚 | 委员 | | | |
| | | | 杨青山 | 委员 | | | |
| | | | 钟文靖 | 委员 | | | |

### 五、黎埠地区青盟组织

建立于抗日战争及解放战争时期的青盟，是由中国共产党直接领导的地下外围组织。连阳地区在抗日战争时期建立的青盟称为抗日民主同盟，抗日战争胜利后，为顺应政治形势变化，改称为中国民主青年同盟。

中华人民共和国成立前和成立初期，阳山县黎埠地区（又称第四区），辖黎埠、寨岗、大崀三个乡。1950年6月，原连县云涛乡的界滩、鲁塘等山区划入黎埠区管辖。黎埠地区位于粤、桂、湘边界的战略要地。早在大革命时期，该地区就有新民主主义思想传播和中国共产党组织活动。

1946年，黎埠地区青盟组织建立，先是在黎埠虎岗中学开始活动，从1946年下半年至1949年8月，发展了一批青盟盟员。黎埠地区青盟建立后，在党组织的直接领导下，在斗争中发展壮大，又在发展中不断进行斗争，一直坚持到阳山解放，在当地的武装斗争和迎接解放的活动中，做了不少工作，作出了一定贡献。随着形势的变化，其活动分为地下组织活动和武装斗争两个阶段。地下组织活动阶段（1946年至1948年7月），主要任务和活动：一是加强学习，明确敌、友、我界线。二是广泛团结同学和社会青年，传播革命思想，配合党组织物色吸收新盟员。三是在虎岗中学的青盟，控制全校学生自治组织，团结同学进行合法斗争，组织全校罢教罢课斗争，组织营救被敌人俘捕的青盟盟员罗定柱等。四是盟员根据各自条件，打探敌情并向组织汇报，在社会上了解收集反动派动态，一方面适时揭露敌人的种种阴谋及残暴罪行，另一方面为武装斗争做准备。武装斗争阶段（1948年7月—1949年12月），主要活动：一是继续团结青年，配合党组织培养发展秘密盟员。二是配合武装斗争，分别在黎埠大田头村、均安村、淇潭村、联坝村建立4个新的联络点。三是开展支援武装斗争，掩护游击队活动，秘密组织群众借枪借粮，送药物、日用品等给游击队。四是掌握敌情并及时向游击队汇报，策反敌人的反动武装，组织老人、少年儿童为游击队站岗放哨。五是听从组织决定，投入武装斗争，发动青年参加游击队，先后有11名盟员参加人民军队武装斗争。1949年12月，黎埠、寨岗、大崀先后解放，盟员上街张贴标语，热烈欢迎解放军，庆祝解放。并成立阳黎区支前司令部，由武工队长钟文靖任司令员，杨冠三任副司令员。此时黎埠地区青盟盟员除1人光荣牺牲、11人已参加游击队外，绝大部分投入支前工作。成立区、乡人民政府时，有几位盟员担任区、乡领导，大部分为区、乡政府和中小学校骨干，有几位调到中共阳山县委、阳山县人民政府工作。盟员各自分赴新的战斗岗位，为党为人民的事业继续奋斗。

### 表4-1-2　黎埠地区中国民主青年同盟盟员名录

| 姓名 | 籍贯 | 活动时间 |
|---|---|---|
| 麦淑英 | 不详 | 1946年11月—1947年8月 |
| 潘贻燊 | 河源县 | 1947年5月—1949年1月 |
| 谢东明（谢隆坤） | 寨岗山心村 | 1947年10月—1949年12月 |
| 罗定柱 | 保平大村 | 1947年10月—1949年12月 |
| 李越飞 | 淇潭（大龙） | 1947年10月—1949年12月 |
| 罗水钦 | 隔江马惊村 | 1948年4月—1949年12月 |
| 罗日炎 | 青坪村 | 1948年4月—1949年12月 |
| 罗定澄 | 保平大村 | 1948年4月—1949年12月 |
| 黄发 | 淇潭（大龙） | 1948年4月—1949年12月 |
| 黄葵（黄慕柳） | 均安村 | 1948年4月—1949年12月 |

（续上表）

| 姓名 | 籍贯 | 活动时间 |
|------|------|----------|
| 罗柏源 | 黎埠街 | 1948年6月—1949年12月 |
| 江忻琴（江志玲） | 十二车村 | 1948年6月—1949年12月 |
| 刘光（刘卓和） | 凤山村 | 1948年6月—1949年12月 |
| 骆培民 | 隔江村 | 1948年6月—1949年12月 |
| 古治升 | 不详 | 1948年6月—1949年7月 |
| 钟子庭 | 不详 | 1948年6月—1949年7月 |
| 杨枢华 | 隔江村 | 1948年8月—1949年12月 |
| 黎旭日 | 连县 | 1948年10月—1949年12月 |
| 杨信（杨承礼） | 隔江村 | 1949年3月—1949年12月 |
| 黄家瑶 | 均安村 | 1949年4月—1949年12月 |
| 杨仁锋 | 均安村 | 1949年4月—1949年12月 |
| 古振良 | 联坝村 | 1949年5月—1949年12月 |
| 李汉荣 | 淇潭（大龙） | 1949年7月—1949年12月 |
| 杨善球 | 凤岗村 | 1949年7月—1949年12月 |
| 杨运棋 | 燕岩村 | 1949年7月—1949年12月 |
| 杨炽尧 | 均安村 | 1949年7月—1949年12月 |
| 杨傑（杨薄泉） | 隔江村 | 1949年7月—1949年12月 |
| 古从杨 | 联坝村 | 1949年7月—1949年12月 |

# 第二节 武装起义与武装队伍建立

　　1948年7月15日，党组织领导武装队伍在阳山县小江乡下坪村举行武装起义，史称"阳山人民武装起义"。阳山人民武装起义是阳山在解放战争时期发生的重大事件，武装起义建立了阳山革命武装队伍，培养了革命干部，形成了革命精神，推动了阳山革命武装斗争的开展，为阳山的解放事业作出重要贡献。

## 一、阳山人民武装起义

　　1946年6月，中共小江区委及其所辖下坪、西朝、小江圩三个党支部成立后，在区委的领导和各支部共同努力下，党组织和党员力量、革命力量不断发展壮大。至1948年7月阳山人民武装起义前夕，区委及其领导下的3个党支部党员人数已经发展到17人。与此同时，由党员负责在群众中串连成立的地下群众组织"革命兄弟会"人数也达到200多人，这就为日后人民武装起义奠定了良好基础。小江区委安排共产党员王廷雄和梁受英打入国民党政权内部，分别担任西江乡公所副乡长和小江乡第八保保长职务。这样，既可以获取国民党内部情报，做到知己知彼，里应外合，又可以利用国民党公职身份以抗匪保家名义向国民党政府要粮要枪，二人因此获得稻谷3万斤和一大批枪支子弹，为武装起义提供武器。王廷雄和梁受英再以训练壮丁的名义，集中训练武装起义的后备人员，提高他们的军事技术。

1946年冬，张彬接任中共连阳中心县委书记后，直接领导于同年8月建立的中共黎埠虎岗中学支部，吸收了一批在校师生加入党组织和青盟，动员他们深入黎埠农村秘密发动群众成立革命兄弟会和分田分地会等地下群众组织。虎岗中学党支部逐渐发展壮大起来。到1948年7月武装起义时，由刚成立时的6名党员发展到14名党员，并发展了一大批青盟盟员，为接应起义部队、开辟游击根据地打下坚实群众基础。在武装起义准备阶段，张彬多次秘密进入下坪，布置、检查武装起义的人员、武器、粮草各方面准备情况，又两次派出地下交通员黄伟前往广宁向中共粤桂湘边区工委报告起义准备情况及请示工作，粤桂湘边区工委也派出黄振、成崇正、肖少麟、肖怀义、吴松、吴年、谭苏等军事干部到下坪参加武装起义，并决定成立阳山武装起义领导小组，由张彬任组长。经过1946年2月到1948年7月两年多时间的充分准备和缜密组织，阳山人民武装起义已万事俱备，箭弦待发。

1948年7月中旬，武装起义意图被国民党当局觉察，他们拘捕中共下坪支部书记梁呈祥，支部组织委员、武装委员梁受英的命令已经发出。14日清早，小江乡副乡长兼乡队副伍鸿儒带领一群自卫班人员荷枪实弹进入下坪村搜查梁呈祥家，虽无所获，但情势已十分危急。中共下坪支部连夜召开应急会议，做出四项决定：一是决定起义时间。根据敌人已经行动，情势危急的情况，按张彬事前提出的"相机行事"指示，事不宜迟，起义必须立即在15日举行。参加起义的人员，根据"宁可少，不可滥"的原则挑选。二是确定起义旗号为"阳山人民抗征抗暴义勇队"，梁呈祥任队长。三是党员立即分头行动，收缴掌握在少数动摇分子手中的枪支。四是确定起义后队伍开进黄垒乡大东山。

7月15日，夜幕降临。在下坪田心围晒地上，聚集了200多

人，其中80多个青年汉子排着队持枪待命。起义部队公开旗号为
"阳山人民抗征抗暴义勇队"，梁呈祥任队长。梁呈祥宣布37名
参队起义人员名单，连同中共连阳中心县委的领导和粤桂湘边区
工委派来的军政干部共46人参加起义队伍，未编入伍的武装人员
组成民兵第一中队，由共产党员梁茂发担任中队长，负责留守保
卫家乡。起义队伍连夜向大东山进发。

7月23日晚，起义部队在打入国民党西江乡公所任副乡长的
共产党员王廷雄配合下，外攻内应，一举攻下西江乡公所，活捉
乡长郭汉亭，全俘自卫班16人，缴获长短枪16支和粮食一大批。
起义部队首战告捷，大振军威。

表4-2-1　参加1948年阳山人民武装起义人员名录

| 姓名 | 性别 | 单位、住址或说明 | 姓名 | 性别 | 单位、住址或说明 |
|------|------|-----------------|------|------|-----------------|
| 成崇正 | 男 | 韶关市教育局，已去世 | 梁泽深 | 男 | 大宝山矿，尚在世 |
| 肖少麟 | 男 | 已去世 | 梁托贤 | 男 | 已去世 |
| 肖怀义 | 男 | 凡口矿，已去世 | 梁长兄 | 男 | 已去世 |
| 吴松 | 男 | 已牺牲 | 梁水松 | 男 | 已牺牲 |
| 吴年 | 男 | 阳山，已去世 | 梁岳田 | 男 | 阳山县港务所，已去世 |
| 谭苏 | 男 | 乳源县政协，已去世 | 梁灶 | 男 | 已去世 |
| 黄振 | 男 | 广州远洋公司，已去世 | 梁松林 | 男 | 小江下坪，已去世 |
| 张彬 | 男 | 广东省经济管理干部学院，已去世 | 梁天全 | 男 | 小江下坪，已去世 |
| 梁天培 | 男 | 中山医科大学，已去世 | 梁佳 | 男 | 小江下坪，已去世 |

（续上表）

| 姓名 | 性别 | 单位、住址或说明 | 姓名 | 性别 | 单位、住址或说明 |
|---|---|---|---|---|---|
| 梁呈祥 | 男 | 梅田矿务局，已去世 | 梁坎 | 男 | 小江供销社，已去世 |
| 梁格夫 | 男 | 已去世 | 梁赞 | 男 | 已去世 |
| 梁受英 | 男 | 阳山中学，已去世 | 冯能 | 男 | 已去世 |
| 张国钧 | 男 | 韶关市农业局，已去世 | 李启 | 男 | 小江外洞，已去世 |
| 伍柏荣 | 男 | 连县煤炭局，已去世 | 梁田 | 男 | 已去世 |
| 黄伟 | 男 | 阳山农机二厂，已去世 | 梁扬 | 男 | 已去世 |
| 梁泽英 | 男 | 已牺牲 | 梁标 | 男 | 已去世 |
| 梁万国 | 男 | 已去世 | 梁伯联 | 男 | 小江下坪，已去世 |
| 梁栋祥 | 男 | 已去世 | 梁正 | 男 | 已去世 |
| 黄象伯 | 男 | 已去世 | 马顺安 | 男 | 小江下坪，已去世 |
| 梁岳荣 | 男 | 已去世 | 麦浪 | 男 | 已去世 |
| 梁广生 | 男 | 已去世 | 张南香 | 男 | 已去世 |
| 梁明金 | 男 | 已去世 | 丘桂 | 男 | 已牺牲 |
| 梁岳显 | 男 | 已去世 | 谢新华 | 男 | 已牺牲 |

## 二、飞雷队挺进阳山

1947年7月后，人民解放军由战略防御转入战略进攻，由内线作战转向外线作战，战争形势发生了根本变化，但是，广东的反动势力还相当顽固。为配合全国解放战争，中共粤桂湘边区工委根据中共中央香港分局"组织力量，冲出老区"的指示，决定组建以冯光为司令员、周明为政治委员的连江支队，率领连江支队第一团（代号飞雷队）挺进连阳，开辟新区，建立粤桂湘边根据地，发动群众，开展武装斗争。

第一次挺进在1947年12月30日，冯光、周明率领的飞雷队170多人从广宁四雍向连阳进发。按原定挺进路线，部队从广宁、怀集进入阳山杨梅、白莲后，经阳山寨岗、黎埠、黄坌、西江直上连县东陂、星子。但当部队进至怀集凤岗孔洞时，遭到广西国民党团丁四五百人拦截，为了避免跟敌人死打硬拼，保存挺进部队实力，部队决定退回广宁。

为了实现原定战略意图，接应连阳各地人民武装起义，1948年2月，粤桂湘边区工委决定组织第二次挺进连阳，并改变原定挺进路线，由广宁出发经清远、英德、英阳三山到阳山。因为沿途有敌人的坚固据点，走三山到阳山是不得已的。三山是匪首李福、曾香的巢穴，为了确保部队顺利通过，粤桂湘边区工委事前已派出梁天培、吴裕元到三山，深入虎穴做土匪的思想工作。李福、曾香在共产党政策的感召下，又慑于人民军队的强大威力，不得不接受部队提出的约法三章，让开大路给挺进部队通过。

**三、高陂会师**

1948年6月中旬，冯光、周明率领飞雷队300多人，从广宁四雍出发，第二次挺进连阳。沿途经清远、英德，打了不少胜仗。8月5日渡过小北江，顺利通过三山，进入阳山县秤架乡的五元坑、漏水坪，于8月16日到达黄坌乡高陂村，与阳山人民武装起义部队胜利会师。高陂群众欢欣鼓舞，杀猪送粮，慰劳部队，还举行军民联欢会。飞雷队到来不仅大大增强了阳山人民武装斗争的信心，也大大增强了阳山起义队伍的武装力量。

## 四、阳山人民抗征自救队成立

飞雷队与阳山人民武装起义部队在高陂会师后，1948年8月20日，联合向北推进，抵达西江南坪村。但敌人趁游击队立足未稳，出动500多人，从三面发起围攻，部队突出重围转移到英阳三山休整后，接着开到秤架乡东坑坪。在那里，中共粤桂湘边区工委委员、连江支队飞雷队政治委员周明主持召开干部会议，决定把飞雷队中的麦永坚、杨雄留下来，与张彬、梁天培共同组成阳山县工作领导小组；且把麦永坚、杨雄带领的飞雷队第二中队两个排兵力留下，与参加武装起义的阳山人民抗征抗暴义勇队合编成"阳山人民抗征自救队"，由梁天培任大队长，张彬任政治委员，麦永坚任副大队长，杨雄和黄振任副参谋长，统率猛虎队、雄狮队、铁流队、东岳队共四个中队和其他武工队。为了加强党组织对武装部队的领导，还同时决定成立中共阳山人民抗征自救队委员会，归中共连阳中心县委领导，由张彬兼任书记，党委委员有梁天培、麦永坚。飞雷队继续北挺连县，开辟新区。阳山人民抗征自救队党委统辖分别活动在小江、西江、朝天地区，黎埠、界滩、寨岗地区，黄坌、岭背、秤架地区各路部队的3个党支部。经过整编后的阳山人民武装如虎添翼，人数从几十人一下扩展到100多人，又大大改善了武器装备。在大队党委统一领导下，一场大规模武装斗争很快就在县内各地迅速展开。

## 五、组建连江支队第五团

1949年2月，黄孟沾从香港回到阳山，向飞雷队领导人传达中共中央香港分局指示。华南分局要求在阳山活动的游击队迅速组织力量向湘南发展，配合南下解放大军。

接着，郑吉又从香港回到阳山，带回香港分局又一指示：

（1）成立中共粤湘边工委，由周明任书记，蔡雄、马奔、陈奇略、司徒毅生为委员；（2）成立连江支队司令部，司令员兼政治委员周明，副司令员马奔，副政治委员蔡雄，政治部主任陈奇略，副主任司徒毅生；（3）迅速组织主力北上湘南，迎接南下大军。周明当即召集连江地委、连江支队干部在阳山黄坌乡高陂村开会。周明、蔡雄、马奔、陈奇略、司徒毅生等人参加会议。会议传达香港分局和边区工委关于"北上湘南迎接大军"的指示，决定组织主力部队向湘南进军，进一步组织粤湘边和连江地区游击战斗，迎接广东解放。为适应形势，正式建立中共粤湘边临时工作委员会，周明任书记，马奔、蔡雄、陈奇略、司徒毅生任委员，周明任连江支队司令员兼政治委员。

4月，随着解放战争形势发展，中共粤湘边临时工委根据华南分局和粤桂湘边区工委的决定，对连江支队辖下部队进行整编，成立9个团，分别任命干部。阳山人民抗征自救队被编为连江支队第五团，梁天培为团长，麦永坚为副团长，张彬兼任政治委员。连江支队第五团除原阳山人民抗征自救队5个中队11个武工队外，新组建以苏文为中队长的第三中队，共6个中队11个武工队，人数达1200多人。

# 阳山游击根据地的建立与发展

　　阳山游击根据地主要建立于解放战争后期。1948年8月连江支队飞雷队挺进连阳以前，阳山游击队主要活动在小江山区。飞雷队到阳山与阳山人民武装起义部队会师后，成立了阳山人民抗征自救队。抗征自救队所属部队四面出击，取得一系列战斗的胜利，阳山游击根据地也随之不断扩大。游击队活动范围从小江山区逐渐扩展到黄坌、西江、朝天的所有乡村，秤架西山，黎埠南村、水井、同冠、木山，以及当时连县管辖的界滩、民合、鲁塘等乡村。游击根据地已在阳山西北大片地区连成一片。同时，在阳城、江英等地也建立了一些游击根据地，并不断开辟新区，扩大游击根据地范围。游击根据地建立后，游击队在党组织领导下，着重建立根据地农会、民兵组织和妇女组织，发动群众配合游击队和解放军开展武装斗争。游击根据地人民英勇顽强，艰苦奋斗，无私奉献，为阳山解放事业付出巨大牺牲，作出重要贡献。

## 一、老区农会与民兵组织建立

### （一）农民群众组织

　　从1948年7月阳山人民武装起义到1949年12月阳山全境解放，游击队活动的大片农村都普遍建立起农民群众组织。农会是农民群众组织形式之一。尽管农会的称谓各地不一，但其所起的作用是一样的。小江地区的农会叫作"革命兄弟会"，有会员120多人；黎埠、寨岗的农会称为"农民分田分地会"，有会员130多人；黄坌地区的农会则按惯例称为"农民协会"，有会员908人。各地农会均以村为单位，设有正、副会长或分会长。农会的作用主要是带领农民向国民党政府反"三征"（征兵、征粮、征税），开展减租减息斗争，为游击队筹粮送粮。仅黄坌乡9个村的农会就为贫苦农民废除旧债8万斤稻谷，为游击队筹得粮食11万斤。国民党政府不敢向黄坌乡群众征一个兵，取一粒粮，收一分钱税。

（二）民兵组织

民兵组织是游击根据地农民群众组织的另一形式。阳山人民抗征自救队党委和战斗在各地区的部队非常重视民兵组织建设，每到一地都首先建立民兵组织。解放战争期间，全县游击区共建有59个民兵中队、7个独立民兵小队，共有6000多人枪（包括鸟枪）。仅黄坌一个乡就有9个民兵中队，974人。民兵组织严密，中队有正副中队长，下设小队，人员要经过挑选报批，中队、小队正副队长还要由抗征自救队大队长梁天培发委任状。民兵组织作用主要有三：一是站岗放哨，锄奸肃特。黄坌乡恶霸保长冯松元、国民党自卫班苏剑、朝天乡地主陈兆达搜集游击队情报为国民党军队通风报信，被游击队捉拿并枪决。二是筹粮运粮，支持部队。黄坌第四民兵中队中队长冯家进献出家中粮食500斤。在他的带动下，全中队共捐献粮食5万斤，送给部队。为解决部队粮食供给，上级派黄坌、秤架民兵200多人绕过敌人封锁，翻越几十座山头，步行90多里到连县潭源洞运稻谷2万斤，民兵们日夜兼程完成任务。杨青山、张源武工队在界滩缴获的敌人船载大米30万斤也是由黎埠、小江两地民兵抢运回来的。三是参军参战，配合主力部队对敌作战和保卫游击区根据地。解放战争期间，在阳山发生的大小战斗近百次，毙伤国民党军队750多人，几乎每次战斗都有民兵参加。游击队主力部队随连江支队司令部北上湘南之后，民兵更成为反国民党"清剿"的主力军。在界滩，300多名民兵配合杨青山武工队与来犯的连县之敌激战2天，牺牲民兵1人，敌方死6人，伤4人。在黄坌，76名民兵坚守高陂108天，粉碎国民党县长李谨彪所率400多人的军队的轮番进攻，牺牲民兵1人，伤2人，毙伤敌人60多人。在西江乡外塘，该村民兵中队与来犯国民党军队展开巷战，牺牲7人。在朝天，民兵100多人与国民党军队战斗五天六夜，战况惨烈，毙伤敌军30多人，牺牲民兵10人，中队长张炳炜也在战斗中阵亡。此外，阳山民兵是主力部队兵员的主要来源。阳山武装队伍从起义时的46人发展成为后来拥有1200多人的中国人民解放军粤桂湘边纵队连江支队第五团，其成员大多数为来自阳山的民兵。黄坌一个乡就有113名民兵加入正规部队，在作战中牺牲7人、负伤13人。民兵为阳山人民解放事业作出了重要贡献。

## 二、老区妇女投入革命

阳山妇女在解放战争中也发挥了巨大作用。虽然阳山游击区还没有建立起妇救会那样的妇女组织，但游击区妇女通过参加农会，进民众夜校、识字班等接受教育，渴望翻身解放，纷纷要求为解放战争贡献力量。妇女们在救护游击队伤病员、为游击队传送情报、送夫送子参军参战方面起到不可替代的作用。在1948年8月南坪战斗中，游击队指导员麦冠常受伤严重，被送到下坪游击区梁三嫂家治疗养伤，在梁三嫂夫妻的精心护理下很快康复。当敌人前来搜捕麦冠常时，梁三嫂又巧妙地掩护他转移脱险，而自己却被敌人严刑折磨。黄坌游击区妇女邓玉发觉国民党军队偷袭游击队驻地高陂村时，乔装打扮，为游击队传送情报，使部队做好应战准备。太保塘妇女朱贱为保护游击队地下粮仓站岗放哨，当国民党军队来搜索时又机智地骗走敌人，使游击队粮食不受损失。妇女送夫送子参军参战的贡献更为突出。阳山游击区面积在全县并不算很大，人口也不算多，而且大多处在山区，但参战民兵达6000多人，转入正规部队的有六七百人，可见当妻子当母亲的妇女送夫送子参军参战的踊跃。如黄坌高陂妇女王水，国民党军队放火烧屋把她女儿活活烧死后，她强忍悲痛，把丈夫曾夏妹送上前线与敌人作战。妇女胡秀在丈夫邱何养抗击敌人中弹牺牲后，化悲痛为力量，动员儿女为前线游击队送粮送水。

### 三、开辟新区，鱼冲突围

1948年11月，阳山人民抗征自救队在短期内打了不少胜仗，部队迅速发展，根据地也迅速扩大。阳山北面直到连县龙坪、九陂一带均有游击队活动，广大地区已成为游击队活动的阵地。但是，阳山南部地区还没有游击队进去，未能形成从四面八方打击敌人的态势。若敌人集中兵力向游击队发起进攻，对游击根据地的巩固极为不利。为了改变这一不利局面，使阳山游击战争从北到南普遍发展起来，变敌后为前线，阳山人民抗征自救队做出打到阳山南部去，向南发展的战略部署，决定以黎埠界滩为立足点，逐渐向南部推进，并派麦永坚、黄振带领猛虎队60多人为先锋，从界滩河东转到河西开辟黎埠、寨岗新游击区。

11月下旬，猛虎队绕过黎埠，袭击国民党寨岗乡公所。由于事前将国民党寨岗乡乡队副钟文浩争取到共产党这边，由他做内应，于24日晚顺利全俘乡公所自卫班20余人，缴获长短枪20余支，打开敌2个粮仓，把5万多斤谷分给农民。取得胜利后，部队开往中心岗，进入瑶区，与瑶胞结盟扩充队伍。国民党对游击队向南发展十分害怕，急忙调集黎埠、大崀、寨岗各地反动武装向猛虎队反扑。当猛虎队开到寨岗鱼冲小山冲隐蔽时，因内奸蔡马南向敌人告密，被国民党地方反动武装1000多人重重包围。由于双方力量悬殊，游击队对地形又不熟悉，处于极为不利的位置，在突围战中，猛虎队损失很大，指战员除战场阵亡和受伤被捕杀害之外，还有不少在突围出去后失散，或在寻找组织的途中被捕杀害，或撤到广宁后被捕杀害。这次突围战斗，在战场上牺牲以及被捕后遭受严刑拷打，坚贞不屈，英勇就义的有30人。其中突围战斗中先后牺牲的有莫发、高湛、陈启、吴金、黄全、文福如、曾扬才、杨运光8人；先后被捕遭杀害的有朱永仪、钟灵、梁泽英、冯步芝、潘贻燊、冯唐、李明、黎章房、梁珠、邹北扬、陈火胜、黄金带、刘路养、伍石富、曾荣胜、曾荣新、陈东城、黄玉林、袁德安等22人（其中3人姓名不详）。被捕后遭杀害的22人中，10人就义于黎埠圩边沙坝、长岗印，9人就义于阳山县城，3人就义于广宁县汶水乡。阳山人民抗征自救队向南发展的战略意图虽未能实现，也遭受严重损失，但经此战，部队通过总结经验，吸取教训，扩大了游击队在汉、瑶地区群众中的影响。南进主力退回界滩根据地休整后，又有新发展。

# 第四节 游击根据地的斗争

解放战争时期，阳山游击根据地开展了大量革命斗争，大小战斗无数，为解放事业付出巨大牺牲，作出重要贡献。本节记述的是其中的主要斗争和战事。

## 一、游击队开展武装斗争

阳山人民抗征自救队下辖5个中队和11个武工队。中队有麦永坚带领的猛虎队、杨雄带领的雄狮队、张国钧带领的铁流队、梁呈祥带领的东岳队和王廷雄带领的第五中队。武工队有梁受英武工队、梁格夫武工队、陈茂良武工队、王廷雄龙德全武工队、杨青山张源武工队、钟文靖李达武工队、黄堂武工队、伍柏荣武工队、黄象伯武工队、谭杰武工队、梁泽深武工队。各中队、武工队活动有分有合，一般以其家乡周围为主，遍布阳山西、北大部分地区。

1948年9月中旬，猛虎队攻打黎埠界滩敌护航队，俘敌10余人，缴枪10余支；同月29日，雄狮队、铁流队联合袭击驻下坪九甲庙的国民党集结中队，俘小江乡副乡长、乡队副兼集结中队队长伍鸿儒等官兵40多人，缴枪40余支、子弹2000多发；同月底，猛虎队在黎埠界滩截获大地主刘晋丰运载物资的商船，伏击卸任的国民党县长黄渊，游击队声威大振；10月上旬，猛虎队、铁流队和雄狮队3个中队联合袭击国民党黄坌乡公所，缴获枪支、粮食大批；11月下旬，猛虎队袭击国民党寨岗乡公所，全俘自卫班20多人，缴获枪支弹药、粮食一大批；12月，国民党连县保安队200多人进攻黎埠界滩游击区，钟文靖李达、杨青山张源两个武工队带领民兵300多人联合抗击，激战两天；同月，梁呈祥率东岳队袭击犁头乡恶霸地主貌信财（貌明和），缴机枪2挺、长短枪20多支；同月，杨青山张源武工队在黎埠界滩袭击国民党连县县长詹宝光的军粮船，缴获大米30万斤，分给群众；同月下旬，国民党阳山县县长李谨彪带队进犯下坪外洞游击区，梁呈祥率东岳队和梁受英武工队及民兵300人奋起反击，打退来犯之敌，牺牲民兵2人。

## 二、界滩争夺战

界滩位于小北江沿岸，是连阳地区主要交通航道，是当地兵家必争之地。游击队在这里建有地下税站，保护过往商船安全，从中收些物资或税金以作部队给养。游击队也曾在界滩河段伏击过卸任的国民党阳山县县长黄渊北返连县船队，截获过大地主刘晋丰运往广州的大批物资，也袭击过国民党连县县长詹宝光的军粮船，缴获大米30万斤，因此界滩游击区成了连阳两县国民党统治集团的眼中钉肉中刺，急欲除之而后快。除1948年12月连县国民党当局出动200多兵力进攻界滩遭到游击队杨青山、钟文靖两个武工队及民兵300多人联合抗击外，1949年发生在界滩的大规模"清剿"还有两次，分别是1月15日至18日和2月19日的重兵"清剿"。

1949年1月15日至18日的"清剿"，国民党投入的兵力计有广东省保安司令部十七团三营、一五三师一个连、韶关第二"清剿"区第四中队、连县常备队第五中队、阳山县警卫队一个连、黎埠常备队等正规军、县级武装、地方民团共千余人，由阳山县县长、原团级军官李谨彪统一指挥。而游击队方面投入这次战斗的只有麦永坚率领的猛虎队和钟文靖李达、杨青山张源两个武工队以及当地民兵400余人。由于敌我力量对比悬殊，不可硬拼，游击队便采取"麻雀战"打法，与敌人捉迷藏，伺机发动袭击。同时，游击队实行坚壁清野策略，把群众转移到安全的地方，确保了群众的安全。

1月15日拂晓，国民党各路"进剿"部队在坑尾会合。是时，担负警戒任务的游击队武工队员、民兵共32人被敌人发觉，前堵后追，被迫攀登身边的碌石磅山峰。敌人误判是游击队主力抢占制高点，便调集轻重机枪、组织兵力向碌石磅四面包围发动攻击。碌石磅芒草丛生，满山荆棘。山峰上有古代留下的碉堡残壁，可做掩体。32名游击队员和民兵凭着28支长短枪、20余颗手榴弹、3门土炮、2桶火药，隐蔽在山上，待敌人爬到有效杀伤距离内，才集中火力用排枪和土炮射击敌人。土炮杀伤面广，敌人被打得非死即伤，只好下山。下午3时，敌人点燃干芒草，一时间烈火冲天，浓烟滚滚，企图把山上抗敌的游击队员烧死熏死。机智的游击队员也放火烧出一空地来隔离火势，在烟熏火燎中撬动山上石头向下滚击，山下敌人躲避不及的非死即伤。敌人不敢贸然上山，只好退到安全地带乱放枪。战斗持续到晚上，游击队乘着黑夜悄悄避开敌人，转移出去与主力部队会合。此战毙敌10余人，游击队员袁北扬、袁球、邹日旺、陈发钦4人牺牲。敌人不甘心，又以连为单位，分头搜索追击游击队。游击队则凭借山高林密、山路崎岖、地形险要的有利条件，采取据险伏击、阻击、打冷枪、"麻雀战"等战术与敌周旋，把敌人拖累拖垮。游击队时分时合，飘忽不定，常以小分队用密集火力杀伤敌人后立即撤退，来去无踪，弄得敌人摸不清虚实，胆战心惊。敌人被游击队牵着鼻子在深山中转来转去，士气低落，给养困难，只好于

1月29日全部撤出界滩。

沉寂一段时间之后，2月19日国民党阳山县县长李谨彪纠合省保安司令部十七团三营3个步兵连，1个重机枪连，韶关第二"清剿"区第四中队及连县常备队第五中队共600多人，再次"进剿"界滩。此战国民党军配备小炮1门、重机枪2挺、轻机枪7挺、卡宾枪1支，由营长王笃祥指挥。当天游击队武工队及民兵早已在双丫山、崩江高地据险严阵以待，战至下午5时，敌未能前进一步。20日，游击队不再与敌人打消耗战，仍采用分散作战、打了就走的制敌方法，引诱敌人从这个山头爬到那个山头，转来转去，转得敌人昏头昏脑，疲惫不堪。结果，敌人毫无所获，只好于2月23日撤走。

### 三、罗汉塘伏击战

1949年1月1日，毛泽东发表《将革命进行到底》新年献词，向中外宣告中国人民解放军将渡江南进，把解放战争进行到底。在中国革命即将取得全国胜利的大好形势鼓舞下，活动在阳山的人民武装力量，在战斗中不断发展壮大。盘踞在连阳境内的国民党反动势力，却妄图凭借阳山天然屏障做最后挣扎。1949年1月22日，国民党纠集400人的兵力，对小江罗汉塘老区进行"清剿"，妄图一举消灭人民武装力量。连江支队司令员冯光、政治委员周明率领部队和民兵400多人迎头痛击，粉碎了敌人的阴谋，保护了老区人民的生命财产安全。

1949年1月21日，国民党阳山县县长李谨彪和广东省保安司令部十七团三营营长王笃祥亲自率领400人，集中在小江圩，企图兵分两路"洗劫"小江罗汉塘游击区，继而"清剿"上、下坪，外洞一带老区。连江支队司令部获悉情报后，一方面立即召开紧急会议研究作战方案，另一方面立即调兵遣将，决定集中兵力给予迎头痛击，粉碎敌人的"清剿"阴谋，保护老区人民利益。在会议讨论中，与会人员各抒己见，提出三个作战方案：一是用关门打狗的方法，先把敌人放入罗汉塘韦屋一带，然后堵住敌人进路和退路，包围起来打；二是趁敌人上坳顶时，集中火力先把敌人先头部队吃掉，然后把敌人后续部队压回小江街去；三是打伏击战，集中主要兵力在罗汉塘沙坪伏击主攻的敌人，把敌人主力歼灭于沙坪。在讨论中，大家对上述作战方案进行反复研究分析，认为采取第一个作战方案，虽然有利于消灭敌人，但可能使群众遭受较大损失；采取第二个作战方案，只吃掉敌人一部分，却把大部分敌人放跑了；采取第三个作战方案，既不使群众受到损失，又有利于消灭敌人。最后一致认为应采取第三个作战方案。部队领导集中大家的意见，决定按照第三个作战方案进行。连江支队第一团的冼润泉中队，阳山人民抗征自救队的猛虎队、雄狮队、铁流队、东岳队和罗汉塘及上、下坪三个民兵中队400多名指战员，接到部队领导的参战命令后，从四面八方按时赶到罗汉塘韦屋一带整装待命，决心在战斗中英勇杀敌，为民立功。

1月22日，罗汉塘战斗打响。游击队对敌人的预判和打伏击战的决定是完全正确的。但是由于出发前会议时间开得过长，敌人提前（天未亮）进犯，地雷尚未埋好，敌人尖兵就到了，枪声一响，敌人就抢占山头，结果伏击战打成了阵地战。双方边打边抢占制高点，敌人抢占一个正面山头，朝游击队指挥部山头面对面地打。顿时，山上山下枪声四起，重机枪、轻机枪、步枪、手枪、手榴弹之声和战士们的喊杀声，震撼整个罗汉塘沙坪阵地。冼润泉带领一个中队在前哨阵地勇敢、沉着地指挥战斗，战士们越战越勇。手枪队队长廖培负伤后，仍坚持不下火线。各参战部队指战员和民兵在战斗中英勇作战，给予敌人有力打击，打退敌人无数次疯狂进攻，毙伤不少敌人。冯光既是指挥员，又是战斗员。他在山头上亲自抓起机枪来打，打死10多个敌人和1名敌人指挥官。战斗从当天拂晓一直打到下午三四点钟，毙伤敌军40多人，其中打死敌军1名营级指挥官。此战，游击队也遭受较大损失，连江支队司令员冯光不幸中弹壮烈牺牲，猛虎队二班长冯着、三班长□木新、四班长莫新、副班长欧西、战士李土和、欧春奎等也光荣牺牲。

### 四、坚守高陂108天战斗

位于阳山北部的黄坌高陂村地处大东山麓，是大东山游击根据地的门户。1948年8月，西江部队飞雷队（连江支队第一团）挺进阳山时，曾在这里与阳山人民武装起义部队胜利会师。1949年2月，西江部队火箭队（连江支队第二团）也在这里与阳山武装部队会师。高陂是连江支队司令部常驻地，是国民党军队"清剿"的重点地区。

1949年四五月，为接应解放军南下，根据连江支队司令部部署，连江支队第五团除留下部分武工队坚守阳山外，主力部队北上湖南。国民党阳山县县长李谨彪趁连江支队主力北上之机，于1949年8月13日起，纠集各类反动武装400多人，最多时上千人，配备迫击炮2门、机枪5挺，对黄坌乡和高陂村发动疯狂的"围剿"。高陂村民兵和群众英勇顽强地抗击来犯之敌至11月27日，在村中坚持战斗108天。

1949年8月13日，李谨彪亲率部队进入高陂前哨阵地桥头，被守卫在那里的民兵班长邱何养和全班民兵猛烈射击，当即击毙2人。这是李谨彪的试探性进攻，他见高陂早有防备，不敢恋战，便草草收兵。23日，国民党营长杜若夫率成家球、谢仁青两个中队300多人，配备机枪5挺、小炮2门，分两路再次向高陂村外围阵地新屋、桥头进犯。民兵沉着应战，邱何养一连击倒3个敌人后不幸中弹光荣牺牲。他的父亲、老民兵邱观生强忍悲痛，又一连击毙几个敌人。这次战斗，从上午一直打到黄昏，敌人被毙伤20余人后撤退。28日晚，杜若夫再次带领300余人直攻高陂，组织了七八次冲锋，仍未得手，又用煤油浸透棉絮实行火攻，妄图把高陂烧成灰烬。民兵集中火力向在火光中暴露的敌人射击，敌人和火把一齐倒在地下。战斗一直打到第二天凌晨鸡啼时分。敌人多次进攻屡遭失败后，又想出新毒计，把高陂村重重围困，封锁水源，切断供给，企图把困在高陂村中的民兵渴死、饿死。

高陂村民兵和群众在遭敌围困的日子里，得到武工队和各地民兵及群众的大力支援。在连江支队第五团党委书记兼政治委员张彬的指挥下，梁受英武工队不断送来武器弹药；黄堂、梁泽深武工队和冯家进、李松年武工组不断派兵在高陂周围活动，从外线吸引和牵制敌人大量兵力；连江支队雄狮队、梁受英武工队、黄堂武工队等派兵，秤架西山游击区及邻近几个民兵中队也先后进入高陂协同作战；从湘南赶回的连江支队猛虎队，又歼灭驻高陂附近江咀村的国民党吕桂生中队大部，从而减轻了敌对高陂的军事压力。群众支前也热情高涨，水圳村范水才用竹筒装上六七斤花生油，机智地避开敌人，送到高陂。白庙、鱼田等村民兵、群众，募捐三四千斤稻谷，援助被困高陂民兵、群众。被敌人长期围困的高陂民兵、群众，团结战斗，以坚强的意志战胜各种生活上的困难，没有水就组织抢水队，于晚上往溪边去抢水；没有粮油，就一方面互通有无，同舟共济，另一方面组织抢收队伍晚上往田里和山上抢收稻谷和油茶。

高陂的新屋、桥头、大围三个民兵阵地，曾一度因敌人的严密监视而无法相互联系。年仅9岁的曾观林，在战斗需要的时候，不论白天黑夜，从狗洞里爬进爬出，机警地避开敌人的视线，往返于几个战斗阵地传话送信，出色地完成了成人难以完成的通信任务，保证民兵在组织和行动上的联络。

11月21日，李谨彪又纠集1000余人的反动武装，由"反共救国军"第七师八十团团长陈远志指挥，从东、西、北三面包围高陂。22日，敌人发动攻心战，给民兵送诱降信和通行证，要高陂民兵放下武器，未果。从23日起，敌人向高陂发动总攻，三天内共向高陂发射160多发炮弹，组织10多次冲锋，均被民兵击退。26日，高陂的前沿阵地被敌占领，村外的水源被敌人堵住，村内的水用完了，无法供应。在这种情况下，27日，高陂民兵带领群众立即主动撤出村庄，转移到东坑坪，迎接新的战斗。

在高陂的反"清剿"保卫战中，高陂民兵坚持战斗108天，以土枪土炮先后打退敌人数十次进攻，歼敌60余人，民兵牺牲1人，负伤3人。高陂民兵英勇战斗，在粤桂湘边人民解放斗争史上留下光辉的一页，他们的英雄事迹为后人敬仰和传颂。阳山解放后，高陂村选派民兵中队长曾石有为代表，光荣出席1950年9月25日在北京举行的全国人民解放军和民兵战斗英雄代表大会，受到毛泽东等党和国家领导人的亲切接见，并被授予全国民兵英雄称号和勋章。

国民党军队"清剿"给黄坌地区人民带来巨大损失，武工队和民兵中有7人牺牲，13人受伤，有38名群众由于支持游击队而遭到杀害，民房被烧毁368间。

## 五、冲子岩坚壁清野

在大东山麓的阳山县西江乡中厂村，右侧有一座高300多米的山，山上林木茂盛，杂草丛生，山中隐藏着一个大石岩，人称"冲子岩"。岩内有3个大小不等的岩洞互相连通，不但阳光、空气比较充足，而且还有一股清泉。此岩既可堆放粮食物资，又可供人居住。

冲子岩前面有100多亩水田。水田四周群山环抱，西边有一条小石道通向大岭、四见村，南边也有一条田基路通往龙塘、南坪村。而通向岩洞的却只有一条险峻崎岖的羊肠小道。冲子岩地势险要，居高临下，易守难攻。

1949年，阳山人民抗征自救队王廷雄武工队与西江乡的民兵，利用冲子岩这一有利地形条件来储藏粮食物资，也因此，这里成了敌人"清剿"的重点目标。1949年农历正月下旬，王廷雄武工队接到阳山人民抗征自救队送来的消息，说连阳两县敌人正在调兵遣将，集中力量准备向游击区实行春季大"清剿"，并指示武工队要动员组织民兵、群众，坚壁清野，转移粮食物资，做好反"清剿"斗争的一切准备工作。武工队接指示后，立即转告西江乡各民兵中队做好联防保卫工作，同时集中冲子岩附近第四民兵中队召开紧急会议，做具体工作部署。

2月10日，国民党西江乡乡长张华岳带领连县保警营黄大舟、黄坤山和阳山自卫队共300多人围攻冲子岩。在王廷雄指挥下，民兵在岩内坚守，武工队在岩外配合。敌人向冲子岩扔了10多只手榴弹，全部掉下"天狗窿"。敌人又在岩口凿石放炮，再用火攻烟熏，但毫无作用。反而到四见、大岭抢掠粮食的敌人遭到埋伏在密林中的武工队和冲子岩洞里民兵的突然袭击，吓得魂飞魄散，乱窜逃命，丢下的稻谷被民兵、群众担进冲子岩内。冲子岩攻不下，敌人转向大岭、龙塘放火烧毁民房，并捉住四见村年近七旬的长须老伯李善庆，逼他说出游击队及群众收藏粮食的地方。老人被打得遍体鳞伤，但说出的还是"不知道"。敌人极其残忍地把他的胡须一把把连皮带肉拔出来。老人满脸鲜血，任凭敌人怎样折磨，始终没有说出部队的秘密。他这种英雄气概，深深感动了部队全体指战员。后来，武工队队长梁受英赋诗赞道："丝丝热血洒东山，血染山花花更鲜，胡须拔尽何所惧，'三光'难破铁心坚。坐守龙岩歼强敌，弹雨嘶嘶马不前，征尘战绩今犹在，老友重逢忆往年。"守卫冲子岩的民兵们一直坚持到连阳全面解放。在反"清剿"战斗中，游击队毙伤国民党军10多人。

## 六、二战神岗村

神岗是阳山县北面朝天乡的一个边陲村落，与连县接壤，也是中共阳山县农村支部建立较早，党组织力量比较强大的地方之一。连江支队第五团的领导也经常住在这里。1949年反"清剿"斗争作战部署就是在这里召开武工队会议决定的。因此，神岗村成为国民党阳山、连县当局联合"清剿"的重点地区之一。1949年9月下旬，在短短两三天时间内，国民党军队就两次对神岗村发动攻击，并残酷地实行"三光"政策。

敌人"清剿"神岗村，采用先"肃清"外围，进而"攻坚"的打法。9月12日，国民党连县县长李楚瀛带领200多名敌人进攻朝天大围，遭到陈茂良武工队和民兵的英勇抗击后撤退。9月15日，他又伙同国民党阳山县县长李谨彪、西江乡乡长张华岳率自卫队600多人，再次进攻大围。武工队和民兵占领制高点，敌人用迫击炮轰击村庄，炸倒房屋2间，武工队、民兵顽强抗敌，并于当天晚上12时，全部撤出大围。在突围撤退战斗中，民兵小队长陈福林，通讯员陈亚荣，民兵陈宏、罗贵、罗子鞍牺牲。敌人抢走大围群众耕牛36头、生猪42头，烧毁房屋2间，群众家具衣物被劫一空。

9月17日，国民党军队又转向攻打外塘村。该村民兵在中队长张贵民带领下进行坚决抗击，持续战斗3天。敌人进村后，民兵又与敌人展开巷战。民兵张月文在巷战中牺牲。张亚池、张华洲、张亚汉、张亚羊、谭中福、谭光等被俘后遭杀害。张亚羊当时年仅13岁，但坚贞不屈，遭杀害时还高呼"打倒张华岳！打倒李谨彪！共产党万岁！"，场面十分壮烈。

"扫除"外围之后，9月20日，李楚瀛、李谨彪继续率领一个营的兵力重点攻打朝天乡神岗村。该村民兵和群众为了保卫家乡，早已做好充分的准备，来犯之敌刚进入神岗，一轮炮火就击毙敌人10人，打伤敌人20多人。李谨彪错估游击队、民兵力量，吃了败仗，气急败坏。为了挽回败局，刚过两天，他又迫不及待地率队300多人，配有轻机枪4挺、重机枪1挺、迫击炮1门，并强迫群众做前导，再次攻打神岗村。民兵中队长罗炳炜带领民兵100多人，和全村群众一起坚决抵抗来犯之敌，日夜坚守，打退敌人数十次冲锋，敌人伤亡惨重，无法攻入神岗。后来，敌人采用切割包围、切断供给、封锁水源的打法。村中坚守民兵在断水的情况下，坚持战斗五天六夜，最后因寡不敌众，弹尽水断，主动撤出神岗村。

敌人进村后，实行残酷的杀光、烧光、抢光的"三光"政策，杀死民兵中队长罗炳炜和民兵张伟扬、张德兴、张德隆、张木星、张亚灶、陈桂芳，邝亚发。老人丘章权、妇女卢新娇被打死。村中被抢去耕牛26头、生猪32头，房屋被烧毁6间。

# 人民民主统一战线工作

阳山党组织和武装部队在解放战争中大力开展统战工作，调动一切积极因素，团结一切可以团结的力量，打击主要敌人，达到夺取革命战争胜利的目的。

## 一、争取国民党政权中基层人员和开明士绅

乡、保、甲是国民党政权在农村的基层单位，乡长、保长即是其统治在农村的直接执行者、维护者，其中大多数也是乡村中的富豪、士绅。由于他们各自的政治经济利益不同，因而对共产党的态度也各异，有少数是坚持与共产党为敌，坚持反共到底的，而大多数是保持中立态度，可以分化和利用的。因此，解放战争时期，阳山县各级党组织和武装部队制定并执行"缩小打击面，扩大团结面"五大政策。具体是：（1）对过去反对过共产党、目前愿与共产党为友者，都要团结，既往不咎。（2）对持中立态度者，除表示欢迎和多做教育外，并为其保密，不使其处境困难。（3）对与共产党为友，并支持共产党者，表示热烈欢迎，并多鼓励和教育，促使其坚决与共产党站在一起，共同对敌。（4）对真心实意参加部队者，表示热烈欢迎，不管其出身如何，与部队战士一视同仁，决不歧视。（5）对坚决反共，与共产党为敌者，坚决打击。

由于采取了正确政策，国民党政权中不少基层人员和富豪、

士绅能接受游击队的忠告，保持中立或成为革命同路人。比如，小江乡副乡长、大地主梁贵贤，原来思想顽固，紧跟国民党，经共产党多方教育后，对共产党的态度从敌视转变为拥护。1948年阳山人民武装起义前夕，为筹备粮食购买武器，他出面具结担保，向国民党县政府借稻谷3万斤，后来还加入了游击队。犁头乡乡长毛鸿仪是地方实力派，拥有大批枪支，游击队与他多次接触后，他愿意保持中立，并把1挺机枪、20多支长短枪送给游击队。黎埠乡名门望族黄公汉，其父曾任桂军军长、广东省省长。他本人也曾任桂军旅长、粤汉铁路警备司令，北伐时任张发奎第四军驻广州办事处主任，后解甲归田，赋闲居家。他政治开明，乐善好施，为家乡医疗、教育等办了不少公益事业。1948年，他被莫雄委为连阳四县联防处主任。他能洞察形势，当游击队在阳山各地频频出击节节胜利时，便派出亲信主动与游击队联络，声明保持中立，决不骚扰游击队，使1948年11月猛虎队从界滩奔袭国民党寨岗乡公所时，能顺利通过他的地盘。黎埠黄公汉的中立为游击队实现向南发展战略减少了阻力。钟文浩是国民党寨岗乡乡队副，是国民党基层政权中的军职人员，经过共产党的教育引导，能深明大义，弃暗投明，愿为游击队充当内应。在猛虎队袭击寨岗乡公所前，他为游击队送出可靠情报，猛虎队发动袭击时他反戈一击，外攻内应，保证战斗顺利进行并取得胜利。随即他加入游击队行列，为阳山人民解放事业作出贡献。

## 二、对地方土匪教育改造

对地方土匪教育改造，是阳山党组织和武装部队在解放战争中执行统一战线政策的又一项重要工作。它为消除阻力，化害为利，确保共产党集中力量打击国民党顽固势力，夺取解放战争胜利，起到了重要作用。

中华人民共和国成立前阳山土匪众多，仅在游击队活动地区就有李福、曾香、梁士金、马生、李金寿、邓章、张玉、陈志嵩、苏昌芬等多股土匪。他们不仅打家劫舍，抢掠民财，危害游击区人民生命财产安全，还不时骚扰游击队，危害很大。但是这些土匪大多数都是为生计被"逼上梁山"的穷苦农民，是不脱离生产的季节性土匪，职业土匪则是少数。在他们当中，除极少数与国民党和地方恶霸有勾结，坚持反动到底外，大多数是与国民党当局和封建地主有矛盾的。因此，游击队对地方土匪采取教育改造、区别对待、分化瓦解的做法，把他们教育改造成为抗击国民党反动派的力量。

在开展对地方土匪的教育改造中，共产党向他们宣布四项具体政策：（1）对勾结国民党反动派，坚持与人民为敌的土匪头子，坚决打击。（2）对一般性土匪，又联合又斗争：对其反对国民党反动派的一面实行合作，共同对敌；对其侵犯群众利益的一面，则坚决反对，教育其改恶从善。（3）向他们明确宣布"三不准"：一是不准在游击区内进行抢劫、奸淫妇女；二是不准盗用游击队名义招摇撞骗、为非作歹；三是不准与国民党反动势力互相勾结。（4）凡是集体或个人真心实意参加部队者，一律欢迎，并与部队战士一视同仁；对愿意保持中立者，也释放善意，在此期间，生活上遇到实际困难时，部队可给予适当帮助；凡是愿意改恶从善、弃匪从良者，一律欢迎，既往不咎。

经过共产党和游击队的统战工作，大部分土匪有所觉悟，弃匪从良，改恶从善。一些觉悟较低的起码也能保持中立，不再进入游击区抢掠，不骚扰游击队。当然，在阳山境内众多土匪中，也有极少数不听从教育，不服从游击队"约法三章"，坚持作恶的顽匪。对此类恶贯满盈的土匪，1949年2月16日晚，游击队布下天罗地网，一举把他们全部擒获，并召开公审大会，处决其中9名大小头目。此举震慑力巨大，使在阳山境内有组织的股匪一时销声匿迹。

# 阳山解放与新政权诞生

由于阳山地处粤北山区，交通不便，因此直到1949年12月才实现阳山全县解放，并于当月人民解放军解放县城后，成立了县人民政府。

## 一、阳山全面解放

1949年10月7日，人民解放军四兵团十五军四十五师解放韶关。由于驻韶关的国民党部队弃城南逃，解放军继续南下追歼国民党军主力。偏于一隅的连阳四县，以第五行政区督察专员、保安司令、连县县长李楚瀛为首的国民党武装没有受到打击，气焰仍十分嚣张。阳山县县长李谨彪也企图借阳山山多林密，交通不便，易守难攻的地理条件垂死挣扎。

韶关解放不久，北江军分区成立，辖第十、十一、十二共3个团。这时，解放军十五兵团四十八军一四三师亦进驻韶关，协同北江军分区担负肃清韶关地区国民党残余力量，保卫新生政权的任务。北江地委成立后，决定把解放连阳四县的任务交给一四三师和北江军分区，由一四三师参谋长黄中军、政治部主任吕琳和北江军分区副司令员周明共同组成指挥小组。

解放连阳的作战计划是分北、中、南三路进军，最后将李楚瀛歼灭于连县三江（现属连南）。北路由一四三师四二八团两个营、北江军分区十二团一个营和连江支队第七团共同负责，从湖南黄沙堡经连县东陂直下三江，堵敌退到连山之路。中路作为正面，由四二八团一个营、北江军分区十二团一个营和连江支队第十团共同负责，从乐昌县坪石经过连县星子直趋连州。南路由一四三师机炮营、北江军分区十团三个营及十二团一个营和连江支队第五团共同负责，从英德洐洸出发，到达黄花、九龙后再分兵左右两路进军阳山：右路经青莲直扑阳山县城，消灭李谨彪部；左路经七拱上大崀，迂回到寨岗，插到三江，与北路和中路之解放军会合，围歼李楚瀛。

**（一）黎埠解放**

12月6日，连州解放，黎埠风声鹤唳，一片紧张气氛。驻黎埠的国民党常备队200多人，在邓树年督领下负隅顽抗，以黎埠街的当铺为据点，重兵把守大拱桥和浮桥，严密监视连州—凤山—黎埠方向，以为守住两座桥，便万无一失。

12月13日，解放连州后，中路大军派出100多人，隐去番号，由当地游击队员肖木兰引路，乘夜从连州出发，经界滩、柳塘，过扶村河，绕均安、大圣爷庙，长途奔袭黎埠守敌。是日上午10时左右，大军到达黎埠附近，国民党常备队哨兵还以为是从大崀来增援的友军，没想到解放军进军神速，从背后袭来。他们措手不及，纷纷弃枪逃命，只有一名哨兵拉手榴弹试图抵抗，尚未投出就被解放军一枪击毙。邓树年收缩兵力，集中于当铺据点，顽固抵抗。双方激战两个小时，解放军攻势凌厉，国民党常备队无法抵抗，便举白旗缴械投降，战事结束，黎埠解放。此役解放军牺牲战士2名。

**（二）七拱解放**

12月13日，由四十八军一四三师一个机炮营和北江军分区十团一个营、十二团一个营组成的南路解放军从英德洐洸出发，到黄花、九龙后再分成左右两路进军阳山。左路军由北江军分区作战科长陈涛和十团副团长潘守成率领到达七拱，国民党七拱乡乡长梁国庆在解放军到来之前已带领常备队逃往西路去了，因此双方没有发生大战事。自卫班李澡持手枪抵抗，当即被解放军击毙。

### （三）江口、青莲解放

12月14日，解放军南路部队中的右路由北江军分区参谋长王云波和十四团团长叶镜率领进入青莲。国民党青莲常备队队长陈子模不敢抵抗，放下武器投降，交出"十三米"机枪一挺、枪支弹药一批。随军主要领导干部、连江支队第五团团长梁天培在青莲召开当地商家会议，动员商家筹粮支前，商家即席认筹粮食3万斤。

### （四）阳山县城解放

12月14日，担负解放连阳任务的解放军南路部队中的部分队伍进军阳山县城。国民党阳山县县长李谨彪闻讯早已率队逃往阳山与湖南交界的秤架，阳山县城只剩一座空城。解放军到阳山县城后，未遇任何抵抗，阳山县城便宣告解放。解放军进城后，国民党阳山县自卫中队中队长成家球见大势已去，便带领自卫中队30余人向人民投降，交出机枪2挺、长短枪32支、子弹一批。

### （五）大崀解放

大崀是国民党广州卫戍司令李及兰、国民党阳山县县长李谨彪的家乡。解放军到来之前，其亲属早已逃离，他们豢养的一群家丁，除少数心腹跟随李谨彪逃到秤架外，其余已作鸟兽散。

解放军南路部队解放七拱后，12月15日继续开往大崀。部队到达接近大崀圩1千米的枫树墩时，迅速登上制高点牛头山，一边开展火力侦察，用六〇炮对着李及兰住宅大楼连轰两炮，击中正门；一边派出小分队跑步绕到大楼背大崀围，堵住敌人的退路。一轮炮火之后，未发现有任何抵抗，部队即迅速占领大崀圩，街上商人、学校教师出门鸣鞭炮，迎接解放军。

**（六）秤架解放**

阳山县城解放后，解放军除留下少数兵力驻守黎埠等主要圩镇外，其余部队集结县城，待命歼灭龟缩在秤架的李谨彪残部。

12月20日，解放军占领岭背圩，岭背解放。由于李谨彪兵力已集中于秤架，岭背没有发生战事。解放军总结解放县城、黎埠、青莲、七拱、大崀等地的经验，对歼灭秤架之敌，决定采用远道奔袭、先包围后攻击的战术。12月24日晨6时左右，解放军营长罗志文率解放军北江军分区十团一营一连抄小路绕过李谨彪正面防线，迂回到秤架西北部山头，形成居高临下之势，置敌于解放军火力控制之下；排长刘惠球带领一排占领秤架西南小山头负责掩护，钟应添率领二排冲向秤架西南占领阵地，封锁敌向乳源逃窜的退路；三排长赖元率领三排由西面山头直冲秤架圩。发起攻击后，守敌向东面山头溃退并以山上之乱石做掩护，负隅顽抗。解放军步步进逼，用手榴弹炸死敌营长，敌人慌乱一团。解放军又发起强大的政治攻势。在解放军强大的军事、政治攻势下，敌人纷纷举手投降，李谨彪带伤化装逃脱。战斗至11时左右结束，秤架宣告解放。此战，计歼敌营长以下官兵19人，俘虏10人，缴获八二迫击炮1门，六〇炮1门，重机枪1挺和其他武器、弹药一批。

至1949年12月底，阳山县境内太平、白莲、杜步、水口、高峰、东山、小江、犁头、黄坌、西江、朝天、寨岗等乡国民党军政人员，迫于人民解放军的强大攻势，纷纷缴械投降。至此，阳山全境解放。

**二、阳山县人民政府成立**

1949年12月14日，人民解放军解放阳山县城后，于15日宣告成立阳山县人民政府。经广东省北江临时人民行政委员会批准，梁天培任县长，毛鸿筹任副县长。阳山县人民政府成立，标志着阳山人民在中国共产党领导下，经过28年艰苦卓绝的斗争，取得了新民主主义革命的胜利，宣告国民党政府在阳山的覆灭。人民政权的诞生，结束了阳山半殖民地半封建的历史，阳山人民从此当家做主，跨入建设社会主义新阳山的历史时期。

阳山县人民政府成立时，中共阳山县委书记仍由张彬担任，县委委员有梁天培、毛鸿筹、麦永坚。

阳山县人民政府成立后，县委和县人民政府立即建立各区、乡人民政府，领导全县人民投入支前，恢复生产，配合人民解放军开展剿匪、肃清国民党残余势力，巩固人民民主新政权的斗争。全县辖4个区20个乡，36172户，204691人。区政府称区公所。第一区区公所驻地青莲圩，辖青莲、附城、水口、江口、高峰、小江6个乡。第二区区公所驻地岭背圩，辖岭背、犁头、黄坌、秤架、西江、朝天6个乡。第三区区公所驻地七拱圩，辖七拱、太平、白莲、杜步、东山5个乡。第四区区公所驻地黎埠圩，辖黎埠、大崀、寨岗3个乡。

# 第五章

## 老区建设　群策群力

　　阳山县革命老区基本都处在山区，道路交通基础设施建设滞后，经济发展比较落后。阳山县委、县政府高度重视革命老区建设发展工作，针对老区的实际问题，对老区实行重点倾斜，重点扶持。1982年2月，县委、县政府成立由县委副书记任主任、副县长任副主任、县直各有关职能部门主管领导为成员的领导小组，负责领导老区开展建设工作，加速老区的经济建设发展。扶持老区建设发展重点是抓好边远分散且不具备生产生活条件的村庄搬迁，镇村公路硬底化改造，参加新型农村合作医疗，解决通电和供水、教育等"五难"问题。通过部门协调，群策群力，齐抓共管，老区建设各项任务落到实处。老区群众和集体经济均有较大提升，村民生活水平大大提高，公路交通、农田水利等基础设施条件和人居环境得到明显改善，老区经济社会各项事业得到较大发展。

第
一
节 **重点倾斜　扶持老区发展**

　　2005年5月，为了加快革命老区发展，解决革命老区群众"五难"（行路难、看病难、用电难、饮水难、就学难）问题，县向各有关乡镇印发《阳山县扶持边远分散革命老区村庄搬迁安置实施方案》，并认真组织执行。是年7月，县制定《阳山县"十一五"革命老区建设规划》，明确阳山老区建设发展的目标任务和措施。全县上下高度重视，扶持老区发展各项工作常抓不懈，至2017年，扶持工作取得实效。在重点解决老区"五难"问题的同时，投入2018万元作为股本金入股县、镇效益好的水电站，每年获取红利返还革命老区村，增加村级集体收入，改变老区村集体经济落后和困难的状况。1992年评划老区村庄时，当年全县老区的县内生产总值只有9290.48万元（其中，第一产业5493.86万元，第二产业681.08万元，第三产业3115.54万元），农民人均纯收入826.42元，村级集体平均每村收入3.86万元。自1993年起，各级财政及有关部门为阳山县革命老区累计投入建设资金3.39亿元，对老区建设起到积极作用。经过20多年扶持和老区镇村干群努力拼搏，到2017年末，阳山县革命老区实现县内生产总值11.69亿元（其中，第一产业6.25亿元，第二产业3.03亿元，第三产业2.41亿元），比1992年增加10.77亿元，比2011年的3.66亿元（其中，第一产业1.97亿元，第二产业0.93亿元，第三产业0.76亿元）增加8.03亿元；农民人均纯收入1.42万元，比1992年增加1.34万元，比2011年（农民人均纯收入5392.31元）增加8807.69元。当年实现脱贫农户2014户5968人。村集体平均收入从1992年的3.86万元增加到9.21万元。

## 一、"两不具备"老区村庄迁移

阳山县想方设法做好"两不具备"（即不具备生产、生活条件）老区村庄的搬迁工作。多方筹资，投入资金3.47亿元，其中省4648.1万元，市74.78万元，县50.21万元，镇村投入45万元，农户自筹2.99亿元，对"两不具备"村庄群众1757户7379人进行搬迁安置，促其异地发展。按群众意愿，搬迁村民除小部分分散安置外，其余在政府统一建设的17个集中安置点安置。实行"两不具备"老区村庄搬迁，使老区群众生产、生活条件得到有效改善。

## 二、老区农田水利建设

阳山县在老区投入2861.08万元进行老区农田水利项目建设，改造耕地面积2.4万亩，使老区4.56万人受益；投入1.12亿元整治老区河道，加强防洪防灾设施建设，确保老区人民生产、生活安全；多方扶持老区发展"三高"（高产、高质、高经济效益）农业，引进资金和技术，发展种养生产，引导老区群众种植反季节蔬菜等经济作物，增加农民收入，改善老区人民生活。

## 三、老区饮用水设施建设

阳山县向老区投入2185.63万元，建设清水池88个共6950立方米，安装饮用水管道29.14万米，为4.7万多名老区群众送上安全饮用水，解决老区村饮水难问题，使老区群众饮水安全问题得以全面解决，保障老区人民健康。县老促会成立后，为解决老区群众饮用水安全问题，积极争取各级政府和有关部门资金投入，先后在老区行政村、自然村建设一批自来水工程，解决一批老区群众饮水难、饮用水安全问题。其中江英镇田心行政村蒋家洞自然村34户人口283人，黎埠镇洞冠行政村岩角自然村40户187人，小江镇格屋、山根、崀头陈屋村共650人、秤架乡杜菜行政村298户1305人，黎埠镇鲁塘行政村1369人，均已用上放心水。

## 四、老区美丽村庄建设

阳山县投入2129.65万元，其中财政奖补702.55万元，村民筹资筹劳、村集体投入以及社会捐赠1427.1万元，对老区村庄进行改造，开展美丽村庄建设。按照村容整洁、环境优美的要求，对老区村公共场所、村内环卫设施、村内道路、文化室、篮球场等基础设施进行建设、维护和绿化养护等工作，使老区群众居住环境得到改善，老区村容村貌有较大改变。

## 五、老区学校建设

为解决老区小孩读书难问题，阳山县切实加强老区农村学校基础设施建设，着力改善老区教学条件。2001年前，各级财政及相关帮扶单位、老区镇村群众自筹资金共1500多万元，对2个革命老区镇和4个有老区村乡镇的48所学校课室进行建设、改造，总面积达2.4万平方米。2002—2004年期间，阳山县再次整合省财政资金660万元、佛山市政府扶持资金215.3万元、老区镇村群众自筹205.2万元，合计投入1080.5万元，分批分期对35所老区薄弱学校开展改造。到2009年9月，全面完成老区破危学校教学楼改造任务，共建起新教学楼35栋，教室262间，总建筑面积1.65万平方米，筑起学校围墙1390米，建学校大门3扇，建学校公厕7间230平方米，建运动场3个共1820平方米。通过改建，使8250名老区学生告别危房，搬进宽敞明亮的教室上课，老区群众子女入学难问题得到较好解决。学校环境、教学条件有较大改善，有效促进老区乡村教育事业发展。为加强德育建设，在5所老区学校建立思源室，作为爱国主义革命传统教育基地，传承红色基因，激励学生勤奋好学，继承革命先烈遗志，为加快老区建设学好本领。

## 六、老区医院建设

20世纪90年代，阳山县老区卫生院医疗设施设备比较薄弱，全县老区6所乡镇卫生院医疗业务用房共8120平方米（其中平房1150平方米），平均每所面积1353平方米。其中属破危房4688平方米，占业务用房的57.7%，医疗设备也十分简陋短缺。按照省一般乡镇卫生院设施设备标准，6所卫生院均列入改造改建计划。在资金不足情况下，县委、县政府采取调整县、镇两级财政重点倾斜，发动社会力量捐助的方式，分期分批落实建设任务。先后对黄坌、小江等6个老区乡镇（含有老区村乡镇）卫生院实施升级改造，改建面积共5250平方米。其中黄坌卫生院新建住院楼600平方米，小江卫生院征地新建医疗综合楼（含住院部）700平方米，黎埠卫生院拆建门诊大楼2000平方米、新建门诊大楼600平方米，江英卫生院拆建门诊大楼500平方米，阳城镇卫生院拆建门诊大楼850平方米，老区乡镇卫生院医疗环境得到改善。到2009年，改造、扩建、新建卫生院主楼全部完成，医疗设备也得到补充和改善。通过统一采购配送，全县老区乡镇卫生院均配置基本设备如X光机、B超机、心电图、生化分析仪、心电监测仪、电脑和医疗救护车等，老区乡镇卫生院医疗服务水平大幅提升。同时，积极稳妥推行新型农村医疗，投入资金为32个老区行政村建设标准化卫生站，通过竞聘考试招录乡村医生，并纳入乡镇卫生院统一管理，实现镇村卫生服务一体化管理，大大改善老区群众就医条件。按政策提升老区村民住院补助标准，有效缓解老区群众"看病难、看病贵"问题。

## 七、老区道路交通建设

1992年至2014年，阳山对老区实施维修、改造沙土公路、建设硬底化公路等一大批工程。先后为黎埠镇民合村，黄坌镇高陂村，小江镇下坪村，秤架瑶族乡茅坪村，阳城镇双塘村，黎埠镇木山村、洞冠村，江英镇田心村，小江镇罗汉塘村、白木控村，黄坌镇小水村，黎埠镇界滩村，洞冠大海村，民合中洞村，黄坌镇王村村，江英镇荣岗迳面村、长塘村，阳城镇麦冲村、梅仔山村、黎埠镇水井村、白芒村、虾咿村，小江镇山根村、崀头村，秤架乡漏水坪白竹塘村、炉田村，黄坌镇塘底长江村、小水茶山村，江英镇荣江大洞田村，阳城镇麦冲禾里洞村等老区村及有老区的行政村并通建设了公路。2015年至2018年，继续新开老区沙土公路：黎埠镇南村老区村至大崀的"南大公路"、小江镇黄牛滩老区村至黎埠镇水井老区村的"黄水公路"、黎埠镇鲁塘老区村至水井老区村的"鲁水公路"、小江镇珠光老区村至小江镇塘楼村的"珠塘公路"。 2001年至2017年，先后为老区修建黄坌镇塘底村村道、高陂村村道、高陂至小水自然村村道、雷村桂冲村道、黄坌镇圩公路、黄坌松木村村道、江英田心村至荣岗村公路、"南大公路"、黄坌镇塘底村杨梅冲公路等9座桥梁。至2018年，全县有老区村庄的32个行政村共有500多千米公路进行路面硬底化建设。老区群众对开展公路建设、改善交通条件热情非常高，发扬革命老区优良传统，积极参与，出钱出力，大力支持。修建公路涉及土地、山林、农作物时，老区群众都自愿无偿贡献，无需补偿（即"三不补"），充分体现了老区人民无私奉献精神。小江镇、黎埠镇部分老区村，通过成立"修建公路理事会"，并由理事会发动当地群众和社会热心人士募捐，筹集资金修建老区公路，为改善老区交通环境贡献力量。老区沙土公路的开通，以及公路升级硬底化建设，为改善老区交通条件，解决群众行路难问题，促进老区经济发展，方便农副产品流通等发挥了极大的作用。也为老区实施乡村振兴战略"三个全域两大攻坚"系列行动，开展精准扶贫、精准脱贫，开发红色旅游，传承红色基因打下良好基础。

## 八、老区供电设施建设

为解决老区村庄用电难问题，满足老区人民生产生活用电需要，全县有老区的行政村进行电网建设。在建设中涉及98个基建项目、36个修理项目，建设配电变压器107台14675千伏安、配电房45间、10千伏线路408.16千米、低压线路788.74千米、水泥杆2069个、电能表5945只，惠及29个有老区的行政村6.49万人。老区人民如今能用电搞生产，生产力大大提高；各家各户用上家电，生活条件不断改善。2016年初，县委、县政府积极争取国务院把阳山县纳入光伏扶贫县。县老促会积极协力配合开展申报申请工作。2016年3月22日，国务院扶贫开发领导小组批复，同意阳山县纳入光伏扶贫实施范围。按照光伏扶贫工程规划，光伏扶贫电站装机总容量30万千瓦，总投资30亿元。至2017年，全县光伏电厂已建成投产装机容量4.5万千瓦。其中：老区镇（含有老区村乡镇）光伏扶贫电站小江镇2个，装机容量920千瓦；黎埠镇6个，装机容量10521千瓦；江英镇5个，装机容量2713.88千瓦；阳城镇1个，装机容量2052千瓦；秤架瑶族乡1个，装机容量350千瓦。光伏扶贫工程不仅确保阳山2.1万贫困人口脱贫，而且推动阳山经济发展上新台阶。

## 第二节 老区镇（村）建设发展概况

　　中华人民共和国成立以来，阳山县高度重视老区建设，大力扶持老区发展，老区建设发展取得显著成效。老区人民发扬自力更生、艰苦奋斗的光荣传统，努力建设家园，全县老区面貌发生了翻天覆地的变化，第一二三产业、各项基础设施建设，以及各项社会事业有很大发展，人民生活水平大大提高。

### 一、小江镇老区发展概况

　　小江镇地处粤北石灰岩山区，位于阳山县西北部，是阳山县2个老区镇之一，距县城18千米，小北江和省道114线贯穿境内，县道鸡小线直通岭背与国道323线相连，水陆交通方便。2017年，区域总面积229.32平方千米，耕地面积6.92万亩，林地面积1.56万公顷。辖小江、沙寮、双山、船洞、下坪、罗汉、塘冲、石螺、黄牛滩、坦塘、塘楼、水槽、珠光13个村委会和小江居委会，249个村民小组，户籍数9839户，户籍总人口4.13万人（其中农业人口3.77万人）。该镇下坪、小江、珠光、船洞、双山、罗汉、塘冲、黄牛滩8个行政村共143个自然村（居委会）被评划为老区村，总农户3961户1.9万人。

#### （一）社会主义革命和建设时期的发展

　　中华人民共和国成立后，小江镇经济开始复苏，工农业以及各项事业不断发展，基础设施逐步完善，人民的生活走向美好。

到1977年，全镇实现工农业总产值319.83万元，其中工业总产值73.8万元，农业总产值178.36万元，林业总产值31.03万元，畜牧业总产值22.5万元，渔业总产值1.36万元，其他收入12.78万元。

1. 农业生产。

1951年，小江是阳山县第一批推进土改运动的乡之一。土改后，开始农业合作化，成立农业生产互助组，粮食大幅增产。1961年，缩小人民公社、生产大队、生产队规模，根据生产计划，实行"三包一奖"制，调动生产大队、生产队的积极性；贯彻"农业为主，以粮为纲"方针，把农业生产和粮食生产放在第一位，农业生产快速发展。1975年，深入开展"农业学大寨"群众运动，坚决贯彻"以粮为纲，全面发展"方针。1977年，响应国家号召，大搞基本农田建设，改造低产田2100亩，建设旱涝保收、高产稳产农田，全面推广杂交水稻、玉米种植，平均亩产达250千克，农业得到较好发展。

2. 工商业。

小江开始发展乡镇企业，工业从无到有。1950年，小江镇设立小江税站、小江税务所。1954年，建立小江柴油机发电厂。1969年，小江老区发扬红色革命优良传统，艰苦奋斗，迎难而上，开始大办煤矿，先后开发竹坪洛、领头田、吉古、大坪、鹅嘴等煤矿，年产煤炭达3万吨。1969年，国营北江钢铁厂落户小江。工业发展促进了商业发展，小江贯彻"商业工作为生产、生活服务"方针，设立供销消费合作社，加强生产、生活资料供应。1953年开始对粮食、油料实行统购统销，主要禽畜产品实行派购政策。1962年后，生产大队、生产队的粮、油、猪和"三鸟"（鸡、鸭、鹅）在完成任务后可到市场销售，市场供应缓和，物价下降，经济与商业逐渐活跃。1973年，小江在下坪建起第一座水力发电站，装机容量120千瓦。1975年，建成小江港和吉古港，小江港年吞吐能力20万吨，吉古港年吞吐能力10万吨。

3. 基础建设。

中华人民共和国成立后，小江各项基础设施建设稳步推进，全镇大力修建公路、水利等基础设施。20世纪60年代后期至70年代初期，先后开通往老区下坪、西岭等地的公路。1971年，全长20千米的阳山至小江公路开通。20世纪60年代初期，建成黄燕水电站、黄牛滩水电站，使防洪、农田灌溉能力有效提高。1966年，全长21千米的官陂至小江10千瓦输电线路投入运行，通电基础条件大大改善。20世纪70年代，小江镇部分村庄开始通电，为老区人民生活、生产提供便利。20世纪80年代初期，开通石螺至罗汉、塘冲的公路，改善老区交通环境。

4. 林业。

1956年，小江农民开始开荒造林、种果，发展农村经济，先后办起塘楼、坦塘、马铃坑、珠光、水槽及乌石岗等8个集体林场，造林面积20万亩以上，占全镇林地面积一半。苗竹、板栗、果园等种植业发展迅速。

5. 教育文化事业。

中华人民共和国成立后，小江教育事业不断发展。先后在小江、水槽、双山等村建设小学，全面开展扫除文盲工作。举办农闲冬学识字班，识字班后发展为农民夜校，人民群众文化水平明显提高。1958年，建起当地第一所中学——小江中学，教育事业迈上新台阶。20世纪60年代，各生产大队开设小学，适龄儿童都能上学，并开设乌石岗林场，大批知识青年到小江接受贫下中农再教育，把文化知识和劳动生产技能结合起来，为开发和振兴小江奉献青春和力量，作出贡献。小江成立曲艺社，当地群众文化创作热情高涨，使传统文化得以继承和发展。1962年后，电影放映队到小江各村放电影，丰富老区人民文化生活。

6. 医疗卫生事业。

中华人民共和国成立后，小江的医疗卫生工作逐步走上正轨，培养了一批农业社不脱产保健员，为人民健康服务。1952年，建立小江卫生所；1957年，各大队建有卫生站，配备赤脚医生1至2人；1957年，小江卫生院成立，配备医务人员、医疗设施，老区医疗服务条件得到改善。

**（二）改革开放后的发展**

小江镇围绕建设粤北"绿色经济强县、旅游休闲胜地、山水宜居城市"目标，以"构建和谐幸福小江"为主线，推动经济社会持续稳定快速发展。老区经济实现平稳较快增长，社会保持和谐稳定，各项事业全面协调发展。

1. 经济发展。

1981年，小江开办梅龙田煤矿、神台岩煤矿。2010年，全镇实现工农业总产值6.18亿元，其中工业总产值3.24亿元，农业总产值2.94亿元。2010年，城镇居民人均可支配年收入达到1.3万元，农民人均年纯收入5313元。2011年，两税收入895.1万元，其中国税收入105万元，地税收入790.1万元。全镇各项经济指标均保持较大增幅，并先后荣获"全市文明小康镇""全县工业强镇"等荣誉称号。

2. 招商引资促发展。

1968年，小江建设黄燕电站，总装机容量2320千瓦。1983年，建设黄牛滩船闸水电站，装机容量1000千瓦。1987年，阳山县为小江引入火力发电项目，粤阳电厂投入资金8000万元，建设装机容量2.5万千瓦火力发电厂；1993年，粤阳电厂投入资金1.2亿元，对火力发电厂进行增容扩改，装机容量增容了2.5万千瓦；2001年，投入约6亿元，在火力发电厂建设装机容量13.5万千瓦机组。1987年，连江水泥厂投入2000万元，在小江建设水泥厂，年产量4万吨。并先后建设草酸厂、蔬菜基地、林木种植改造基地、油菜基地等项目。同时兴建年产10万吨的文杰灰钙厂、中意钙业粉体加工有限公司。

3. 下山移民和城镇化工作。

小江老区群众居住分散，85％的村庄属边远高寒山区，其中省定搬迁村占50％。20世纪90年代，开展移民式扶贫，迁移边远、缺水、不通路山区群众。推进社会主义新农村建设和边远贫困村庄搬迁。一是建成城东移民新村，解决部分山区群众交通不便、生活条件不佳等问题。同时，建设下山移民小区，解决下山移民居住问题。二是建设"两不具备"的边远村庄的移民安置小区"阳光新村"，为山区移民群众解决安全住房、安全饮用水等问题。三是抓城乡清洁工程，做好"三边"整治工作。加强国道107线圩镇段、"一河两岸"整治、建设和绿化。统一收集处理生活垃圾，整治城镇脏、乱、差问题。城镇面貌、人居环境大大改善。

4. 基础设施建设。

交通建设方面，建成小江大桥，解决沿河5000多群众交通难问题。开通往来县城客运中巴9辆，日客运量800人次。2000年，修通沙寮至花溪19千米公路。2004年，通村委会公路全部实现硬底化。2005—2009年期间，先后建成塘冲、罗汉、花黄、水槽、坦塘和下坪等老区村水泥硬底化公路共85千米，大部分通往村民小组的道路实现路面水泥硬底化。2011年，完成水槽下山公路4千米、下坪村委会至山根和下庄村小组公路2.2千米村道硬底化。农田水利建设方面，2011年，实施下坪田心围4.5千米农田水利设施"三面光"建设，惠及3个村小组1090亩农田。办公服务设施方面，1987年，建立小江镇土地管理所；1990年，建成镇政府办公大楼；小江镇14个村（居）委会都建有混凝土结构办公楼，完善办公设施，提升现代化办公水平，提高工作效率和服务质量。"村村通"建设方面，1984年，建成电视差转台；1990年，建成小江电视地面接收站；2000年，实现村通公路、通电、通电话、通广播电视；2011年末，设邮政网点2个，乡村通邮率100％。2003年，开通县电视台光纤网，传送电视节目增加到30套。饮用水安全方面，强化圩镇饮水工程项目建设管理，确保供水站安全和优质的供水，保障石螺、小江圩镇和石螺工业园工业生产和1万多群众的生活用水。民生建设方面，大力抓好农村户用沼气建设，2011年，建成沼气池81个640立方米，促进生态改善和能源节约。

5. 老区绿色发展。

按照阳山县三大主体功能区规划，全镇发挥自身优势，推进生态产业发展，重点发展农、林、牧、渔等特色产业，引导山区群众种植萝卜、辣椒等反季节蔬菜。1979年5月24日，广东省在小江公社建立油茶基地。小江镇先后形成2个蔬菜基地、1个马铃薯基地、3个砂糖橘基地。在稳定粮食生产的同时，调整农业生产结构，以优质稻、砂糖橘、"一点红"番薯、沙寮葛等农作物为代表，逐步形成"一村一品"特色产业。实施造林绿化工程，发展生态林业。发展禽畜养殖和种养业，阳山鸡养殖成为镇内特色产业之一，肉猪规模化养殖。注重绿色发展，建设生态旅游、生态工业、生态文化产业等项目。

6. 扶贫和社会保障。

落实"规划到户，责任到人"，推进"双到"扶贫工作，以就业帮扶、种养帮扶、撤迁帮扶、救助帮扶、基础帮扶等形式，对贫困村、贫困户进行帮扶。下坪、船洞、塘冲、罗汉、珠光等省级贫困村全部入股县属水电站，2011年，各贫困村的集体经济收入达到3万元以上。全镇873户1973人人均年纯收入低于1500元的贫困人口，全部纳入最低生活保障范围，实现应保尽保。省定贫困村60%以上贫困户实现脱贫，完成危房改造102户。落实惠农政策，农民种粮、能繁母猪饲养、家电下乡、汽车摩托车下乡补贴等支农惠农政策落实及时、到位。做好社会保障工作，农村实现应保尽保，救助物资及时发放。新型农村合作医疗参合率达95%以上，群众医疗保障得到落实。确保残疾对象及时享受政府补贴。

7. 文教卫生事业。

加强校园校舍建设，改善学校办学条件。2001年5月，小江中心小学被评为县一级学校；2004年2月，小江中学晋升县一级学校并挂牌；2005年3月，冯光纪念中学晋升为县一级学校并挂牌，2005年，小江镇获得清远市2002—2004年改造老区小学先进单位称号。2010年12月24日，小江镇创建教育强镇通过清远市督导验收。2011学年，全镇小学适龄儿童入学率为100%，适龄女童入学率为100%，小学生辍学率为0.09%，三残儿童入学率100%。卫生文化事业方面，小江兴建占地面积300多平方米、建筑面积900多平方米的住院大楼，购置一批先进医疗器械，并对13个村级卫生站进行规范整改，改善老区医疗条件，提高医疗水平。荣获"清远市计划生育优质服务镇"等称号。新建镇文化站，并购置一批文化娱乐设施，丰富群众文体生活。利用下坪思源室、阳山人民武装起义纪念馆等爱国主义教育基地，大力弘扬老区革命精神。

### （三）中共十八大后的发展

小江老区立足"生态保育区"功能规划定位，紧紧围绕县"三基地一名城"（珠港澳绿色农产品供应基地、广东绿色能源示范基地、珠港澳绿色生态旅游基地和粤北山水宜居名城）发展目标，深入实施"三个全域两大攻坚"（全域绿色开发、全域文明建设、全域旅游创建，农村综合改革攻坚、农业供给侧结构性改革）系列行动，经济社会在新常态下合理发展。2017年，全镇实现工农业总产值5.73亿元，地方财政收入2800万元，完成两税收入706万元，全镇农民人均纯收入1.43万元。

1. 发展绿色经济。

发挥辖区绿色生态优势，发展绿色经济，守护绿水青山，推进老区绿色崛起。完善主体功能区规划，完善用地、产业、人口、生态补偿和财政激励等配套政策，实行差异化发展。引进风力发电、生物质发电、光伏发电、清远市乐丰和生态有限公司等项目。雷公岩风电项目，装机容量10万千瓦，共安装50台低风速型风力发电机组，总投资约10.5亿元。崇象大东山风电项目，总装机容量为5万千瓦，总投资4.5亿元。生物质发电项目，阳山南电生物质发电有限公司落户石螺工业园区，总装机容量为3万千瓦，总投资约4亿元。广东联采矿业活性石灰项目落户石螺工业园区，占地面积210亩，总投资约2.2亿元，年生产能力为60万吨活性石灰。多项目落地小江，推动小江老区绿色经济发展。

2. 深化改革促发展。

推进乡村振兴战略"三个全域、两大攻坚"系列行动，抓好农村综合改革工作。"三个重心"下移成效显著，成立村（居）小组党支部71个、村民理事会234个；完成村级公共服务下移，14个村（居）委会按照"五个统一""四室一厅"要求，对村级公共服务站升级改造，改善办公和服务环境。开展"三个整合"，完成土地确权颁证工作，推进土地整合整治，开展"三变"改革，促进农业产业化，助力村民增收；大力推进农业供给侧结构性改革，全镇发展家庭农场42家、农民专业合作社70家，引进乐丰和、益生南药、森南南粤等农业龙头公司，发展农产品加工业、农业+旅游，促进第一、二、三产业融合发展，带动群众增收致富。

3. 发展特色产业经济。

发挥老区绿色生态优势，以发展生态农业、生产绿色农产品为目标，以基地促产业，以品牌活市场，发展现代农业。盘活土地资源，培育一批新型农业经营主体，推广旱地西洋菜、沙寮葛、牛大力、杜仲、三华李、"一点红"番薯、反季节蔬菜、鹰嘴桃等农作物种植，推动农业产业化经营；打造特色农业产业园，建设牛大力、旱地西洋菜、沙寮葛、鹰嘴桃、三华李、砂糖橘特色基地及其他蔬果种植基地。推动农业、加工业、旅游业融合发展，延长特色农业产业链条；举办"银杏节""牛大力花海节"等休闲农业旅游节庆活动；打造农旅基地，2017年，成功举办首届阳山小江银杏旅游文化节，提升小江镇旅游品牌。建立田头冷库、农产品加工厂等，进行绿色原生态蔬菜农产品加工，提高农产品附加值。以品牌活市场，开展"三品一标"等认证工作，森南蔬菜种植专业合作社、庆全家庭农场取得"无公害农产品"产地认定证书；永业恒基沙寮葛种植专业合作社成功注册商标"沙寮葛"；森南蔬菜种植专业合作社"金镇牌"西洋菜通过"生态原产地保护产品"认证。

4. 改善城乡面貌。

2017年，小江镇完成25宗村村通自来水工程，新增供水能力700立方米/日，铺设引水管道48千米，解决7754人安全饮用水问题。建设镇标"古榕驿站"，在沙寮桥路段种植绿化景观植物；对圩镇范围路灯进行改造，小江中心小学路口至小江光伏电站公路路段安装了太阳能路灯；小江公园升级改造，街道广告牌统一改造安装；改建村级办公场所，改善村委会办公服务条件。推进农村清洁工程，做到村收集、镇转运。结合美丽乡村建设，推进农村人居环境综合整治，确保农村环境卫生。2016年，全镇共创建清远市美丽乡村12个，其中整洁村10个、示范村2个。2017年，创建市级美丽乡村15个整洁村、4个示范村。老区村庄环境面貌焕然一新。

5. 社会事业发展。

小江镇不断完善老区学校建设，创建教育强镇。加大投入改善办学条件，促进全镇教育事业发展。2014年1月，小江镇被评为"广东省教育强镇"。卫生医疗事业不断发展，村级卫生站得到升级改造，实现网格诊疗，群众看病难问题得到一定缓解。加大投入推动文化设施建设，提升文化站等级，新建小江镇综合文化站楼，升级改造小江文体广场。全镇14个行政村（居）委会均建有文化室，其中7个行政村按照省级行政村综合文化服务中心标准建设并通过验收。编印《圆中国梦，老区要加油》等文献。开展新型农村养老保险及农村合作医疗工作，继续发动群众参保、参合。农村低保实现应保尽保，养老生活费逐年提高，敬老院环境不断优化。

6. 扶贫攻坚工作有效推进。

小江镇制定"推进两大绿色产业"（投资入股水电站和开发分布式光伏电站）的扶贫攻坚思路开展精准扶贫。同时，通过推动"种植+旅游"，先后建成西洋菜种植基地、银杏种植基地和牛大力种植基地，助力脱贫攻坚。通过就业帮扶、种养帮扶、产业帮扶等形式对贫困村、贫困户进行帮扶，取得阶段性成效。2016年，实现预脱贫371户395人；2017年，实现预脱贫209户487人。截至2017年，建档立卡贫困户共计793户1428人，其中有劳动能力贫困户211户653人。投资600多万元建设小江庙龙光伏电站，采用棚上光伏、棚下种养高效模式，帮助贫困人口增收。同时，推进危房改造，改善贫困户居住条件。

## 二、黄坌镇老区发展概况

黄坌镇位于阳山县北部，距离县城35千米。国道323线从东南向西北横贯全境，北行可达连州市，东行可达韶关，南行通阳山县城，从县城转国道107线可达清远等地。2017年，区域总面积182平方千米，耕地面积1.87万亩，林地面积22.8万亩。辖7个村委会——黄坌村委会、雷村村委会、白屋村委会、塘底村委会、王村村委会、高陂村委会、大坪村委会，共127个村民小组，户籍户数3494户，户籍总人口1.61万人。黄坌镇是阳山县老区镇，该镇大坪、高陂、王村、塘底、白屋、雷村、黄坌7个行政村共98个自然村被评划为老区村。

### （一）社会主义革命和建设时期的发展

中华人民共和国成立后，黄坌镇经济开始复苏，工农业以及各项事业不断发展，基础设施逐步完善，人民生活走向美好。到1977年，全镇实现工农业总产值158.44万元，其中工业总产值25.6万元，农业总产值97.93万元，林业总产值17.79万元，畜牧业总产值8.7万元，渔业总产值0.53万元，其他收入7.89万元。

1. 农业生产。

1951年，黄坌是阳山县第一批推进土改运动的乡之一。土改后，开始农业合作化，成立农业生产互助组，粮食大幅增产。1961年，根据生产计划，实行"三包一奖"制，调动生产大队、生产队的积极性；贯彻"农业为主，以粮为纲"方针，把农业生产和粮食生产放在第一位，农业生产快速发展。1975年，开展"农业学大寨"群众运动，贯彻"以粮为纲，全面发展"方针。1977年，大搞农田基本建设，改造低产田1300亩，建设旱涝保收、高产稳产农田，全面推广杂交水稻、玉米种植，平均亩产达260千克，农业得到较好发展。

2. 工商业发展。

黄坌大力发展乡镇企业，工业从无到有，逐步发展。1969年，开始大办煤矿，先后开发桂竹水、水冲、水坑、马下、大坪、羊角坑、老虎岩煤矿等，年产煤炭达3.8万吨。贯彻"商业工作为生产、生活服务"方针，设立供销消费合作社，加强生产、生活资料供应。1953年开始对粮食、油料实行统购统销，主要禽畜产品实行派购政策。1962年后，随着市场销售等多项政策调整，供应缓和，物价下降，经济与商业逐渐活跃。

3. 基础建设。

中华人民共和国成立后，黄坌各项基础设施建设稳步推进。全镇大力兴修水利、修建公路。先后建成高陂、杨梅河堤、塘底一陂二圳等水利、防洪设施；1971年修通黄高公路、马下公路，兴建高陂电站、昆江电站。20世纪70年代，部分村庄开始通电，给老区人民生活提供便利。

4. 发展林业。

1963年，黄坌农民开始开荒造林、种果，发展农村经济，先后办起高陂、小水、雷村、杨梅及公社水坑、黄坌大队等10多个集体林场，造林面积占全镇林地面积一半，约12万亩以上。苗竹、板栗、果园等种植业发展迅速。

5. 教育事业。

中华人民共和国成立后，黄坌教育事业蓬勃发展。1951年，在小水坑建设小学，在全乡开展扫除文盲工作。举办农闲冬学识字班，识字班后发展为农民夜校，人民群众文化水平明显提高。1968年，各大队开设完全小学，使适龄儿童都能上学。1968年11月，开设黄坌林场，大批知识青年来到黄坌接受贫下中农再教育，把文化知识和劳动生产技能结合起来，为开发和振兴黄坌奉献青春和力量。1975年高陂、杨梅开设初中，黄坌教育事业迈上新台阶。

6. 文化事业。

1953年，黄坌成立"文化俱乐部"，当地群众文化创作热情高涨，搜集、整理一批黄坌民间艺术遗产，使传统文化艺术得以继承和发展。1962年后，电影放映队到黄坌各村放电影，丰富老区人民文化生活。

7. 卫生事业。

中华人民共和国成立后，黄坌医疗卫生工作逐步走上正轨，培养一批农业社不脱产保健员，为人民身体健康服务。1959年，各大队建有卫生站，配备赤脚医生1至2人；1960年，黄坌卫生院成立，配备医务人员，医疗设施逐步完善，老区医疗服务条件得到改善。

**（二）改革开放后的发展**

黄坌镇推动经济社会持续健康发展，老区经济实现平稳较快增长，社会保持和谐稳定，各项事业全面进步。

1. 经济发展。

2010年，全镇实现工农业总产值1.15亿元，比1977年增长7158%，其中工业总产值3848.3万元，比1977年增长14932%，农业总产值7646.3万元，比1977年增长7708%。2010年，两税总收入166.7万元。2010年，全镇农民人均纯收入5212元。2010年末，城乡居民储蓄存款余额6300万元。

2. 招商引资。

1998年，黄坌招商引资投入资金4130万元建设中心坑（一、二、三级和江咀）电站，总装机容量达到7660千瓦。2005年以来，招商引资兴建食用菌基地、蔬菜基地、林木种植改造基地、油茶基地，带动群众发展效益农业。投资2000万元兴建年产10万吨粉体的颢然精细化工有限公司。

3. 下山移民和城镇化建设。

黄坌老区群众居住分散，全镇127个村民小组有90％村庄属边远高寒山区。20世纪90年代，开展移民式扶贫，迁移边远、缺水、不通路山区群众5000多人。兴建移民村。建成高陂御景新村、迳上移民新村、半洞移民村等多个移民村及康和居下山移民小区，安置下山移民。加强基础设施建设。不断完善高陂御景新村、迳上移民新村、鱼田村等新农村建设示范点的基础设施建设。兴建美丽乡村。狠抓城乡清洁工程，做好"三边"整治工作。筹集资金加强国道323线圩镇段、"一河两岸"整治、建设和绿化。统一收集处理生活垃圾，整治城镇脏、乱、差问题，城镇面貌焕然一新，人居环境大大改善。

4. 基础设施建设。

交通建设方面，黄坌完成高陂至小水、黄坌至水吊、坑口至马下、流清、山塘、生菜、塘底隔江、塘底后江田等村道硬底化改造60多千米。所辖7个行政村全部实现村道路面水泥硬底化，并延伸到各村民小组。维修圩镇黄坌大桥、行人桥、白屋大桥、塘底桥，新建高陂小水桥。农田水利建设方面，维修杨梅冲河堤、鸡爪湾河堤、高陂河堤、黄坌河堤，建成山根、带下、桂冲、高陂等水利陂头，提高防洪减灾能力。修建塘底杨梅冲、白屋湾头新洞、黄坌松木"三面光"水利工程，解决1000多亩农田灌溉用水问题。办公服务设施建设方面，完善村委会各类办公设施，提升现代化办公水平，提高工作效率和服务质量。"村村通"建设方面，7个行政村全部实现通路、通电、通邮、通电话、通广播电视，98％的村民用上手机。饮用水安全方面，建设饮水工程，解决圩镇范围内3500多人的饮用水问题。完成全镇7宗20个农村安全饮水点工程建设，解决农村安全饮水困难问题。

5. 老区特色经济发展。

按照阳山县三大主体功能区规划，黄坌被划为"一城两区"中的"东北部生态产业区"。老区人民发挥自身优势，大力推进生态产业区建设，重点发展农、林、渔、牧等特色产业，形成"一村一品、一乡一品"产业格局。全镇先后建成4个蔬菜基地、1个食用菌基地、1个枇杷基地、3个油茶疏残林改造示范基地、2个高新油茶种植示范基地和多个林木种植改造基地。优质稻、沙田柚和砂糖橘等优质鲜果、茶叶、毛竹、杉树、速生林等进行结构调整和转型升级。油茶种植在原有2.6万多亩基础上，每年增加发展200多亩。发展禽畜养殖和种养业，甲鱼养殖成为镇内特色产业之一，肉猪养殖已具规模，年出栏肉猪达1.5万头。注重绿色发展，规划建设生态旅游、生态工业、生态文化产业等项目。

6. "双到"扶贫和社会保障。

黄坌落实"规划到户、责任到人"，推进"双到"扶贫工作，通过就业帮扶、种养帮扶、撤迁帮扶、救助帮扶、基础帮扶等形式，对贫困村、贫困户进行帮扶。引资、投资建设发展王村食用菌基地，发展高陂蔬菜基地、大坪枇杷基地、大坪油茶基地和雷村砂糖橘基地。壮大村级集体经济，解决老区群众就业问题。推进危房改造，改善贫困户居住条件。全镇新型农村合作医疗参合率达98％以上，群众医疗保障得到落实。农村社会保障实现应保尽保。落实惠农政策，农民种粮、能繁母猪饲养、家电下乡、汽车摩托车下乡补贴等支农惠农政策落实及时、到位。

7. 文教卫生事业。

教育事业方面，黄坌加强校园校舍建设，改善学校办学条件。整合教育资源，建成九年一贯制学校——黄坌老区学校，建立黄坌镇第一所幼儿园。2010年12月24日，黄坌镇创建教育强镇通过清远市督导验收。2011年，在全县率先向省级教育强镇冲刺。医疗卫生方面，建成卫生院综合楼和宿舍楼，购置一批先进医疗器械，并对12个村级卫生站进行规范整改，进一步改善老区医疗条件，提高医疗水平。文化建设方面，修缮镇文化站，并购置一批文化娱乐设施，丰富群众文体生活。利用高陂思源室、农家书屋、坚守高陂108天战斗纪念碑等爱国主义教育基地，大力弘扬老区革命精神。发扬老区革命传统，推动老区社会主义精神文明建设。开展电影下乡活动，丰富群众文化生活。

8. 林业与土地整治发展。

"十一五"期间，黄坌镇在林改方面承担试点镇任务，为全县开展林改工作提供经验。截至2009年9月，全镇完成林业勘界22.3万亩，占林改面积22.8万亩的97.8%；完成自留山勘界44宗4292亩；完成责任山勘界21宗383亩。贯彻落实土地法律法规及相关准则，开展国土政策宣传，加强土地开发利用和管理，推进"三旧"改造工程，提高群众依法用地意识。2010年，黄坌镇在基本农田调划工作中承担试点镇角色，整理土地项目8个，补充耕地1300多亩。

### （三）中共十八大后的发展

黄坌老区立足生态发展区的功能规划定位，紧紧围绕县"三基地一名城"发展目标，深入实施乡村振兴战略"三个全域、两大攻坚"系列行动，统筹做好稳增长、促改革、调结构、惠民生、防风险等各项工作。2017年，全镇实现工农业总产值2.05亿元，比2010年增长78.26%。其中工业总产值5390万元，比2010年增长40.06%；农业总产值1.51亿元，比2010年增长97.48%。2017年两税总收入155万元。全镇农民人均纯收入1.33万元，比2010年增长155.18%。

1. 发展绿色经济。

围绕生态发展区功能的规划定位，黄坌发挥辖区绿色生态优势，发展绿色经济，守护绿水青山，推进老区绿色崛起。完善主体功能区规划，完善用地、产业、人口、生态补偿和财政激励等配套政策，实行差异化发展。建立健全"多规合一"空间规划体系，统筹好城镇建设、产业发展、公共服务、基础设施、生态保护红线空间布局，推动老区振兴发展。引进清远林中宝生物科技有限公司、光伏发电、美华加油站、颢然精细化工有限公司和阳山宜佳乐农场有限公司等一批较大产业项目。发挥绿茶种植传统优势，改造千亩茶园形成新兴产业，引进阳山县新自然茶叶有限公司和世外茶园农业发展有限公司，扩大黄坌茶叶产业规模，发挥产业效应；2017年，新自然茶叶有限公司建设茶叶加工厂，世外茶园农业发展有限公司在黄坌林场建设茶园示范基地，开发茶文化体验项目，打造集采摘、观赏、加工、品茶和销售于一体的体验式旅游项目，生态茶叶产业开发、销售与旅游创建同步进行。

2. 深化农村改革。

推进农村综合改革，推动"三个重心下移"。全镇共成立48个村级党支部、121个村民理事会，实现"村中有人管事，管好村中事"目标。完善和规范村级社会综合服务站，为群众办好事办成事。开展"三个整合"工作，整合农业普惠性及非普惠性资金。建成镇级农村集体"三资"交易平台。规范村级集体经济组织运行，按照"八有"要求，完善和规范127个农村集体经济组织建设；全镇发展家庭农场37个、农民专业合作社40家。通过发展镇内家庭农场、专业合作社、种养大户，带动群众增收致富。建设农村淘宝站，开通村级代购服务站3个，为老区人民提供便捷优质的电商服务。

3. 发展特色产业经济。

黄圳发挥老区绿色生态优势，做强以果蔬、茶叶、油茶为主的特色种植业，扩大阳山鸡、牛、羊、猪等禽畜养殖业规模。调整农业产业结构，推广玉竹、百合、百香果、葡萄、食用菌、石斛等农作物种植，走绿色致富路子。扶持一批农产品专业合作社，发展"一乡一品"特色产业，带动农户种养殖热情，成立种植和养殖两大类农民专业合作社40家。发展乡村农家乐民宿等旅游项目，建设红色旅游项目，打造集旅游、观光、休闲娱乐、体验生活、红色教育于一体的特色旅游品牌，促进老区特色生态经济发展。

4. 改善城乡面貌。

黄圳统筹发展，加强规划管理，结合"双到"扶贫工作，建设康和居、半洞移民小区，完成"两不具备"移民搬迁293户任务。利用圩镇"三河六岸"水轴线，建设沿河绿道，建设亲水公园。改建村级办公场所，改善村委会办公服务条件。升级改造7个村级卫生站，改善老区群众医疗服务环境。推进农村清洁工程，建成生活垃圾中转压缩站，实行镇村生活垃圾统一收集清运，确保农村环境卫生。通过置换土地、整合涉农资金等方式筹集资金建设美丽乡村。2015年，雷村隔江通过"县级美丽乡村示范点"验收，为黄圳镇美丽乡村建设树立榜样；2016年，共有9个乡村通过美丽乡村验收；2017年，共向县里申报美丽乡村22个，其中整洁村18个、示范村3个、特色村1个。老区村庄环境面貌焕然一新。

5. 发展社会事业。

黄圳不断完善老区学校校园、校舍、运动场、设施设备等方面建设，通过省教育强镇验收。黄圳学子2015年、2016年、2017年连续3年中考以优异的成绩分别名列全县的第三名、第二名、第二名。教育科研课题分别在市、县立项，被上级教育主管部门评为"阳山县乡镇学校教育科研排头兵"。卫生医疗事业不断发展，村级卫生站得到升级改造，实现网络诊疗，群众看病难问题得到缓解。加大文化设施建设，提升文化站等级，完善全民健身广场。继续开展新型农村养老保险及农村合作医疗工作，广泛发动农民群众参保、参合。农村低保实现应保尽保。

6. 扶贫攻坚工作。

制定"推进两大绿色产业、扶持三大扶贫基地"的扶贫攻坚思路。发展两大绿色产业，即投资入股水电站和开发分布式光伏扶贫电站；打造三大扶贫基地，即扶持阳山县世外茶园农业发展有限公司黄坌茶叶种植基地、扶持黄坌镇必良种养专业合作社种养基地、黄坌镇计划生育"三结合"项目暨精准扶贫产业示范基地。通过5年帮扶，贫困村生产生活条件得到明显改善，初步实现"双到"扶贫工作目标。2015年，全镇省级扶贫村全面脱贫。

### 三、黎埠镇的老区发展概况

黎埠镇位于阳山县西北部，距县城23千米，东与大崀镇相连，南与连南瑶族自治县山联乡交界，西与连南瑶族自治县寨岗镇相接，北与小江镇毗邻。清连高速公路贯穿境内并设有出入口（清连一级公路贯穿境内13千米）。辖区内交通便利，道路网络阡陌纵横，连通各行政村和村民小组。黎埠镇于2002年被列为广东省第一批中心镇。2017年，区域总面积311平方千米，辖18个行政村、1个居委会，共有村（居）民小组485个，户籍户数1.58万户，户籍总人口7.07万人。黎埠镇是阳山县有老区村的镇，该镇界滩、南村、水井、鲁塘、洞冠、升平6个行政村的64个自然村被评划为老区村。

#### （一）社会主义革命和建设时期的发展

该段时期，全镇尤其是地处山区的6个有老区的行政村因受各种因素制约，经济和社会各事业发展缓慢，人民生活水平长期较低，温饱成为突出问题。由于受政策限制，农村种养皆受制约，农作物种植品种主要有水稻、玉米、花生、番薯，种类很少、生产力低下，物资缺乏，经济活动极少。至20世纪70年代中期，老区经济才开始有较好的发展，社会事业逐渐进步，公路、农田水利等基础设施有一定发展，电力照明开始进入农家，人民生活逐步改善。黎埠镇人口明显增加，由中华人民共和国成立初期的3万多人增长到1977年的4.5万人。人均收入由1950年的20元增长至1977年的200元。教育和卫生事业方面，到20世纪70年代，镇内各村皆设有小学，农村适龄儿童基本入学读书，设有黎埠中学1所，镇级卫生院1所。

**（二）改革开放后的发展**

全镇实施改革开放，大力招商引资，发展辖区工农业，各行各业开始蓬勃发展。至2011年，全镇主要工业企业有10多家，规模以上工业总产值9.94亿元，完成县级税收2339万元，地税收入1657万元，实现农业总产值3.62亿元。老区面貌发生根本性变化，人民生活水平稳步提高。

1. 农业生产。

1979年5月24日，广东省批准在阳山建立油茶基地，黎埠成为油茶基地之一，村民掀起种植经济作物的热潮，发展家庭副业创收。1980年起，黎埠各村实行家庭联产承包责任制，积极投入、发展农业生产，农业生产总值不断提高。1982年，部分村民小组和村民大面积种植黑甘蔗，黎埠建起镇属企业糖厂发展炼糖生产，解决村民种蔗销路的后顾之忧，提高镇、村和村民的经济收入。2000年后，黎埠各村开发农田、旱地、山地种植经济作物，如粉葛、莲藕、荸荠、洞冠梨、晶宝梨、白茶、西瓜、茶叶、葡萄、香瓜及反季节蔬菜，提高经济效益；畜牧渔业也得到发展，出现一批生猪、肉鸡养殖场和"四大家鱼"养殖户。2005

年后，落实种粮直补、农业保险和家电下乡、汽车下乡补贴等惠农政策，老区农民得到实惠。2008年后，调整农业结构，引导农民发展特色农业、效益农业，推进农业产业化进程，扶持、发展传统无公害蔬菜、洞冠梨、蚕桑种植；发展农业龙头企业，建设连片规模经济作物示范基地。到2011年，已有广东华农温氏畜牧股份有限公司阳山分公司、广东粤禽种业有限公司、天农食品、大龙百菜园菜场、大龙粤普菜场、鑫扬菜场等农业龙头企业，形成规模和产业链，带动村民致富和解决村中富余劳动力就业；做好农业片区化种植布局，形成"一乡一品""一村一业"格局。6个有老区的村中洞冠村是种桑养蚕专业村，界滩种植洞冠梨，鲁塘种植鹰嘴桃，南村种植晶宝梨，形成各具特色的农产品。至2011年底，老区农民人均收入由1978年的255元增至5949元，增长22.3倍。贫困人口绝大部分脱贫，向小康迈进。20世纪80年代开始，逐渐有老区村民兴建新式民房，改善人居环境，人均居住面积由改革开放前的几平方米增长至10平方米以上；到20世纪90年代，村民住房陆续改建为坚固的钢筋混凝土楼房，人均居住面积增至15平方米以上，至2011年，各村改建楼房已达70%以上。村民居住环境有较大改善。

2. 公路交通建设。

20世纪80年代初起，自行车逐渐进入千家万户。20世纪90年代中后期起，尤其是2000年后，老区村民普遍拥有摩托车，出行交通更加便利。至2011年，人民生活水平大幅改善，部分家庭开始拥有小汽车。与交通工具更替相对应的是道路建设力度加大，改革开放后30多年，黎埠的镇村公路极大发展，公路网络日益完善。1991年，省道114线通车。2005年，黎埠镇在全县率先实现由圩镇至行政村通水泥公路。2006年，全镇修筑村级公路6条共15.7千米；县开展"十百千万"干部下基层扶贫活动中，为保平、孟山、水井、洞冠等村铺设乡村水泥公路6.72千米。2008年，全镇完成20.3千米乡村公路硬底化建设，实现村村通公路，村村有候车亭。2009年，完成6个有老区的村中民合至坑尾、南村至马岭等42.5千米农村公路硬底化。2010年，修建保平至万角、大陂至淇潭等11条共25千米农村公路和20个候车亭。2011年，在省、市老促会以及有关部门支持下，对有老区的界滩村至陈屋、陶屋、联安村段公路，洞冠村木山瓦寮至茶山车头自然村段公路硬底化，为老区自然村改善交通条件，解决运输难问题。

3. 水利设施建设。

1992年，建成黎埠镇龙凤陂水利工程，扩大灌溉面积2.64万亩，惠及广大农户。政府投入主导修建水利设施，对全镇各农业水利设施进行兴建和维护清淤。2006年，对大龙水利、隔江水利、燕岩水利主渠道进行大规模清淤；2007年，整治疏通扶村河段，修建全长27千米的大龙水利渠道，争取"大禹杯"资金投入维修界滩水利设施。当年全镇还掀起冬修水利热潮，共兴建"三面光"水利渠道24千米，清淤水利渠道90千米，对有老区的界滩村的中联6千米水利渠道实施清淤、"三面光"维修。2009年，全镇清淤疏导水利渠道320千米；开展扶村村3座水利陂头和沙冲、茶山等村5个电排灌溉工程建设。2010年，开展大龙、凤山村2宗万亩灌区水利工程建设，对六古水库、山塘水库实施除险加固工程。一系列水利设施的建设，使群众生活生产用水、农田灌溉、农业发展得到保障。

4. 饮用水工程。

2006年，黎埠投资230万元兴建圩镇饮水工程，城镇及周边饮用水供应适度扩网；投资帮助水井、孟山等村解决1650多人饮水难的问题。2009年，建设涉及全镇13个行政村，惠及2.28万群众的饮用水安全一期工程，改善村民饮用水条件，使绝大部分村用上自来水。

5. 新农村建设。

2007年，以有老区的村界滩行政村确立为社会主义新农村建设示范点为起点，拉开全镇新农村建设序幕。界滩新农村建设示范点投入资金征用土地6.43亩，铺设硬底化巷道，建设钢筋混凝土楼房，清淤、维修中联水利设施，建设革命烈士纪念碑，安装路灯，架设有线广播电视设施。全镇开展新农村建设，大部分村庄实现"四通"（通路、通电、通水、通电话电视）、"四有"（有建设规划、有文化体育场所、有街灯照明、有垃圾处理场），实施"三改"（改水、改厕、改灶）后，村庄环境达到"四化"（净化、绿化、亮化、美化）标准。美丽乡村建设在黎埠全面开展，各村村容村貌焕然一新，人居环境更加和谐、美丽、宜居。

6. 文教事业。

1997年，香港德士活集团董事长谭兆捐赠400万元兴建凤埠谭兆中学。1980年3月，黎埠中学成为设有高中班的中学。2004年1月9日，时任中共中央政治局委员、广东省委书记张德江到黎埠有老区的水井行政村的小学视察，指示改善水井小学环境，时任清远市委书记陈用志批示落实20万元，兴建一座3层6间共500多平方米的教学楼，改善老区教学条件。2007年，撤并黎埠二中，黎埠中学兴建科技大楼、学生宿舍楼。2007年，民间文艺唱春牛被列入市级非物质遗产保护项目名录，且编入《广东客家山歌大典》。

7. 社会保障。

2006年，黎埠镇新型农村合作医疗覆盖率达97％；2011年，实现全面覆盖。至2011年，建立较为完善的农村社会保障网络，村民最低生活保障制度得到健全，农村困难群众生活得到保障。开展扶贫"双到"工作，到2011年，6个有老区的村中村民因病返贫现象得到有效控制，老区村和贫困户经济落后情况得到有效改善，经济收入逐年提升。

**（三）中共十八大后的发展**

黎埠镇进入的新发展时期，大力实施乡村振兴战略，经济社会各项事业得到更大发展。2012年，全镇实现工业总产值（规上规下）4.63亿元，农业总产值4.01亿元，农村人均纯收入6486元。2017年，全镇实现工农业总产值（规上规下）11.97亿元，其中工业总产值5.81亿元，同比增长3%；农业总产值6.16亿元，同比增长9.4%；固定资产投资6450万元；地方财政收入8250万元；农民人均纯收入1.42万元，同比增长16.2%。

1. 农业发展。

从2008年开始，黎埠调整农业结构，引导农民发展特色农业、效益农业，推进农业产业化。至2017年，全镇共成立103个农民专业合作社、18个专业合作联社、84个家庭农场、43户种养大户。在6个有老区的村中，连片种植发展的有水井村、南村村晶宝梨2000亩；水井村牛大力500亩、沙田柚300亩、三华李600亩；鲁塘村鹰嘴桃300亩；洞冠村早脆梨60亩；界滩村洞冠梨、桂妃梨、早脆梨、砂糖橘等450亩；升平村花海500亩，蜜柚、沙田柚、荔枝、黄皮等共1000亩；洞冠村发展成蚕桑专业村。实施乡村振兴战略"三个全域、两大攻坚"系列行动，全域发展休闲农业、现代农业、绿色农业；开发黎埠镇特色乡村旅游，发展第三产业，全面推动全域旅游发展。2017年，黎埠举办"梨花观赏季"、特色农业旅游观光节，在有老区的鲁塘行政村举办国际汽车越野赛事，吸引众多省内外游客前来观赏、旅游，擦亮黎埠"广东省休闲农业与乡村旅游示范镇"品牌。2012—2017年，各村大力建设农业基础设施。其中6个有老区的村开通机耕路：南村村3千米，洞冠村2.5千米，鲁塘村1.5千米，界滩村1.6千米，升平村20千米，水井村4千米。建设"三面光"灌溉渠：水井村5千米，升平村16千米，界滩村24千米，鲁塘村3.5千米。改善农村生产条件，促进机械耕作，保障农业发展。

2. 土地整合。

全镇推进农村闲置土地整合和整治，促进耕地流转、农民增收。到2017年，全镇2.47万亩土地完成整合，近万亩土地开展整治。县级示范区升平村、大塘村、鲁塘村52个村民小组共5196.30亩土地率先全面完成整治、整合。通过建设田间机耕路，建设排灌渠，清理田间杂物，平整土地，兴建农业污染源收集池、涵管、跨渠道桥梁、防洪堤坝等，土地整治、整合成效显著，实现田地"田成方、路相连、渠相通"，为实现农业耕作机械化，提高农业生产效率打下基础。

3. 扶贫开发。

实施新时期精准扶贫战略，2012年起，从政策、项目、资金上向贫困村及贫困户倾斜，夯实精准扶贫和脱贫基础。发展光伏发电扶贫项目。到2017年，全镇已建成并投入运营的帮扶产业有：广东省社会主义学院筹资建设的520千瓦楼顶光伏发电站；六村联建5000千瓦升平农光互补发电项目；全县面上村脱贫项目均安笔架山5000千瓦（其中黎埠1467千瓦）光伏电站。这些项目均在2016年6月30日成功并网发电。入股小水电站。有劳动能力的贫困人口按平均1万元/人标准入股县兴阳公司小水电技改项目，每年按入股资金的8%固定分红给每个贫困户，确保贫困人口每人每年固定增收800元。发展短平快种植项目。先后发展南水（南村—水井）2000亩晶宝梨、水井500亩牛大力、六古1000亩早脆梨等种植基地，建设大龙天鹅潭休闲养生基地、升平500亩花海世界，带领贫困人口脱贫致富。就业帮扶。2017年9月，广东盈超集团与黎埠镇签订三方用工扶贫战略合作协议，并举办专场招聘会，10家企业到场开展招聘，以招聘就业帮扶贫困人口。

4. 文教卫生事业。

黎埠开展创建广东省教育强镇工作，加大资金投入，完善各中小学办学条件，建设中心小学运动场及幼儿园。加强医疗卫生公共服务，完成卫生镇村公共服务一体化建设，对镇卫生院进行升级改造和新（改）建村级卫生站。实现"一村一站"（个别大村建有分站），全镇村级卫生站共25间（其中正站18间、分站7间）均投入使用，都有村医坐诊服务。继续开展新型农村合作医疗和新型农村养老保险工作，实现城乡居民医疗保险全覆盖。

5. 美丽乡村建设。

从2012年开始，黎埠加快美丽乡村创建步伐。至2017年，全镇共创建美丽乡村、社会主义新农村106个，其中在6个有老区的行政村中创建的包括升平村10个、界滩村2个、水井村1个、鲁塘村6个、洞冠村2个、南村村1个。至2017年底，各村水泥楼房修建率均已达98%以上。美丽乡村建设使村容整洁、乡村美丽，村民居住环境大大改善。

### 四、秤架瑶族乡的老区发展概况

秤架瑶族乡位于广东省东北部，距离阳山县城以北49千米。地处北纬24°27′、东经112°48′，东面毗邻韶关市乳源瑶族自治县，西与连州市接壤，北与湖南省宜章县莽山瑶族乡相邻。秤架瑶族乡交通便利，国道323线由东北向西南有33千米从境内通过，往东北通向乳源瑶族自治县、韶关市等地，往西南出岭背镇向南经省道250线可达阳山县城，继续南下英德市、清远市、广州市等重要城市，沿国道323线向西可至阳山县黄坌镇、三连（连州、连南、连山市县），向北可至湖南省宜章县等地。2017年，区域总面积587.7平方千米（约占阳山县总面积的六分之一），耕地面积1.69万亩，其中水田8933亩、旱地7939亩。全乡辖10个行政村109个村民小组，户籍户数4143户，户籍人口1.82万人（其中瑶族4949人）。秤架瑶族乡是阳山县唯一的民族乡，也是阳山县有老区村的乡。该乡东坑、漏水坪、茅坪、杜菜、炉田、大陂6个行政村共55个自然村被评划为老区村。

**（一）社会主义革命和建设时期的发展**

中华人民共和国成立后，秤架瑶族乡经济逐步转好，工农业生产以及社会各项事业不断发展，基础设施建设加强，人民生活改善。至1977年，当年农村经济总收入达到150多万元，人均收入分配60元，粮食总产8.62万担，人年均口粮360斤。

1. 农业生产。

1951年3月，秤架开始土地改革，实现耕者有其田，后实行农业合作化，成立农业生产互助组，粮食产量大幅度增加。1961年，处理"共产风"问题，铺开"整风整社"运动。1962年，开展"巩固生产队，壮大和发展集体经济，发展生产队集体生产"的教育运动，推广"犁冬晒冬，搞好冬防，铲田基草，回水浸田，消除病虫害"等农耕技术，建立良种队，以种子为中心技术改革，推广水稻矮秆良种。1963年，推广尼龙薄膜育秧新技术。1964年，开展冬种绿肥工作。1965年，大面积种植珍珠矮（水稻良种）和杂交玉米。1967年，掀起"农业学大寨"群众运动，开荒造田、围坝造田、开荒造地2.48万亩，比原来的耕地面积扩大161%。1971年开始，秤架公社每个大队办一个科学实验小组。1974年，大部分土地实行旱改水，90%水田种上绿肥，改良土壤。1975年，秤架公社兴修水利、陂头、山塘共75宗，确保农田灌溉，水稻生产获得丰收。1977年，大陂河堤建成，堤长6千米，高5.5米，保护耕地面积3000多亩，惠及人口2540人。1977年，秤架公社粮食作物播种面积3.29万亩，粮食总产量8.63万吨。

2. 工商业发展。

秤架开始发展乡镇企业，工业从无到有，逐步发展壮大。至1974年，建成一批小水力发电站；开发深埪优质煤矿，年产量5600—7100吨。

3. 基础设施建设。

秤架各项基础设施建设稳步推进。1962年2月，秤架境内国道323线跨越秤架河公路桥建成。1965年11月，秤架至乳源公路建成通车，结束渡船过河历史。1972年，修建龙潭角公路3千米。1973年12月，奖家岸至漏水坪公路总长13.5千米建成通车。一系列基础设施建设，改善了当地交通运输条件。

4. 林业建设。

1957年，县在秤架乡兴办以造林为主的天门岭、五元坑林场。1958年8月，县在秤架兴办的天门岭、五元坑等10个国营林场下放给秤架乡管理。1961年，开展确定林权工作，落实山林权属，颁发山林土地所有证。1962年2月，粤湘两省边界护林防火第一次联防会议设立护林防火联防指挥所，各大队设立护林防火指挥组。1965年，在秤架甲坑建立秤架林场；1966年10月，在龙潭角创办秤架采育场。1967年，完成飞机播种造林25.3万亩，人工造林6.19万亩。1973年，在湖洋墩兴办秤架茶场。

5. 教育事业。

1957年，为发展少数民族地区教育事业，在少数民族人口聚居地区太平洞新办两所小学。1961年，各中小学试行《广东省全日制中小学暂行工作条例》，农业中学试行《广东省农业中学暂行工作条例》。1964年9月，掀起办农业中学热潮。1968年9月，实行"民办公助，开门办学"，采取"校队挂钩、校厂挂钩，校办农场，校办工厂"方式，村村办小学，大队办初中，公社办高中。当时，太平洞大队办起一个附设初中班。1976年5月，中共秤架公社委员会开办秤架公社五七中学业余大学。

6. 文化事业。

1965年，阳山县文艺宣传队深入太平洞为瑶族同胞巡回演出。1969年5月，阳山县配备16毫米电影放映机的电影队全部下放公社，从而方便老区群众观看电影。1977年，建立秤架公社广播站。

7. 医疗卫生事业。

1965年7月，贯彻毛泽东关于"把医疗卫生工作的重点放到农村去"的指示，公社培训了10多名卫生员，配备到各村卫生站，缓解农民看病难问题。推行农村合作医疗制度，至1979年，全公社办起15个合作医疗站，并培训赤脚医生，为每个卫生站配备赤脚医生1至2人，方便老区群众看病治疗。

**（二）改革开放后的发展**

改革开放后，秤架瑶族乡经济发展迈上新台阶：2010年，全乡工农业总产值2.05亿元（其中农业总产值9233万元，同比增长12.3%，工业总产值1.13亿元）；规模以下企业产值7485.5万元。规模以上企业产值3791.26万元，同比增长75.4%；固定资产投资额完成6353万元，同比增长25.8%；工业增加值1579万元，同比增120%；两税入库1917.6万元，完成112.8%（其中国税入库716.9万元，完成143.38%；地税入库1200.7万元，完成100.06%）；农民人均收入5228元，同比增长9%；乡级财政收入170多万元。

1. 发展绿色生态经济。

秤架作为生态发展区乡镇，紧紧抓住"中国绿色名乡"品牌，打造生态招牌，促进招商引资工作。扶持广东第一峰万亩高山云雾茶项目和广州陆仕兰花基地发展，并以开发广东第一峰旅游为契机，发展农家乐旅馆，打造以太平洞村为重点的绿色生态旅游品牌。1993年12月，秤架瑶族乡餐巾纸厂投产。2010年，广东第一峰万亩茶园扩大种植面积达500亩，秤架太平洞广州陆仕兰花基地扩大规模；2010年，引进外商及港澳台商投资开发生态天然溶洞和建设沿河景观旅游度假区，太平洞村发展风能发电项目已被列为县重点项目。在平原片逐步形成砂糖橘基地（秤架、大陂）、蚕桑基地（杜菜）、淮山基地（大陂、杜菜）；在西山片形成生姜种植基地；在北片形成茶叶、萝卜基地。1989年，大坳村委会引种日本山葵，之后扩大到泽子坪、十三坑、天井山等地种植，面积近千亩。发展种养业，在太平洞村南木组种植马铃薯和草莓；大陂维社农场成为阳山鸡农业标准化示范点，并成立生姜专业合作社、养鸡专业合作社等。

2. 农田水利设施建设。

2009年，秤架修建大陂村砖头坪到河颈水利渠道5.7千米（其中"三面光"3.5千米，维修2.2千米），解决600亩土地灌溉问题。2010年，全乡农作物总播种面积为4.05万亩，其中粮食1.9万亩，总产量5221吨，经济作物5242亩。

3. 交通设施建设。

1983年，秤架修建竹马坑至太平洞延伸至铜鼓坑19.8千米公路；1985年，修通秤架至炉田9千米公路。1993年，修通秤架一级水电站至太平洞延伸到十三坑公路50多千米，开通光缆程控电话，实现城乡程控电话一体化。1995年，总长5千米桃子坪至大坳村公路建成通车。1995年12月，开通无线寻呼台（BP机台）。1998年，扩建乡政府所在地民族路，加强圩镇环境卫生管理。2000年2月起，修建太平洞至石坑崆公路，开发广东第一峰旅游风景区。2000年，开通茅坪村委会公路和五元村委会公路，解决两地村民出行、运输生产生活物资困难的问题。2005年起，开展乡通村公路硬底化工程建设，至2009年底，全乡10个村委会实现乡村公路硬底化。2008年8月，建成秤架村干坑至五元村12千米硬底化公路。一系列基础设施建设，使全乡实现乡通10个行政村公路硬底化目标，解决老区人民行路难、运输难问题。

4. 教育事业。

秤架加强校园校舍建设，改善学校办学条件，整合教育资源，建成九年一贯制学校——秤架民族中学，建立秤架瑶族乡幼儿园。1994年9月，兴建秤架瑶族乡五元小学。1994年至1997年，建设秤架谭兆小学，下塘、茅坪、漏水坪管理区小学。全面推进素质教育，中小学校适龄儿童入学率得到巩固，民族中学升高中率逐年攀升，高中生考上大专、本科人数逐年增多。推进普及高中阶段教育工作，按期完成普及高中阶段教育任务。实施中小学校校舍安全工程，兴建、改善教育设施。新建秤架中心小学教学楼。设有村级小学6所。

5. 文化卫生事业。

2001年8月，兴建秤架文化站。2002年，建成秤架卫生院大楼，配置比较完善的医疗器械设备和医务人员。2009年，兴建秤架卫生院门诊大楼，同时对10个村级卫生站进行规范整改，改善老区医疗条件。2011年，全乡参保人数1.54万人，落实门诊和住院补偿制度，减轻患者负担。修缮乡文化站，配置文化娱乐设施；利用秤架烈士陵园、思源室、农家书屋等阵地，弘扬革命烈士光荣传统和革命精神。

6. 乡村绿色发展。

1979年5月，经广东省人民政府批准，秤架公社被列为油茶基地。1980年4月，经广东省人民政府批准，秤架公社被列为重点林业基地。1993年4月，经国务院批准，秤架自然保护区和龙潭角自然保护区列为国家级自然保护区。2009年8月，秤架瑶族乡广东第一峰旅游风景区被国土资源部命名为"广东阳山国家地质公园"。2010年3月，秤架瑶族乡获中国绿色名镇推介委员会、中国县镇绿色发展论坛组委会颁发的"中国绿色名乡"荣誉称号。稳妥推进集体林权制度改革工作，促进生态文明协调发展。

7. 建设新农村。

建设生态文明村，整治村容村貌。2010年，开展农村危房改造，实施高寒山区贫困户搬迁移居工作，在圩镇建设安置小区安置下山移民。抓好文化"三下乡"工作和农村电影"2131"工程放映工作。推广沼气应用，改善农村燃料、照明、卫生条件。建设农家书屋，提升农民文化素养；实现村村通宽带，改善通信条件。开展城乡清洁行动，改善圩镇环境卫生。

8. 社会保障。

完善社会救助体系，落实五保供养政策。对农村低保人员、五保人员发放救济金。为残疾人办理第二代残疾人证。为老年人发放老年人长寿金。做好社会保险扩面征缴、城乡居民基本医疗保险等工作。

9. "双到"扶贫工作。

秤架有漏水坪、茅坪、五元、太平洞4个村被列入省级贫困村，共有贫困户744户2246人。结合各村实际情况，投入资金帮扶发展五元村油茶基地和食用菌基地，帮扶茅坪村建设山地鸡养殖基地，帮扶太平洞村发展农家乐项目，帮扶漏水坪村兴建蛋鸡养殖示范基地。2010年，245户贫困户达到人均年纯收入2500元以上。在圩镇建设下山移民安置小区安置下山移民。实施"规划到户，责任到人"扶贫活动，通过就业帮扶、种养帮扶、搬迁帮扶、救助帮扶、基础帮扶等形式，对贫困村、贫困户进行帮扶。投资建设王村食用菌基地，引资发展高陂蔬菜基地、大坪枇杷基地、大坪油茶基地和雷村砂糖橘基地。杜菜、东坑、炉田、大坳4个贫困村3年开展扶贫项目55个，158户贫困户全部脱贫，村集体经济年收入达到7万元以上。2011年，秤架扶贫攻坚达标通过县、市、省三级验收。

**（三）中共十八大以后的发展**

秤架瑶族乡立足生态发展区的规划定位，紧紧围绕阳山县"三基地一名城"发展目标，贯彻实施乡村振兴战略"三个全域两大攻坚"系列行动，经济社会实现平稳较快发展，社会和谐稳定。2012年，全乡工农业总产值实现2.47亿元，同比增长15.2%，其中，工业总产值1.24亿元，同比增长19.3%，农业总产值1.23亿元，同比增长11.29%；项目建设和固定资产投资4515万元，农村人均年纯收入6233元，同比增长9.23%，完成两税收入任务。2017年，全乡实现工农业总产值5.19亿元，其中工业总产值3.14亿元，农业总产值2.05亿元，固定资产投资1.25亿元，乡级财政收入1620万元，农民人均年纯收入达1.33万元。

1. 发展绿色经济。

坚持生态保护与经济发展并重，发展绿色经济。大种高山茶，在太平洞种植茶树达3000亩，通过"公司+互助社资金+农户"模式，辐射带动周边200多农户种植茶树。建设兰花培植基地。引进广州陆仕兰花公司在太平洞村建设兰花培植基地，通过开发式扶贫帮助贫困户实现就近就业，获得经济收入。发展高山催花养殖基地。引进阳山大星园艺花卉有限公司发展蝴蝶兰高山催花养殖基地。发展中药材种植基地。在茅坪村种植中药白芨500亩，成为全国GAP示范基地。发展水力发电项目。利用丰富的水力资源，开发、建设小水电站。开发新能源绿色项目。2017年2—3月，在大陂村委会奖加岸一带发展装机容量3750千瓦的风力发电项目。重视绿色村寨建设。依托青山绿水，开展特色村寨建设，打造特色瑶乡。

2. 农业产业化建设。

发展特色农业，推进农业产业化进程，全乡10个村委会形成各具特色的种植业。平原3个村，以种植蔬菜、水果类、淮山及蚕桑为主，逐步形成砂糖橘基地、蚕桑基地、淮山基地；东片和西片4个村，以种植生姜、辣椒、瓜豆类蔬菜为主，形成生姜辣椒种植基地、中药白芨种植基地；北片3个村，以种植山茶为主，形成茶叶种植基地。注重引导发展养殖业，采取"公司+农户"模式，2012年，共发展温氏养猪大户3户。

3. 社会保障。

落实强农惠农政策，保障和改善民生。落实"两免一补"政策，做好补贴资金发放、优抚对象的优待工作与新型农村合作医疗工作。2013年，落实参保人数1.53万人，同时，推进新型农村社会养老保险工作和社会综合服务网络建设。全乡建成乡级社会综合服务中心1个、村级社会综合服务站10间。2012年，乡社会综合服务中心受理群众代办事项2.44万件，村级社会综合服务站办理即办事项5328件。

4. 基础设施建设。

加强老区道路交通建设，村通村委会道路硬底化全部完成，建成通村小组公路30千米（白水寨9千米，茅坪4.3千米，东坑7.6千米，漏水坪白竹塘3.1千米，横山、单竹坪、佛头岽6千米），通机耕路20千米。完成茅坪至盘古5.5千米公路硬底化，南木村小组公路、桥梁建设。2012年，做好太平洞村至广东第一峰公路安保工作；开展农田水利基础设施建设，改善农村生产生活条件。开展中小河流整治和高标准农田建设，综合治理秤架河流域，提高防洪能力，确保沿河群众生命财产安全。

5. 发展特色产业经济。

2017年，在漏水坪、东坑、茅坪三个村开展种植生姜、白芨、番薯、葡萄等,在炉田村开展茶叶、冬菇、木耳等林下经济种植,在杜菜村发展砂糖橘、特产加工产业。各老区村充分利用自身环境、区位优势,引入企业或引导群众成立专业合作社,以"公司(合作社)+农户"的发展模式,逐步形成产业品牌,增加农民收入,使各老区村人均年收入均达到6000元以上。特色生态农业初显规模,依托山区气候、生态、山地等资源优势,种植水果、蚕桑、淮山、马铃薯和反季节蔬菜,推出云雾茶、灵芝、冬菇、木耳、笋干等土特产。平原区以种植砂糖橘、淮山和养蚕、养猪、养鸡为主;东西片山区以种植生姜、食用菌、辣椒为主,并发展养羊等畜牧业;北部山区主要发展兰花种植、茶叶种植以及农家乐等特色产业。

6. 新农村建设。

结合国道323线改造工程,拓宽圩镇街道,设立停车区,确保道路畅通;建设沿河绿道、秤架亲水公园和圩镇街头公园、瑶乡公园。实行乡村生活垃圾统一收集运送处理,改善农村环境卫生;建设16个美丽乡村、2个整洁村、1个特色村。杜菜村上坪、下坪,茅坪村扎人崆,东坑村田洞、党仔坑等村小组已成功创建市级美丽乡村。完成巷道硬底化、修建休闲公园等基础设施项目建设,人居生态环境不断优化、美化。2012年6月,开展"大清洁,乡村美"农村清洁工程专项活动,建成垃圾处理站(点)100多个,村容村貌大大改善。

7. 教育文化卫生事业。

完善秤架民族中学校园、校舍、运动场以及其他教学设施。2011年9月1日,秤架瑶族乡被清远市人民政府授予"尊师重教先进单位"称号。创建省教育强乡,合理调整学校布局,优化配置教育资源,建成九年制民族学校1所、中心幼儿园1所;开展素质教育,提高教学质量。2012年9月,秤架瑶族乡通过"省教育强乡"督导验收，获得"省教育强乡"称号。抓好乡卫生院建设，新配置全自动生化机，改善医疗设备。加强村级卫生站医疗服务建设，村级卫生站得到升级改造，群众看病难问题得到缓解。推进文化"三下乡"工作和农村电影放映"2131"工程、广播电视户户通工程，丰富群众文化生活；维修（改建）秤架影剧院，提升文化站等级。整治圩镇"六乱"现象，提升卫生水平。开展生态文明村建设，整治农村环境卫生，做好农村改水、改厕、改灶工作，提高人居环境质量。

8. 扶贫攻坚。

省级贫困村扶贫"双到"工作措施到位、资金帮扶到位。4个省级贫困村744户2246人实现脱贫，并通过省考核验收。通过"造血扶贫"和"村级互助金+农村小额贷款"，支持特色产业发展，形成"一村一品"生产经营格局，实现连片经营增加效益；建立专业合作社，采取"公司+基地+贫困农户"模式，使贫困村和贫困农民增收脱贫。建设乡就业信息网络和服务平台，提供就业服务，加大农村富余劳动力输出力度，劳务输出收入成为农民增收、脱贫致富的重要途径。至2015年，老区贫困人口年人均收入实现1万元以上。至2017年，完成578户"两不具备"老区群众下山移民搬迁。老区生产生活条件改善，老区人民安居乐业。

## 五、阳城镇的老区发展概况

阳城镇位于阳山县中部，是阳山县委、县政府所在地，是全县的政治、经济、文化中心，是全省中心镇之一。县城东距英德市界37.4千米（公路里程，下同），南距清远市清新区界33千米，西距连南瑶族自治县界48.4千米，西南距怀集县界91.8千米，北距连州市界48.4千米，东北距乳源瑶族自治县县界68.2千米。2017年，区域总面积300平方千米，辖21个行政村、5个社区居委会，共有村（居）民小组355个，户籍户数2.88万户，户籍人口11.88万人。2017年，全镇工农业总产值15.01亿元，第三产业产值11.05亿元，固定资产投资14.39亿元，地方财政收入7819万元，国地两税收入1.24亿元，农民人均年纯收入1.41万元。县城水陆交通方便，水线的连江河直贯清远、广州，陆线的国道107线、清连高速公路和省道250线贯穿南北。阳城镇是阳山县有老区村的镇，该镇共25个自然村被评划为老区村。

**（一）麦冲行政村建设发展概况**

麦冲村位于阳城镇西北面，下辖11个自然村，耕地面积1970亩，其中水田570亩、旱地1400亩。麦冲村是阳山县有老区的行政村。2017年底，麦冲村总人口613户3230人，劳动力1789人。2017年，农民人均年收入5017元，村民主要经济收入来源是种植业、畜牧业和外出务工。100％村民参加城乡医疗保险。全村已经通路、通电、通邮、通广播电视。

中华人民共和国成立后到中共十一届三中全会前，麦冲由于地处偏远山区，受自然条件、地理位置影响，交通、农田水利等基础设施相对落后，生产条件先天不足，发展较为缓慢。农业生产以传统种养为主，经济基础较差，信息相对闭塞，农民创新意识不强，思想不够解放，参与农业生产的积极性不够高，农民收入低，粮食缺乏，连温饱都成问题。农民饮用水也很困难，生活条件十分落后。随着镇党委、政府和相关职能部门大力支持老区建设，老区各方面条件逐渐得到改善，基础设施有较大提升，农业逐步发展，农民不断增收。到1976年，上岩村、双塘村、荷木塘村、大石坪村、狮猫头村、水槽村实现通电，老区人民生活水平得到改善。

中共十一届三中全会后，麦冲实行改革开放，自力更生，艰苦奋斗，努力发展经济，建设家园。各级党委、政府采取有力措施，加快老区建设步伐，老区社会发展成效显著。全部老区自然村基本实现通自来水、通电、通电话。积极建设学校，老区适龄儿童入学问题得到解决。1989年，建成麦冲学校，兴建1栋2层500平方米教学楼；2003年，县老促会投资为麦冲再建1栋300平方米教学楼；1994年，在大石坪村建成3间100平方米砖瓦结构小学教室；1994年，在禾狸洞村建成1幢2层160平方米禾狸洞小学教学楼；1997年12月，建成双塘小学1栋3层教学楼。2010年，招商引资，开发正山石场、恒毅石场、狮猫头石场。2013年，引进发展双塘页岩砖厂。通过发展经济项目，集体经济收入增加，村民增收，生活改善。大力开展社会主义新农村建设，整治老区村环境卫生，改善村民居住条件。2011年，分别在双塘村、荷木塘村和麦冲洞村建设垃圾收集点，统一收集处理农村生活垃圾。2011年，分别在麦冲洞、荷木塘、双塘、狮猫头等村建设公共厕所，方便群众，改善村庄卫生状况。2011年，完成老区危房改造19户；2016年，完成全部贫困户危房改造，保障老区村民居住安全，促进美丽乡村建设。

中共十八大后，老区建设不断加强，成效更加显著。麦冲整合老区学校，根据老区村庄地处偏远山区的实际情况，撤并村学校，合理安排师资，提高教学质量，老区适龄儿童义务教育达标率达到100％，学校教学水平不断提高，学生学习成绩稳步提升。建立老区村庄医疗站，改善村民医疗条件。2013年，由县老促会资助33万元帮助禾狸洞老区村庄建设4.5千米硬底化道路，缓解老区群众"路难行"问题。2014年，建设双塘和荷木塘"三面光"高标农田灌溉水渠，建设双塘到大崀白水带公路4.2千米。2016年，由县老促会资助15万元帮助禾狸洞片重修山塘，改善当地村民耕种灌溉用水条件。2016年，建设麦冲村委会卫生站，承担村民基本常见伤病诊疗、宣传普及卫生科学知识和开展村庄卫生防疫工作，方便农民看病，提高农民健康水平。老区村100％

的村民参加城乡医疗保险。开展精准扶贫，2016年至2017年，老区37户贫困户实现脱贫。老区各项基础设施不断完善，2016年和2017年，在麦冲洞、大石坪铺设公共停车场，方便群众停车。开展人居环境综合整治，投入资金拆除危旧泥砖房，清理村庄各类堆积垃圾。完成镇通村委会主干道硬底化11.6千米、村委会通其他自然村道路硬底化11千米，道路交通条件显著改善。2017年，建设面积达200亩的光伏电站，麦冲的经济收入大大提高。2008年重建麦冲洞金星殿，2017年重建禾狸洞五岳庙，帮助老区弘扬民间传统文化。做好社会保障工作，落实特困医疗救助制度，确保符合条件的困难群众被列入低保救济范围。至2017年底，麦冲五保12户、低保41户，全部实现应保尽保，基本生活得到保障。提高老区村委会服务群众水平，通过各种形式在老区实施科技推广和劳动力转移技能培训，每年培训2次，使40%的农村劳动力掌握1～2门实用技术，提高老区人口素质和生产技能。2017年，在崇象山建设风力电站；建成麦冲光伏扶贫电站，促进老区精准扶贫、精准脱贫进程；设立麦冲村公共服务站，便民利民，解决群众"办事难"问题，实行全程代办服务制度，为群众节省办事时间，节约开支，减轻农民负担，享受便捷生活。2017年，老区农民年人均收入5017元，生活水平稳步提升。麦冲85%的村民在县城购房或买地建房，入城居住生活。

**（二）雷公坑建设发展概况**

雷公坑行政村位于阳城镇西北面，下辖21个村民小组，其中，属于被评划为老区村的原青山管理区14个自然村并入雷公坑行政村，雷公坑成为有老区的行政村。全村耕地面积1349亩，其中水田682亩，旱地667亩。2017年底，雷公坑村总人口804户3959人（其中老区村人口1627人），劳动力2571人。2016年，农民年人均收入7153元。村民主要经济收入来源是种植业、畜牧业和外出务工。100%的村民参加城乡医疗保险。全村已经实现通路、通电、通邮、通广播电视。

中华人民共和国成立后到中共十一届三中全会前，雷公坑村青山片因处于典型的石灰岩山区，基础设施建设落后，生产发展困难，老区人民生活条件恶劣，群众缺水少粮。每逢干旱，农作物便大幅减产，甚至绝收。生活饮用水要到很远的地方去挑，居住环境恶劣。该片老区没有学校，适龄儿童要步行一个多小时山路到麦冲小学读书。20世纪70年代后期，当地政府和相关职能部门大力支援老区建设，想方设法改善人民生活环境，对青山13.6千米泥沙公路进行硬底化改造，修筑泥沙路15千米通往各自然村，解决13个自然村1000多人行路难问题。修建引水水圳，解决村民饮用水问题。

中共十一届三中全会后，针对雷公坑的革命老区自然村地处山区，地形地貌复杂，长年缺水，自然环境恶劣，生产生活条件差，经济发展滞后，贫困问题仍然严重的状况，党和政府采取有效措施，加强老区建设，扶持老区发展经济，使老区人民生产生活条件逐步得到改善。1987年，新建青山小学，办学6个班，解决老区适龄儿童入学问题；2007年，撤销青山小学，并入雷公坑小学，改善老区教学环境。

中共十八大后，老区建设力度全面加大，老区得到明显发展，人民生活不断改善。通过对"两不具备"山区村庄实施搬迁扶贫的措施，共移民搬迁20户120人到城南村委会麻地冲和雷公坑村委会石寨、雷公坑等自然村或县城周边居住。新迁入点有硬底化道路，人居环境良好，大大改善了老区群众的生活环境。同时，大力开展精准扶贫，16户贫困户实现脱贫。实行科技推广和劳动力转移技能培训，提高老区人口素质，每年培训2次，每次30人以上，使有劳动能力的群众掌握1~2门实用技术，掌握谋生创业技能，推动发展经济、劳务输出，提高村民收入，改善村民生活。整合教学资源，改善老区教学条件，提高教学质量。20世纪90年代，新建雷公坑村卫生站，改善医疗环境和医疗设备，解决老区公共卫生防疫、村民基本医疗服务问题，提高群众健康水平。加大危房改造力度，确保群众居住安全。完成贫困户危房改造，贫困户居住条件得到改善，确保安居乐业。2013年，建设雷公坑村公共服务站，实施一站式服务，提升农村公共服务水平，便民利民，实行全程代理、全程代办服务制度，为群众办事节省时间，节约费用，减轻农民负担，使农民享受便捷生活。

## 六、江英镇的老区发展概况

江英镇位于阳山县东部，距县城33千米。东与英德市、乳源瑶族自治县交界，南与青莲镇相连，西与岭背镇毗邻，北与秤架瑶族乡接壤。平均海拔485米，属喀斯特地貌发育地带，地表干旱，是典型的石灰岩高寒山区。全镇呈北高南低地势。2017年，区域总面积330.5平方千米，辖15个行政村324个村小组，户籍户数9686户，户籍总人口4.56万人。2017年，全镇工农业总产值4.46亿元，国地两税收入2408万元，农民人均年纯收入1.24万元。江英镇是阳山县有老区村的镇，该镇的田心、荣岗2个行政村共32个自然村被评划为老区村。

### （一）田心村建设发展概况

田心村是一个有着光荣革命传统的老区村庄。1947年，连江支队游击队的李冲、梁天培等人来到蒋家洞开展地下工作，在该村发展刘章养、刘万养、刘三如等参加游击队，并带领村民们与国民党反动派进行战斗。中华人民共和国成立后，老区人民继承顽强不屈的大无畏革命精神，艰苦奋斗，建设家园，经济社会各项事业不断发展，老区面貌显著改变。

　　中华人民共和国成立后相当长时间，田心村因受地理位置等原因的制约，经济发展缓慢，村民生活并没有多大改善，遇上旱天，种植难有收成，老区民众的温饱问题都解决不了，甚至连饮水也非常困难。拥有革命传统精神的田心老区民众努力拼搏，因地制宜，克服困难，千方百计建设老区，发展经济，逐步改变老区面貌。1969年，在上级政府带领下，老区开始修建沙坝水库。1972年，沙坝水库建成，基本解决了老区村民饮水困难问题，同时提高农田灌溉能力，促进农业生产，增加农产品收成，老区民众的温饱问题逐步得到解决。田心老区人民在艰苦环境下，仍然重视发展教育卫生事业，20世纪60年代，在村中祠堂开办蒋家洞小学，解决老区学龄儿童入学问题；20世纪70年代，设立村卫生站，村民看病条件得到改善。

　　中共十一届三中全会后，田心老区人民解放思想，开拓进取，大力发展老区各项事业。1996—1997年，田心村村民开始种植反季节蔬菜、水稻、花生等。1999年，县老促会帮助田心村建成一幢两层教学楼的田心小学，教学条件得到改善。2005年，田心老区主干道混凝土硬底化后，老区基础设施建设滞后问题得到改善，方便民众出行，也为大面积铺开发展经济打好基础。同时，老区积极向外输送劳动力，增加村民收入，村民生活条件逐步改善；村民开始改造居住环境，各家各户建了砖混楼房，居住条件有了质的改变。2009年，县水利局启动冬修水利工程，帮助田心的老区进行农田水利和自来水供水设施建设，共铺设4千米长的从沙坝坝头到蒋家洞的自来水管，至此，大部分老区村民用上干净的自来水。2010年，上级政府向田心的老区投入1790万元加固沙坝水库大坝等，全面解决田心的老区人民饮用水问题，并为江英镇其他缺水村庄饮用水提供支持。

　　中共十八大以后，党和政府加大对老区建设力度，老区不断发展变化。扶贫攻坚深入开展，美丽乡村建设有效推进，老区面貌进一步改善。2011年，县老促会出资帮助田心蒋家洞铺设水泥公路3千米，改善老区村道环境。2012年，县水利局帮助老区蒋家洞兴建鱼塘，发展养殖业，增加集体经济收入。老区村道建设不断，到2013年，田心老区基本实现村道硬底化。2014年，在县老促会、省挂扶单位南海西樵镇政府支持下，改造田心村委会至荣岗村委会两个有老区的村之间公路3千米，实现两村通硬底化公路。2014年，上级政府帮助兴建村委会办公楼，办公和服务村民条件得到改善。2015年，省扶持老区修建蒋家洞村至田心村水利灌溉渠道，保障老区村农田灌溉。2015年，蒋家洞鱼塘实行出租承包经营，租金收入用于本村村容村貌建设等公益事业。2015年，大力开展新农村建设，在村委会附近兴建休闲公园、篮球场，为村民休闲和体育运动提供舒适场所。2016年，省扶持老区小洞村自来水管道建设，解决该村村民饮用水安全问题。至此，田心的老区村民家家户户都用上了干净安全的自来水。田心老区村还建起养殖场、发展果园种植，逐步走上致富发展路。2017年，大力实施老区精准扶贫，建设田心沙坝2500千瓦光伏扶贫电站，确保老区贫困户稳定长效增收；对田心沙坝水库饮用水源保护区隔离防护，保障群众饮用水供应与安全。

**（二）荣岗村建设发展概况**

荣岗村是江英镇两个有老区的行政村之一。1947年，连江支队游击队的李冲、梁天培等人来到荣岗大洞田村组织游击队。荣岗村民们相信共产党，不辞劳苦，不怕牺牲个人利益，从人力、物力等方面给予游击队大力帮助和支持，为阳山解放作出一定贡献。中华人民共和国成立后，老区人民发扬自力更生、艰苦奋斗的光荣传统，努力建设家园，经济发展，社会事业进步，老区面貌不断变化。

中华人民共和国成立后，在相当一段时间内，由于受地理环境、基础设施条件等因素制约，荣岗发展缓慢，老区人民只能靠领"统销粮"维持温饱。随着社会主义建设开展，荣岗的老区逐步发展，人民生活水平不断提高。村民们大搞副业，上山砍柴卖，增加经济收入。荣岗村重视文教卫生事业，在荣岗径脚村组织村中识字的人开展"夜校扫盲"，并在村里建设卫生站。1975年，荣岗设立荣岗中学，田心、大塘坪等其他管理区村民子女都到此就读。

改革开放后，老区群众大力发展经济，种植杂优水稻和玉米，农业收成大大提高，老区群众温饱问题得到解决。1990年，大量种植明珠西红柿、红尖椒等蔬菜经济作物，涌现一些种植大户，带动村民种植创收，提高生活水平。2000年，香港育苗行动来到荣岗建立水山小学，2001年水山小学正式建成并投入使用，老区教育条件得到改善。花大力气开展道路交通建设，2003年，荣岗老区村道主干道实现硬底化，改变了基础设施条件，经济建设再上台阶，村民收入大大提高。这期间，老区群众开始改善自家居住环境，盖新房，修新路，村容村貌明显改观。2007年，建成荣岗移民新村，迁移安置原住地地理条件差、生活比较艰苦的径脚、大塝两个自然村26户村民；2006年，建成村委会办公楼，办公和服务村民条件得到改善。

中共十八大后，荣岗的革命老区进一步发展，各行各业发生翻天覆地的变化。2012年，各村进行沼气池建设，既有利于改善老区村庄环境卫生，又为群众提供了生活燃料，还保护生态，提升群众生活质量。2012—2016年，荣岗大力开展道路交通建设，共铺设硬底化村辅道9.7千米，使老区长坪、水山、径面、沙坳、塘下、长塘、围角等自然村村道和环境得到改善。2013年开始，修建荣岗洞、长塘—围角水利设施，为老区农田灌溉打下坚实基础。2013—2015年，挂扶单位佛山市南海区文体旅游局帮扶荣岗建成荣岗文化体育公园，为老区群众提供舒适休闲和体育运动场所。2014年，荣岗卫生站楼房建成，缓解老区群众看病难问题。与此同时，设立老区文化室，活跃群众文化生活。2015年，建成径面村健身广场和篮球场，增加村民文娱、运动场所、设施，美化村庄环境。同年7月，在荣岗大洞田村荣岗洞兴建占地300亩的"五位一体"食用菌种植基地，成为集设备、农艺、科技、质量安全、信息于一体，采用"公司+基地+农户"模式经营的现代化产业园区。产业园区的建设，促进老区经济大发展，提高群众收入，改善老区民生，有效带动老区人民致富奔康。落实县委、县政府"一乡一品"战略，结合扶贫"双到"工作，采用金融扶持的方式，引导农户落户园区，栽培食用菌。2017年，设立荣岗金融信用合作部，方便贷款，推进老区种养产业发展。综合治理荣岗基本农田，保障农业生产；持续对老区人民饮用水进行提质改造，确保群众饮用水安全和健康；开展老区人居环境整治，改善老区生产生活环境。如今荣岗的老区村发展迅速，新房四处可见，村道整洁，生活改善。老区群众感恩先烈，不忘初心，豪情满怀，决心把荣岗建设得更好。

# 第六章

## 翻身做主　探索发展

中华人民共和国的成立，标志着人民翻身解放，当家做主。阳山解放后，与全国一样，经历了向社会主义过渡、全面建设社会主义和对建设社会主义道路的探索时期（1949年10月—1978年12月）。这一时期经历革命、探索、建设、发展、挫折，再革命、探索、建设、发展的曲折艰难历程。这一时期，社会主义革命和建设同步进行，新生人民政权不断巩固，经济社会建设开始发展，并逐步取得成就。

第一节 向社会主义过渡的实现

中华人民共和国成立初期，阳山县委、县政府在复杂形势、艰巨任务和百废待兴、百业待举的困难面前，保持清醒认识，在全面地分析当时形势的基础上，及时地做出民主建政，巩固新生人民政权，清匪反霸和退租退押等重大决策和部署，开展向社会主义过渡的探索与实践。

**一、民主建政，当家做主**

根据上级党委和北江专署指示，县委、县政府迅速投入民主建政工作。1950年初，阳山县成立4个区20个乡政府。4区20乡分别是：一区（青莲）辖附城、小江、水口、高峰、青莲、江口6个乡；二区（岭背）辖秤架、岭背、黄坌、犁头、西江、朝天6个乡；三区（七拱）辖太平、七拱、杜步、东山、白莲5个乡；四区（黎埠）辖黎埠、大崀、寨岗3个乡。1950年6月12日至16日，阳山县召开第一届各界人民代表会议。出席会议的有工、农、商、学、兵等各界人民代表209人。会议听取关于形势与任务、施政、治安、剿匪等12个问题报告，选举梁天培为阳山县人民政府县长、毛鸿筹为副县长；还选举出第一届常务委员会常务委员15人、委员37人，生产委员会委员38人，匪产处理委员会9人。阳山县第一届各界人民代表会议，是阳山县历史上第一次人民参政议政，当家做主会议。这次会议，使全县党组织建设、民主建政、恢复发展生产等工作有序推进。至1950年12月，全县成立7个党支部，有28名正式党员、6名候补党员；各级都建立工会组织，有工会会员2140人；在广大农村232个行政村都建立农会，有农会会员3万多人。同年9月，成立中国新民主主义青年团阳山县工作委员会，团组织也有所发展。民兵队伍则是在解放战争时期的基础上发展壮大起来，几乎遍布全县各乡村。中华人民共和国成立初期，阳山县民主建政工作开展及其作用的充分发挥，不但有力地促进了民主改革各项任务的完成，而且推动了国民经济恢复发展，巩固了人民民主专政，为以后民主选举各级人民代表大会代表，人民群众真正参政议政，行使各种权利奠定了良好基础。

**二、剿匪斗争，维持社会秩序**

阳山解放初期，正当县委、县政府工作千头万绪，忙于民主建政，恢复发展国民经济时，国民党反动残余势力不甘心失败，千方百计地垂死挣扎，妄图卷土重来。他们趁县委和各乡人民政府刚成立根基未稳之机，在全县范围内大肆骚扰，攻打各区、乡人民政府，偷袭、杀害下乡干部，对群众实行烧杀抢掠，妄想动摇颠覆新生人民政权，达到恢复其反动统治之目的。

阳山解放初期，国民党及其代理人在阳山遗留大量的反革命残余势力，据不完全统计，包括"青年党"员、原国民党乡长和保长等人员及经济土匪等，全县共有3500多人。他们具有反动性和破坏性，成为危及全县社会治安的一大祸患。他们经过一段时间隐蔽集结，迫不及待地运用种种破坏手段进行颠覆活动，活动猖獗、气焰嚣张、手段残忍。他们搜集枪支，建立点线，集聚反动流散官兵、国民党特务等人员、还乡顽伪、不法地主、惯匪流氓，组成形形色色的反动组织和地下武装，而且装备有各种武器，如六〇炮、轻重机枪、冲锋枪、步枪、短枪、手榴弹等，有组织、有计划、有步骤、有重点地破坏生产，烧毁仓库民房，抢劫粮食财物，涂写反动标语，窃取军事情报，建立境内外电讯联系，以至策划骚乱，组织暴动，袭击围攻区、乡基层人民政府，投毒放火，暗杀残害党政干部和群众中的积极分子，极大地危害人民群众生命财产安全，扰乱社会秩序，对民主建政、恢复发展国民经济、巩固人民民主政权等工作造成严重威胁。

阳山解放初至1951年，全县发生国民党特务组织"反共救国军中国民主青年服务团"（简称"青年党"）和土匪围攻、袭击岭背、秤架、太平、寨岗等地新生人民政府及其下乡干部，抢劫、掠夺广大人民群众财产，残害干部和人民群众，奸淫妇女等恶性案件近百宗，严重威胁人民群众生命财产安全和全县各项工作开展。面对"青年党"、土匪等反革命分子破坏活动日益猖獗，阳山县委、县政府按照党中央、中共中央华南分局及华南军区指示和部署，迅速做出消灭一切国民党残余反动武装和匪徒，保卫革命胜利成果和巩固新生人民政权的重大决策。1950年1月5日，北江临时人民委员会召开各县委书记、县长和部队团以上干部会议，提出当时的中心任务是歼灭残匪，解放全北江。阳山县委书记张彬、县长梁天培参加会议，会后，迅速回县召集公安、县大队、驻军等有关部门进行传达部署。1月31日，北江地委发出指示，动员全党全民，大力配合部队剿匪，使剿匪成为群众性运动。

岭背方面，匪首吕桂生、黄合、欧兴、梁秀古、欧佑等纠集大批匪徒，以大洞、寨坳、大山等山区为据点，经常三五成群跑到平原乡村实施抢劫、奸淫妇女等罪恶勾当，有时甚至偷袭区、乡人民政府，进行骚扰和破坏活动，严重扰乱社会治安。剿匪部队穷追猛打，击毙匪首梁秀古、欧佑，抓获吕桂生、黄合、欧兴等，交给人民政府，遣散大批匪众，平定匪乱。

大崀方面，剿匪部队迅速进驻，在三六八团刘副团长和常营长直接指挥下，展开对"青年党"谢谢（另用名谢水、谢汉修）股匪的围剿。剿匪部队经过深入了解，掌握敌情，迅速部署围捕，一举抓获吴斌及其匪徒20多人，缴获轻机枪一挺，冲锋枪、步枪等枪械弹药一批，马一匹，并将吴斌交由北江军分区召开的公审大会处决。阳山县最大土匪头子、"青年党"总参谋长李焕彬，知道剿匪部队进驻大崀，"青年党"大部分徒众下山向人民政府和剿匪部队自首缴械后，逃到黎埠扶村苦竹坑其小老婆家里躲藏。经群众举报，剿匪部队组织50多人分成三个小分队，包围其所住房屋，将其擒获。这个罪大恶极的匪首，终究逃脱不了人民政府的强大法网，经过公审大会公审后被处决。还有"青年党"团长谢谢、副团长李崇高、政治部主任谢春荣、营长李炳4人拒不投降，隐藏在大崀乡琶迳鸡洛村，剿匪部队根据群众举报掌握敌情，通过引蛇出洞等方法，把他们引诱下山抓捕归案。经过四个多月的大规模清剿，终于把"青年党"谢谢股匪全部消灭。

在南线七拱、太平、杜步、东山等乡，解放军三六八团二营一个连在当地公安、民兵和广大人民群众配合下，向"青年党"和土匪展开强大军事打击和政治攻心，剿匪斗争节节胜利。在剿匪部队的强大攻势下，大部分土匪在共产党和人民政府的政策感召下悔过自新，纷纷下山投降缴械。匪首李介、梁光、钟辉、蓝生、刘裕霖、薛耀焕等人，陷入孤立无助的境地，也不得不下山向人民政府或剿匪部队投降。但这些匪首民愤极大，双手沾满人民群众的鲜血，于1951年全县镇反时被处决。

1950年10月，廖耀庭（广东连县人）与阳山县小江乡匪首范辉纠合100多人，组建"粤桂湘边反共救国军第五纵队二十一支队"，廖耀庭任支队长。解放军和北江军分区十二团决定于1950年10月对该股匪徒进行围剿。是月23日晚，该股匪徒星夜从西岭下山，经黄沙坑附近渡过小北江河从黎洞坪上山，逃至位于小江与坦塘交界处的麦冲下岩村住下，被小江乡政府情报人员跟踪发现。在大崀负责剿匪的驻军四十九军七十九部队接报后，对其展开围剿。北江军分区十二团一个连从小江赶来支援，经过一夜围剿，到凌晨3点钟，匪徒停火，放弃抵抗。天亮后，解放军进入村庄搜查，从粪池里抓获廖耀庭、范辉两匪首。此战击毙匪徒7名，抓获50多人，缴获机枪两挺、冲锋枪5支和其他枪械弹药一批。

附城乡方面，"青年党"匪首白芬、曾苟眼看剿匪部队节节胜利，感到"青年党"大势已去，两人便带轻机枪一挺、其他枪械弹药一批，偷偷潜回水晶背自己家中隐藏起来。剿匪部队获得这一情报后，由时任大崀乡人民政府副乡长黎旭日带路，从大崀连夜出发，天亮前把水晶背白屋、曾屋两村重重包围，天亮后开始全面搜捕，终于在柴草屋中把白芬、曾苟抓获。此二匪也在1951年全县镇反时被处决。

经过一年多时间的大规模剿匪斗争，盘踞在阳山县内和连阳边界的大批土匪以及国民党反动残余势力被一举消灭。至1950年7月底，全县有"青年党"等反动人员478人向人民政府登记自首，缴枪479支。其他首要反动顽固分子也在剿匪部队的有力打击下，击毙的击毙，投降的投降，处决的处决。肃清匪患，彻底摧毁了国民党反动残余势力企图颠覆人民政府，重新统治人民的痴心妄想，维护了社会治安秩序，巩固了新生人民政权。

### 三、镇压反革命与肃奸反特

1951年1月起，阳山县委、县政府在中共中央华南分局和中共北江地委领导下，开展大规模镇压反革命和肃奸反特运动。这是巩固新生人民政权的具有重要意义的斗争。正如毛泽东指出："镇反是场伟大的斗争，这件事做好了，政权才能巩固。"阳山解放初期，除了大量土匪活动猖獗外，在机关、学校等革命队伍内部还隐藏着数量不少的反革命分子、敌特内奸等，是一股破坏性很强、不可忽视、威胁新生人民政权和人民群众生命财产安全的巨大反革命力量。

1950年4月，中共北江地委发出《关于肃特治安工作的指示》，决定加强城市肃奸反特工作，要求公安部门大力配合解放军剿匪和镇反，纯洁机关内部。10月，中共中央发布《关于镇压反革命活动的指示》。根据指示精神，阳山县委、县政府迅速成立阳山县清匪镇反委员会。1951年1月，县委、县政府、县公安局及驻防部队联合发出《关于肃奸反特的通知》，全面地、有计划地、有步骤地在全县掀起镇压反革命和肃奸反特运动。根据县委、县政府的指示和部署，全县公检法等职能部门迅速抽调精干力量深入城乡，广泛发动群众，在全县铺开镇压反革命和肃奸反特行动。

1951年3月11日，根据群众举报，通过缜密侦查，县公安局在太平乡破获"反共救国军"3个地下情报站，俘获首要分子梁某、毛某及其部下16人。是月，全县各区先后召开宣判大会，共镇压罪大恶极的匪首、恶霸、特务和反革命分子140多人。4月4日，在秤架破获"反共救国军青年团"（原称"反共救国军自卫军"），抓获该团团长、参谋长、政治部主任及成员34人。4月10日，在七拱破获敌特潜伏组织"英勇救国团"，俘首领余某、李某及成员20人，缴获军旗等证物一批。4月25日，县公安局及驻阳山剿匪部队在秤架再次抓获"反共救国军青年团"匪犯18人，并在天井山击毙匪首梁某。至1951年6月，全县在清匪反霸、镇压反革命、肃奸反特斗争中，共收缴各种枪支5262支，其中机枪6挺、步枪4420支、冲锋枪6支、短枪724支，子弹6024发。1952年11月，结合土改运动，全县召开宣判大会，对一大批反革命罪犯和特务、内奸进行公开审判。至此，阳山县镇压反革命和肃奸反特运动告一段落，取得决定性胜利。这场运动沉重地打击了反革命分子的嚣张气焰，充分发挥了人民民主专政的强大威力，有力地捍卫了社会稳定和广大人民群众生命财产安全，促进了党在各部门、各基层单位工作的贯彻落实。

**四、土地改革，分配果实**

1950年6月，中央人民政府颁布《中华人民共和国土地改革法》，在工作方法上，强调要有领导、有计划、有秩序地进行。1951年2月5日，中共北江地委召开第一次土地改革（简称"土改"，下同）会议，贯彻中共中央华南分局提出的"稳步加快"方针，订出全区土改计划。1951年3月，阳山县在附城乡畔水村开展土改试点工作。1951年5月，附城乡畔水村土改试点工作基本完成，取得一定经验，为全县铺开土改运动打下基础。

1951年5月，阳山县开始在全县分批铺开土地改革运动。全县土改以旧乡为单位，分三批进行。第一批是附城、黄坌、西江、朝天（西江、朝天现属连州市）4个乡；第二批是岭背、小江、黎埠、七拱、青莲5个乡；第三批是秤架、犁头、水口、杜步、东山、江口（今江英）、高峰、白莲、太平、大崀、寨岗（现属连南县）11个乡。

1951年秋，阳山县第一批土改运动进入第二阶段：划分阶级成分与没收、征收、分配土地、财产工作。经过两个月艰苦努力，土改运动第二阶段划分阶级成分的工作基本完成，马上进入追余粮与没收、征收地主财产和分配果实的工作阶段。关于分配问题，《广东省土地改革实施办法》明确规定："所有没收或征收的土地及其他生产资料，除规定收为国家所有者外，均由乡农民协会接收，统一地、公平合理地分给无地少地及缺乏其他生产资料的贫苦农民所有。""应分配土地者，一般按其农村家庭人口；不论男女老幼、婚与未婚，均应分得一份。"从第一批各乡分配结果看，广大农民群众都比较满意。1952年5月，县部署铺开第二批岭背、小江、黎埠、七拱、青莲5个乡开展土改；同年11月，部署铺开第三批其余11个乡土改运动。

阳山县土地改革运动，从1951年3月开始，至1953年4月结束，历时两年两个月，基本上按计划分三批进行。全县各地土改执行政策公正合理，效果比较好，赢得各阶层群众好评。

### 五、农业合作化

1953年春，中共中央发布《关于农业生产互助合作的决议》。是年，阳山农村开始成立农业生产互助组。2月初，新圩乡三所村黎路养互助组成为全县第一个互助组。在其带动下，至年底，全县有80多户农民组织起22个常年互助组，成为阳山县农业合作化带头羊。

1953年12月，中共中央进一步通过《关于发展农业合作社的决议》。1954年初，阳山县委制订全县组织互助组、合作社计划。2月22日，县委发出《关于整顿、提高、巩固、发展互助合作组的指示》。在1954年春耕前春耕后、夏收夏购后、秋收秋购中全县先后4次掀起组织互助合作组高潮。至1954年底，全县共组织起临时互助组2905个、常年互助组3911个、联组441个。此时，开始试办初级农业合作社。新圩三所、阳城通儒、黎埠隔江农业合作社是全县最早建立的农业合作社。此外，全县还组织建立起农林结合社1个、单一林业社2个、林业互助组12个，成立农村经济组织农村信用合作社122个。

  阳山县农业合作社经历由初级社到高级社的发展阶段。农业初级合作社实行土地入股，统一经营，收益按土地股份与劳动工日分配，入股土地分配占30%—40%，劳动工日分配占60%—70%。春耕之后，农业生产合作社增加到9个，夏收夏购后，增加到53个，秋收秋购销工作结束后，再增加到158个。1955年2月，推进初级农业社向高级社发展，努力使合作社逐步走社会主义道路。同年7月31日，毛泽东在中共中央召集的省委、市委、自治区党委书记会议上做《关于农业合作化问题》的报告，要求加快农业合作社发展。县内再次掀起办社高潮，至1956年2月，全县办起初级社734个，入社农户占总农户的94.2%，其中有40%的农户已转向高级农业社。1956年6月，《高级农业生产合作社示范章程》公布，要求在农村组织成立高级农业生产合作社。9月，县委决定把初级农业生产合作社合并为高级农业社，实现高级形式农业合作化。至1956年末，全县建立起高级农业社461个，入社5.07万户22.88万人，保留初级农业社48个，共1231户4924人。高级农业生产合作社分配形式由初级社的按劳按股分配相结合改为全部按劳分配，即社员出勤记工分，分配时按工分计酬。社员的土地、山林全部无偿为集体所有，对新入社社员农具、耕牛实行折价入社。1957年，全县开展整风整社工作。1958年6月，小社并大社，全县农业社经过合并和扩大后，调整为287个。全县除有225户因单家独户，居住在边远山区而未能入社外，其他全部参加农业生产合作社，占总农户的99.52%。

## 六、人民公社化运动

  1958年9月，阳山县委按照《中共中央关于农村建立人民公社问题的决议》，开展撤乡建社工作。县委出台《关于实现人民公社化几个问题的意见》，县内建立人民公社工作正式开始。9月中旬，全县14个乡202个农业合作社，合并成青莲、七拱、阳山、黎埠四个公社。10月，成立岭背、小江、太平公社。这样，全县共7个公社。公社成立后，取消乡政权，其职能由人民公社代替。

人民公社是工、农、商、学、兵五位一体，实行政社合一的体制。主要表现为：（1）实行政社合一和单一的公社所有制。人民公社既是一级政权机构又是经济组织。（2）实行高度集中统一的经营体制，主要是实行"七集中"（劳动力、土地、农具、种子、资金、肥料、牲畜）、"五统一"（计划由公社统一安排，生产由公社统一指挥，劳动力、物资由公社统一调拨，财务由公社统一收支，收益由公社统一分配）。（3）实行工资制和供给制相结合的分配体制。公社在分配上采用"基本工资加奖励"的分配办法，即按各人技术水平的高低、劳动强弱、劳动态度、政治条件，评定基本工资等级，工资只发30％，留下20％作奖罚用，其余50％作预支社员家庭伙食费及解决特殊困难用。（4）限制和消灭家庭经济。公社把社员的自留地、自留山和开荒地无偿收归公社统一经营。每个家庭没有任何家庭经济。（5）实行生活集体化。公社以生产队或大队为单位普遍兴办食堂、托儿所、幼儿园、敬老院、缝纫组、理发组、接生站等组织。在政治上，以"发扬共产主义精神"武装人民群众思想，成为当时政治思想工作的首要任务；在组织上，推行"组织军事化""行动战斗化""一切行动听指挥"，公社实行"政社合一"的体制；在经济上，一切生产资料、公有财产归公社所有，限制、消灭家庭经济，使"共产风"普遍地、严重地刮起来。

"共产风"根本内容是"一平二调"。"平"，即平均主义；"调"，以"上调、协作、支援、献礼、摊派、投资"等名目，无偿占用群众的财物和劳动。一是剥夺农民对生产资料的所有权。二是无偿使用农民的劳动力。三是大搞平均主义，推行供给制。人民公社实行"政社合一"，各种权力集中在县、公社两级，大队、生产队没有自主权，在这种体制下，"一平二调""共产风"盛行起来。全县农民因"共产风"被侵占耕牛132头、生猪433头、生活资料近1.7万件，无数旧砖瓦房被拆，人身权、财产权得不到保障。

## 七、党建在曲折中发展

中华人民共和国成立后，1950年，阳山县委制定发展党员规划，把好质量关，积极慎重做好发展党员工作，全县共有党员34名。1951年，建立农村党支部11个，发展党员58名。1951—1956年，全县发展党员3192名，建立党委7个、党总支部43个、党支部195个。1957年，组织建设的重点转到加强预备党员的考核、教育和后进支部的整顿，促进党员素质的提高。至1965年，全县有共产党员5637名，建立党委21个、党总支部9个、党支部328个。1966年"文化大革命"开始后，党的组织建设陷入停顿。1972年，全县发展新党员897名，其中女党员190名。1974年，全县发展党员1263名，占党员总数的11.97％。20世纪50年代中期，全县基层党支部均建立起"三会一课"制度。1952年，首次开门整党，进行"三查"（查阶级、查思想、查作风）、"三整"（整顿组织、整顿思想、整顿作风）。1957年10月，县内开展第二次整党，重点解决党员"右倾情绪""个人主义"和对合作化不热情、不积极的消极态度。1970年5月，县内开展第三次整党，以"斗、批、改"形式进行"吐旧纳新"。1950—1957年，县、区分别成立学习指导委员会，组织机关干部学习《中国人民政治协商会议共同纲领》《中国人民政治协商会议组织法》《中华人民共和国中央人民政府组织法》。1957—1965年，主要组织党员、干部进行社会主义建设总路线、"大跃进"、人民公社"三面红旗"和"阶级斗争"理论教育。1966—1976年，主要组织党员、干部学习"在无产阶级专政下继续革命"和"阶级斗争""路线斗争"，学习马列、毛泽东著作。1952年6月，建立阳山县委纪律检查委员会，专管党纪党风工作。1956年3月，县委纪委改称中共阳山县监察委员会，独立行使监察权。1958年7月，县监察委员会与县政府监察室合署办公。1973年5月，在县委组织部设监察组。1960年10月，成立阳山县委党校，成为培训党员干部的阵地，每年不定期进行党员干部培训。

## 第二节 实施经济计划 探索建设发展

中华人民共和国成立后，百废待兴。全县人民在阳山县委领导下，开始投入社会主义经济建设，探索经济社会建设发展。这一时期实施了"一五"至"五五"五个经济建设发展五年计划，开展经济社会建设，推动各行各业发展。其间，尤其是"文革"期间，经济发展虽然受到严重挫折，但阳山人民排除干扰，艰苦奋斗，在曲折中发展，还是取得了一定成就，各方面也有很大变化。

### 一、经济恢复和"一五"时期发展概况

阳山县地处粤北山区，中华人民共和国成立前交通落后，经济萧条。至1949年，全县总人口19万人。县内农业总产值仅1177万元。地方财政收入几乎为零，社会商品零售总额711.07万元。中华人民共和国成立后，经济社会迅速发展，出现翻天覆地的变化。

### （一）经济恢复时期

中华人民共和国成立后，1950—1952年三年国民经济恢复时期，阳山县委、县政府贯彻执行中共中央和华南分局所制定的一系列恢复与发展工业、农业、商贸的政策措施，将政治运动与经济建设结合起来，开展各项工作，使阳山县国民经济得到迅速恢复和发展。在县委、县政府领导下，全县开展减租退押、土地改

革、清匪反霸、"三反"、"五反"运动，以赎买和自愿互利原则兴办国营和集体工业、商业（包括供销合作商业），组织建立财政金融机构，扶持各业，使社会稳定，生产发展。1950—1952年经济恢复时期，阳山县工农业总产值16773万元，年均5591万元；财政收入491.84万元，年均163.95万元；社会消费品零售总额2390万元，年均796.67万元。1952年，全县工农业总产值5833万元，地区生产总值5732万元，人均值251元，财政收入230.5万元，社会消费品零售总额891万元。

**（二）"一五"计划期间**

1953—1957年，阳山县实施发展国民经济第一个五年计划。全县经济社会迅速发展，取得很好的成绩。全县工农业总产值4.08亿元，年均8160万元；财政收入963.76万元，年均192.75万元；社会商品零售总额5706万元，年均1141.2万元。1957年，全县工农业总产值8424万元，地区生产总值7381万元，人均值292元，财政收入185万元。

1. 农业发展较快。

在"一五"计划期间，全县修建柳塘、围龙、白虎迳水库，总库容量353万立方米，灌溉面积3030亩。修建的引水灌溉工程较大宗的有步狗陂、清水陂、沙陂大陂、军陂、湟川陂、鱼水陂、龙板、上坪等8宗之多，可灌溉面积1.89万多亩。县建立农业示范场，各乡镇普遍建立农业技术推广站，研究和推广良种和施肥、密植、病虫防治等技术，使农业科学技术在农村得到推广和普及。全县粮食种植面积每年平均为53.75万亩。五年粮食总产量27.89万吨，每年平均为5.58万吨，比1952年的5.2万吨增长7.3%。花生种植面积每年平均3.9万亩，五年全县花生总产量1.19万吨，每年平均2370吨，比1952年的1943.4吨增长18%。全县生猪饲养量从1950年的8.2万头，发展到1957年的9.16万头，比1950

年增长11.7%。全县耕牛饲养量从1950年3.35万头，发展到1957年4.48万头，比1950年增长33.73%。全县农业总产值3.7亿元，其中，1957年农业总产值为7124万元，比1952年的5826万元增长22.28%。组织全县人民大力植树造林，绿化荒山。建立林业机构，组织林业生产队伍。至1957年先后建立杨梅、天门岭、黄垒等县属林场10个，有林业职工265人。生产经营林业面积1.61万公顷。采取专业队伍与群众性植树造林相结合的做法，至1957年，全县人工造林面积为8859.3公顷，年均造林1771.86公顷。

2. 工业从无到有。

1950—1952年经济恢复时期，阳山办起阳山印刷厂和农具厂，拉开县内现代工业序幕。1953—1957年"一五"时期，地方工业迅速兴起，县内有煤矿、生粉、石棉、砒矿等国营工业企业。集体企业有阳山工业集体企业联社（下辖44个手工业生产合作社）。至1957年，全县工业企业14家，工业总产值1300万元，比1952年的7万元增长184.7倍。其中国营工业企业9家，工业产值761万元，占全县工业总产值58.5%。工业生产发展，使工业经济在阳山经济中的地位发生变化。在工农业总值中，1953—1957年，农业所占比重由99.88%下降到84.57%，轻工业比重从0.12%上升到7.12%，重工业比重从0上升到8.31%。

3. 商业贸易有很大发展。

从1953年开始对粮食、油料实行统购统销政策。1955年到1957年陆续对生猪、三鸟等主要禽畜产品实行派购政策。通过统购派购，国家掌握了主要农副产品货源，保证经济建设需要。1956年，对私营商业进行社会主义改造，形成社会主义统一市场。到1957年底，全县有商业、饮食业、服务业机构472个，从业人员1800多人，社会消费品零售总额1062万元，比1952年增加171万元，增长19.19%，集市贸易成交额212万元，比1952年的

178万元增长19.1%。

4. 教育事业蓬勃发展。

"一五"时期，阳山县教育、文化、卫生事业迅速发展，取得明显进步。随着工、农、商业迅猛发展，阳山教育事业也蓬勃发展起来。中华人民共和国成立之初的1949年，全县仅有小学98所，小学生共1699人；中学3所，中学生182人，中小学教职员102人。1950年春，阳山县人民政府开始接管县内部分小学，至1952年秋，完成全面接管县内各中小学校工作，并把私立学校转为公办。1953—1957年，贯彻中共中央"整顿巩固、重点发展、提高质量、稳步发展"文教工作方针，执行政务院"关于整顿和改进小学教育工作"指示，对学校进行改革和整顿工作。1957年，全县小学发展调整为216所，在校学生2.12万人，全县中学有4所，学生1269人。1957年，全县中小学教职员共779人，是1949年的7.6倍。开展农村扫盲运动。阳山县是贫困山区县，受自然环境和经济条件制约，在成人教育工作中，往往是一批人扫盲了，又会出现新文盲，因此成人教育是阳山一项长期艰巨的工作。1954年8月，阳山成立扫盲队，开展农村扫盲运动，举办农闲冬学识字班，全县参加学习3790人，扫盲教师300人。1955年12月，县内各地识字班先后发展为农民夜校。贯彻"不忙多学、小忙少学、大忙放学"原则，坚持办好夜校，把全县扫盲工作全面铺开。至1957年，全县举办乡级干部脱产扫盲班6期，培训乡级干部280多人，全县有农民夜校300多所，群众教师1390多人，学员达2万多人。1954年9月县机关大院内开办阳山县干部（职工）业余文化夜校，县长孙玉明兼任校长，培训干部职工200多人。

5. 文化事业进步。

1950年春，县政府设立文教科，主管全县文化、教育工作。1956年7月，文化、教育分开，设文化科，下属机构有文化馆、图书馆、广播站、新华书店、电影院。1953年1月，阳山县文化馆正式成立，随之在全县各乡镇开展文化娱乐宣传工作。全县各乡镇纷纷成立文化机构，当时称"俱乐部"，利用农闲和重大节日，开展文化娱乐活动。1956年末，阳山全县461个农业社，实现社社有"俱乐部"。青莲、黎埠、附城、城南、七拱等地的"俱乐部"，设备齐全，影响较大，称为"中心俱乐部"。1953年，文化馆还创办《阳山文艺》，配合党的中心工作，创作了一批优秀作品。1955—1956年，阳山县文化艺术代表队参加韶关专区举办的"民间艺术汇演"获得多项奖励。同时，还搜集、整理一批民族民间艺术遗产，使传统文化艺术得以继承和发展。县文化部门还组织区乡举办"阳山县农村业余文艺汇演"，促进城乡文化交流。1953年，成立图书馆，藏书3000册；成立电影放映一队、二队，深入农村和山区为群众放映电影，活跃城乡文化生活。这一时期群众学习文化科学知识成为风气，1957年，全县书店图书年销售量达37.59万册。

6. 卫生事业发展。

1950年2月，县政府接管县卫生院，设立县卫生所。1952年7月，县政府设立卫生科，主管卫生行政工作。随后逐步建立县、区、乡三级医疗卫生保健网络。县属医疗卫生机构有人民医院、卫生防疫站、妇幼保健所、慢性病防治站等，担负着全县卫生保健技术业务指导和医疗任务。当时贯彻执行"预防为主，面向工农兵，团结中西医，卫生工作与群众运动相结合"方针，使阳山卫生医疗工作发生深刻变化，较好地为城乡群众服务。1955年下半年，全县卫生系统开展整顿，加强党对卫生战线的领导。全县成立14个医协会，还培养了一批农业社不脱产的保健员。县卫生系统平时经常组织巡回医疗队下乡，深入村寨和边远山区为群众治病，深受群众欢迎。20世纪50年代末，全县卫生工作队伍进一步发展，有县级人民医院1所、医务人员43人，有乡级卫生所13所、联合诊所4间、分诊所5间、区乡级医务人员149人。县人民医院医务和设备不断健全，已设有中、西医科，内、外科，门诊，留医，妇产，检验等部门，医院内办起小制药厂。全县农业社不脱产保健员（含接生员）已发展到1000多人，全县三级医疗卫生保健网络得以进一步巩固。

## 二、"二五"和经济调整时期发展概况

1958年5月，中共八届二中全会提出"鼓足干劲，力争上游，多快好省地建设社会主义"总路线，发动"大跃进"和人民公社化运动。1959年县内发生水灾，受灾面积7.01万亩，其中3.02万亩颗粒无收，使工农业生产遭受严重挫折，粮食总产量从1957年5.56万吨，降至1960年5.42万吨，人均口粮从1957年187.5千克，降至1960年148千克。1958—1960年，全县工农业总产值2.64亿元，年均8800万元；财政收入742.37万元，年均247.46万元；社会消费品零售总额4925万元，年均1641.67万元。1962年，全县工农业总产值7584万元，地区生产总值6844万元，人均值253元，财政收入276万元。

1962年底，县委做出"关于恢复和发展山区经济，巩固山区生产队"指示，鼓励开展农、林、牧、副、渔多种经营。1963年，认真贯彻落实"以农业为基础，以工业为主导"的发展国民经济总方针，正确处理工业与农业的关系，确立农业在发展经济中的基础地位。推广种植二九矮、江南矮、珍珠矮、马尾矮等28个水稻良种和红花子、苕子等冬种绿肥，聘请外地农业技术员到县内传授水稻种植技术，推广欧塑生产队大种山棕、发展多种经营，改变山区落后面貌的经验。1963—1965年，工农业总产值3.03亿元，年均1.01亿元；财政收入962.2万元，年均320.73万

元；社会商品零售总额5303万元，年均1767.67万元。1965年，全县工农业总产值1.13亿元，地区生产总值1.01亿元，人均值340元，财政收入377.03万元，社会消费品零售总额2032万元。

### 三、"三五"和"四五"时期发展概况

"三五"至"四五"期间（1966—1975年），正处于"文化大革命"时期，正常生产秩序受到干扰，但阳山县广大群众排除万难，坚守岗位，工农业生产仍取得一定发展。20世纪60年代末至70年代初，工业方面，县组织万人上山挖煤，兴办小煤窑139个，生产原煤28.63万吨，对缓和省内燃料供应紧张的问题起到很大作用。其间，先后兴办农机一厂、农机二厂、农机三厂、钢铁厂、水泥厂、炼铜厂、炼铝厂、配件厂、氮肥厂、磷肥厂等一批"五小"工业和小水电站9座。农业方面，兴建沙坝水库、水晶背水库等蓄水工程，开展"单改双""旱改水"等耕作制度改革，推广杂交玉米种植技术，掀起农田基本建设高潮，农业生产有新突破。两个五年计划期间，工农业总产值14.46亿元，年均1.45亿元；财政收入4056.14万元，年均405.61万元；社会消费品零售总额2.71亿元，年均2707万元。1975年，工农业总产值2.06亿元，地区生产总值1.61亿元，人均值431元，财政收入554.07万元，社会消费品零售总额3078万元。

### 四、"五五"时期发展概况

"五五"时期（1976—1980年）是"文化大革命"结束与工作重心转移、商品经济建设初期。1978年12月，中共十一届三中全会召开，经拨乱反正，全党工作重点转移到以经济建设为中心上来。阳山充分利用丰富的水资源，采用多种形式、多渠道集资方法，新办水电站24座，装机45台，容量7595千瓦。在农业生产

上，大力推广杂交稻和杂交玉米，发展种桑养蚕和种茶种蔗，加快商品经济发展。1976—1980年，工农业总产值12.05亿元，年均2.41亿元；财政收入2994.29万元，年均598.86万元；社会消费品零售总额22950万元，年均4590万元。1980年，全县工农业总产值2.37亿元，地区生产总值2.04亿元，人均值520元。

### 五、主要经济指标统计数据

1949年农业总产值仅为1177万元，随后的29年时间呈螺旋式攀升，到改革开放前夕的1977年达到7292万元，增长5.2倍，年均增速达6.5%。见图6-2-1。

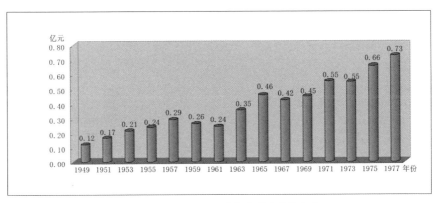

图6-2-1　1949—1977年阳山县农业总产值

中华人民共和国成立初期，阳山县工业一片空白，没有一家工业企业，经济发展十分落后。1952年工业突破"零"的局面，有2家单位，工业总产值为3万元，到1977年工业单位数增加到199个，工业总产值达5446万元，年均增长35%。见图6-2-2。

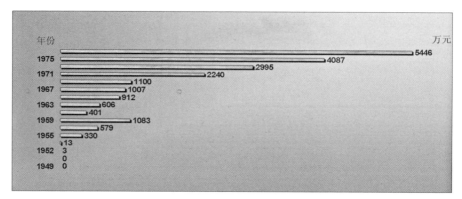

图6-2-2　1949—1977年阳山县工业总产值

中华人民共和国成立后，阳山的固定资产投资总额从无到有，不断发展壮大，1977年固定资产投资总额为658万元，相比1951年的55万元，增长11倍，年均增速为10%。见图6-2-3。

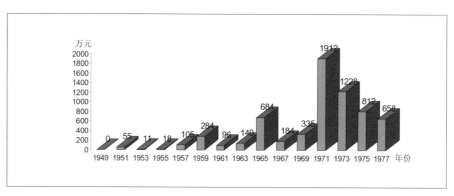

图6-2-3　1949—1977年阳山县固定资产投资总额

中华人民共和国成立后，物质产品生产逐步丰富多样，随着总人口不断增加，消费需求逐渐扩大，消费市场走向活跃。至1977年，阳山县社会消费品零售总额为3982万元，比1949年增长5.6倍，年均增长7%。

中华人民共和国成立初期，阳山县一穷二白，地方财政收入几乎为零，经济十分落后。从1951年开始，这种局面逐步得到改善，到1977年财政收入达到570万元，比1951年的23万元增长23.78倍，年均增长13.1％。见图6-2-4。

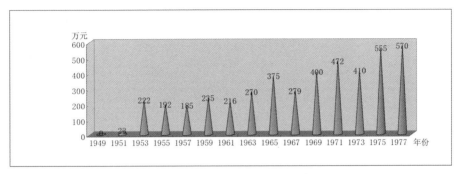

图6-2-4　1949—1977年阳山县财政收入

# 第七章

## 改革开放　飞跃发展

中共十一届三中全会后到中共十八大召开（1978年12月—2012年11月），阳山人民在历届阳山县委、县政府领导下，解放思想，改革开放，拨乱反正，探索创新，勇于开拓，艰苦创业，团结奋斗，大搞建设，各行各业走上正轨，社会主义现代化建设事业蒸蒸日上，全县社会经济得到腾飞发展，谱写了一段改革开放、社会主义现代化建设、科学发展的历史新篇章，把昔日被唐代大文豪韩愈称为"天下之穷处"的阳山变成投资发展热土。呈现出全县国民经济平稳较快发展、社会各项事业全面进步的良好态势。至2011年，全年实现生产总值67.68亿元，比2010年增长6.1%；其中，第一产业增加值19.74亿元，增长5.2%，第二产业增加值19.1亿元，增长6.4%，工业增加值9.88亿元，增长

8.7％，第三产业增加值28.84亿元，增长6.5％。三次产业结构由2010年的29.0∶27.7∶43.3，调整为29.2∶28.2∶42.6。经过40多年的不懈奋斗，阳山已成为镶嵌在粤北大地上的一颗璀璨明珠，经济快速发展，社会全面进步，人民安居乐业，呈现出一派生机勃勃、欣欣向荣的景象。

第
一
节

# 拨乱反正　加强党建

中共十一届三中全会后，阳山县同全国一样，开展了拨乱反正、平反冤假错案、落实干部政策行动，稳定了社会，调动各方面积极性，投入改革开放，建设社会主义现代化之中。加强党组织建设，强化了党的领导。

## 一、落实干部政策

1978年8月，阳山县委根据中央和省委落实干部政策精神，结合实际，提出落实党的干部政策的做法与要求，并成立落实政策办公室，进行专案复查工作。

1978年12月3日，阳山县委转发县落实政策办公室《关于进一步做好落实干部政策工作的意见》。该意见指出：虽然县委对"文化大革命"中受"三大处分"（开除党籍、开除公职、留党或留队察看）案件和审干遗留、"两退一插"（被迫退休、退职、插队）等问题进行了复查，但还存在不少问题。此外，善后工作量也还很大，对打人者、杀人凶手，还要查究处理；受株连家属、子女问题没有完全得到妥善解决；受审干部归档材料仍须进行清理；历次政治运动中确实搞错的案件也要甄别纠正。

该意见下发后，县落实政策办公室结合县委提出的七个具体要求，迅速在全县范围内开展有目标、有组织、有步骤的落实干部政策工作，并提出做好落实干部政策的五条基本要求，指导全县落

171

实党的干部政策的工作：过去受审查需要做结论而没有结论的，要尽快做出正确的结论。已做结论处理但不正确的，要改正过来，推倒一切诬蔑不实之词。可以工作而没有分配工作的，要尽快分配适当的工作。已分配工作但不适当的，要进行调整。年老体弱、不能工作的，要妥善安排，在政治上、生活上给予关怀和照顾。对受审查期间死去的同志，要实事求是地做出结论，并把善后工作做好。无辜牵连的家属、亲友、身边工作人员中，应予解决的问题，要妥善解决。通过落实干部政策，把全县"两退一插"干部都收回来，并安排工作；过去结论有偏颇的，也大部分做了改正。

阳山县人民法院贯彻执行落实干部政策精神，复查"文化大革命"时期判决的68宗反革命案件和101宗有申诉的刑事案件。经复查，反革命案改判48宗，维持原判20宗。"文化大革命"时期判决的普通刑事案件363宗，已有申诉而列入复查101宗。经复查，刑事案件改判无罪1宗，维持原判88宗。此外，阳山县落实政策办公室按照有关规定，于1978年12月14日经县委批准恢复钟秤金、朱秀珍等26户63人城镇居民户口。

### 二、平反冤假错案

"文化大革命"期间，由于极左错误思想影响，出现了冤假错案。粉碎"四人帮"以后，阳山县遵照中央指示，开展平反冤假错案工作。

1973年12月，中共广东省委《关于做好无产阶级文化大革命中非正常死亡善后工作的意见》下达后，阳山县委和全县各级党组织根据中央和省委、地委指示精神，依靠和发动群众，开展对非正常死亡问题调查研究和善后处理工作。一是按当时规定，做定性结论工作。二是对他杀中7宗涉嫌报复杀人和违法乱纪乱抓乱杀案件策划者、主谋和凶手进行立案调查处理，追究刑事责任或给予相应处分。三是对定为敌我矛盾或畏罪自杀的死者进行复查，部分错的给予平反纠正。四是对定为人民内部矛盾的死者家属，按规定和生活困难情况，给予必要抚恤和救济。此外，清退归还大多数死者被侵占的家庭财物。这些工作，对于促进安定团结和调动广大干部群众建设社会主义的积极性起到了很大作用。

1978年11月27日，县委遵照党中央指示，做出《关于为林彪、"四人帮"反革命修正主义路线下遭受诬陷迫害的同志平反昭雪的决定》，认真做好冤案、假案、错案以及被错戴帽子的同志的平反昭雪和恢复名誉工作，全面落实党的干部政策。

12月，县委结合省委、地委有关文件精神，通过认真细致调查分析，写出具体调查报告，实事求是地给岭背公社所谓"兄弟党反革命组织"一案、"林衍怡等人纵火烧毁县蚕桑场"一案、青莲小学所谓"预谋反革命集团"一案做出平反昭雪决定。

## 三、党建步入正轨

1979年4月，县委组织党员、干部学习《实践是检验真理的唯一标准》与中共中央批判"两个凡是"的精神，开展解放思想、拨乱反正，把工作重点转移到经济建设上来的学习教育。1979年8月，恢复中共阳山县委纪律检查委员会。1979—1980年，每年发展党员90多名。1981年，发展党员工作基本停顿。1983年，全县党员12083名，比1980年只增加12名。1984年，着重在生产、工作第一线的工人、农民和知识分子中发展党员。1985年7月，县委贯彻执行《中共中央关于整党的决定》，开展第四次整党工作。1986年，县委组织部设电教组，对党员进行电化教育。1990年，全县20个乡镇有15个设立电教工作室。至1995年，党员电化教育制度及网络比较完善。1985—1989年，党员、干部转入正规化理论学习。1989年3月，全县开展整顿农村后进支部和开展民主评议党员试点工作。1990年12月，全县各乡镇建立纪律检查委员会。1990—1995年，学习党的基本纲领、邓小平南方谈话和中共十四大精神，学习有中国特色社会主义理论和社会主义市场经济理论，教育干部群众坚持实事求是和解放思想。1990年4月，动员党员干部加强党同人民群众联系。1991年8月，在全县开展党内法规教育。1992年5月，在全县基层党组织中实行党支部、党员目标管理。1985年至1995年11年间，全县共发展党员2458名，平均每年发展党员223名。1995年，全县683个党支部均坚持"三会一课"制度。2000年2月，在党员干部中开展以"三讲"（讲学习、讲政治、讲正气）为主要内容的党性党风教育。2001年2月开始，在全县农村和机关单位分批开展"三个代表"重要思想学习教育活动。2001年6月，机构改革后，县委机关单位成立十大党委：中共阳山县直属机关委员会、中共阳山县林业系统委员会、中共阳山县教育系统委员会、中共阳山县交通系统委员会、中共阳山县建设系统委员会、中共阳山县经济贸易系统委员会、中共阳山县政法系统委员会、中共阳山县水利系统委员会、中共阳山县科技农业系统委员会、中共杨梅林场委员会。2004年12月，开展"理想、责任、能力、形象"教育活动。2006年1月，在全县党员中开展保持共产党员先进性教育活动。2008年1月，开展"十百千万"干部下基层驻农村和城乡基层党组织互帮互助工作。2008年5月，召开全县党建工作会议，部署解放思想争创新优势工作。2008年6月，县四套班子和县直机关单位开展学习实践科学发展观调研活动。2008年9月开始，在全县分批开展深入学习实践科学发展观活动。2009年2月，县委召开党风廉政建设工作会议，部署党风廉政建设工作。2010年4月，开展以创建"五个好"先进基层党组织、争当"五带头"优秀党员为主要内容的创先争优活动。

# "六五"至"十一五"时期发展概况

在"六五"至"十一五"六个五年规划时期（1981—2010年）中，阳山县以经济建设为中心，开拓进取，因地制宜搞建设，一心一意求发展，经济社会建设取得辉煌成就。

## 一、"六五"时期发展概况

"六五"期间（1981—1985年），阳山县围绕经济建设中心，贯彻"改革、开放、搞活"方针，逐步推行经济体制改革，农村实行家庭联产承包责任制，调整农业结构，工商企业扩大自主权，推行各种形式的责任制，大力引进资金和技术，县内经济保持稳定发展。在此期间，新建水电站14座，装机19台，容量1.37万千瓦，小水电成为县内骨干企业。引进资金2600多万元，发展采矿、小水电，扩建水泥生产。1981—1985年，全县工农业总产值15.59亿元，年均3.12亿元；财政收入2967.88万元，年均593.58万元；社会商品零售总额3.89亿元，年均7780万元。1985年，全县工农业总产值3.48亿元，地区生产总值3.14亿元，人均值740元，财政收入607.25万元，社会消费品零售总额8771万元。

## 二、"七五"时期发展概况

"七五"期间（1986—1990年），阳山县以小水电、水泥和采矿为龙头，带动其他行业，经济高速发展。1986年，县筹集3200万元，拓展立德粉、沉淀硫酸钡、轻质碳酸钙、水泥厂扩建、大理石、精干麻球和缫丝7项工程，新建石粉厂、大理石厂、麻厂、丝厂、阳山发电厂等工业企业及甲坑一级、甲坑二级、秤架二级、青霜滩、九曲等骨干水电站，建立起门类比较齐全、布局比较合理，具有相当规模和一定技术水平的能源、建材、化工、机电、轻纺工业体系。1987年，在稳定粮食生产，发展造林种果的同时，利用阳山玉米种植面积较大等资源优势发展阳山鸡养殖，利用山地资源和气候资源优势，发展反季节蔬菜。1986—1990年，全县工农业总产值21.61亿元，年均4.32亿元；财政收入6951.67万元，年均1390.33万元；社会消费品零售总额7.15亿元，年均1.43亿元。1990年，全县工农业总产值4.73亿元，地区生产总值3.77亿元，人均值830元，财政收入1828.74万元，社会消费品零售总额1.76亿元。

### 三、"八五"时期发展概况

"八五"期间（1991—1995年），阳山县注重"三点两线"（能源、交通、通讯和国道107沿线、连江沿线）开发，改善投资环境，筑巢引凤，吸引外商和港澳台商前来投资。1992年和1993年，县连续举办两届板栗节暨经济洽谈会，共有境内100多个单位和境外10多个国家（地区）的来宾参加，签订合同意向项目31个，引进外资及港澳台资2915万元。建成阳山发电厂第二期扩建工程、秤架一级水电站、水泥二分厂等国有企业和国华石材厂、美嘉食品厂等外资及港澳台资企业，继续发展反季节蔬菜、蚕丝、板栗和水果生产，拓展淮山、笋竹、药材、优质鱼等商品生产。1991—1995年，实现工农业总产值52.61亿元（1990年价），年均10.52亿元；财政收入1.63亿元，年均3264万元；社会消费品零售总额12.55亿元，年均2.51亿元。1995年，工农业总产值14.44亿元，地区生产总值12.85亿元，人均生产总值2879元，财政收入3017万元，社会消费品零售总额2.56亿元。

## 四、"九五"时期发展概况

"九五"期间（1996—2000年），阳山县以"三高"农业为标志的开发性种养业迅速崛起，鸽业、反季节蔬菜、淮山、阳山鸡、板栗等5个龙头种养业已培育成雏形，2000年，农业总产值13.72亿元，比1995年增加3.21亿元，年递增6.6%。1996—2000年，全县工业生产保持良好增长态势，2000年，全县工业总产值8.05亿元，比1995年增加1.66亿元，年递增5.2%。县工业局属下企业扭亏增盈成绩显著，2000年，实现税金3958万元，盈亏相抵后实现利润2427.4万元。固定资产投资额累计完成20.16亿元，比"八五"期间增加6.58亿元，年递增8.2%。至2000年末，全县公路里程达到1405.9千米，公路密度为每百平方千米41.12千米，实现行政村全部通公路目标。建成五元坑、七星桥等一批水电站，新增水电总装机容量7万多千瓦。2000年，县级财政总收入1.72亿元，其中县级预算收入4401万元，比1995年增加1384万元，年递增7.8%。全县消费品零售总额4.71亿元，年递增12.9%；城乡集市贸易成交额4.4亿元，年递增5.9%。开辟石螺森林温泉等多处新景点和建设服务配套设施，游客人数大幅度增加。据统计，"九五"期间共接待游客16.17万人次，比"八五"时期增加7.05万人次；营业总收入达1518.6万元，比"八五"时期增加1292万元，年递增46.3%。1996—2000年，实现工农业总产值99.89亿元，年均19.98亿元；财政收入1.91亿元，年均3820万元；社会消费品零售总额19.91亿元，年均3.98亿元。2000年，工农业总产值21.77亿元，地区生产总值16.96亿元，人均生产总值4053元，财政收入4401万元，社会消费品零售总额4.71亿元。

## 五、"十五"时期发展概况

"十五"期间（2001—2005年），阳山县大力推进经济体制和经济增长方式转变，特别是2003年初确定"一年脱贫奔康，三年工农业产值调头，五年翻一番，十年大发展"目标，逐步走出一条符合阳山实际、能较好地发挥相对优势的路子。2005年，全县生产总值27.53亿元（当年价，下同），"十五"期间年均增长10.3%（可比价，下同）；按常住人口计算，2005年，人均生产总值6259元，"十五"期间年均增长8.5%。2005年，县级财政一般预算收入1.11亿元，"十五"期间年均增长22.77%。第一、二、三产业比例由2000年的52.4：19.2：28.4调整到38.3：21.9：39.8，第二、三产业比重明显上升，工业化有较大进展。2005年，全县工业总产值18.57亿元，农业总产值15.62亿元，实现工农业产值调头阶段性目标。农村经济取得突破性进展，优质稻、反季节蔬菜、优质水产品等"三高"农业蓬勃发展，农业产业化迈出第一步。以旅游业为支柱产业的第三产业呈现勃勃生机，2005年，接待旅游者人数达120万人次，旅游收入达0.94亿元；"十五"期间累计接待旅游者人数达242万人次，旅游收入2.69亿元。"十五"期间共引进221个项目，着重抓好2×13.5万千瓦火电项目第一台机组建设，顺龙木业有限公司、蚬华电子材料有限公司招商引资，农村电网改造，城市防洪排涝，县城中轴线、文化中心、小北江旅游风景区、神笔洞旅游风景区建设等。2005年，全社会固定资产投资达12.8亿元，比2000年增加8.02亿元，"十五"期间累计投入40.08亿元，年均增长21.8%。"十五"期间出口贸易创汇累计达926.68万美元，年均增长1.4%。此外，社会消费品零售总额累计33.67亿元，年均增长12.82%，农民生活水平明显改善，农村脱贫奔康取得新进展。

计划生育工作顺利完成"十五"目标，阳山县一跃成为省计生工作二类地区。2001—2005年，实现工农业总产值128.86亿元，年均25.77亿元；财政收入4.05亿元，年均8100万元；社会消费品零售总额33.67亿元，年均6.73亿元。2005年，工农业总产值31.03亿元，地区生产总值27.53亿元，人均生产总值6259元，财政收入1.11亿元，社会消费品零售总额8.49亿元。

## 六、"十一五"时期发展概况

"十一五"期间（2006—2010年），阳山县大力实施"工业园区化、农业产业化、城镇特色化、管理人性化"发展战略，综合实力明显增强。2006—2010年，阳山县引入一批大企业，共引进项目409个，合同投资167.9亿元，实际投入资金79.67亿元，有力地推动了工业经济发展。工业、建筑业、农业、第三产业增加值分别年均增长22.1%（按当年价计算，下同）、47.81%、11.66%、18.9%；旅游接待总人数累计862.29万人次，营业收入累计6.66亿元，旅游收入累计30.47亿元；社会消费品零售总额累计82.09亿元，年均增长22.2%；县级财政一般预算收入总量累计13.72亿元，年均增长32.5%；全社会固定资产投资总额累计155.63亿元，年均增长26.64%。2006—2010年，地区生产总值累计230.26亿元，年均增长17.8%，人均生产总值年均增长18.6%，分别高于预期年均增长15%、15.2%规划目标。"十一五"期间，各项工作成绩显著，自主创新能力不断增强。温氏公司、粤禽阳山鸡公司、茧丝公司、粤普果蔬公司、香港四洲集团、天龙食品公司等一批农业龙头企业带动规模种养和庄园化经济蓬勃发展，涌现出一批品牌农业。粤北行、顺龙木业被市列入第三批农业龙头企业。连获"中国反季节蔬菜之乡""中国板栗之乡""中国淮山之乡""中国阳山鸡之乡""广东省旅游强县""全国农村留守流动儿童工作示范县""中国农村水电之乡""广东绿色名县""全国首批绿色能源示范县"等殊荣。阳山鸡"省级农业标准化示范区"顺利通过省考核小组验收，阳山成为国家蚕桑产业试验基地，阳山"粤峰"砂糖橘荣获"中华名果"称号，"粤峰"优质米取得有机转换产品认证。阳山被评为"2010年广东最喜爱旅游目的地"。2006—2010年，实现工农业总产值234.54亿元，年均46.91亿元；财政收入13.72亿元，年均2.74亿元；社会消费品零售总额79.41亿元，年均15.89亿元。2010年，工农业总产值60.44亿元，地区生产总值60.25亿元，人均生产总值1.65万元，财政收入4.53亿元，社会消费品零售总额21.78亿元。

## 七、主要经济指标统计数据

十一届三中全会召开后至2011年，阳山县经济发展迎来前所未有的历史发展机遇，实现跨越式发展。1978年阳山县地区生产总值仅为1.09亿元，2011年发展到67.68亿元，增长61倍多，年平均增速达13.3%。见图7-2-1。

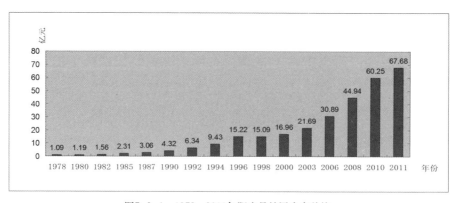

图7-2-1　1978—2011年阳山县地区生产总值

1978年，中共十一届三中全会召开，正式拉开改革开放序幕，到处一片生机勃勃，热火朝天的景象，阳山县农业生产得到长足进步和发展，成为农业大县，2011年农业总产值达30.33亿元，比1978年增长35.5倍，年均增速达11.5％。见图7-2-2。

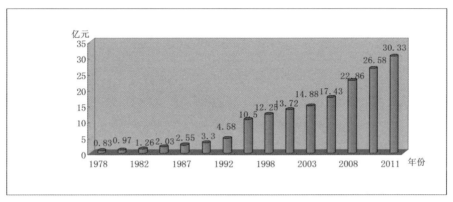

图7-2-2　1978—2011年阳山县农业总产值

1978年后，阳山县沐浴在改革开放春风里，迎来大踏步发展历史机遇，1978年到2011年，工业总产值从0.61亿元增长到30.23亿元，当年价增长48.6倍，年均增幅达12.6％。见图7-2-3。

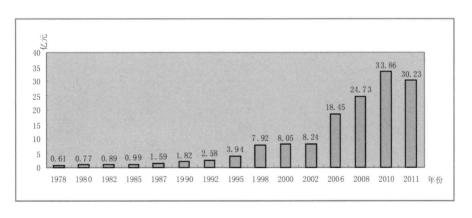

图7-2-3　1978-2011年阳山县工业总产值

改革开放以后，阳山县以经济建设为中心，大力抓好各行各业基础建设，固定资产投资总额快速发展，从1978年0.09亿元增加到2011年9.37亿元，增长约103倍，年均增速达15％。见图7-2-4。

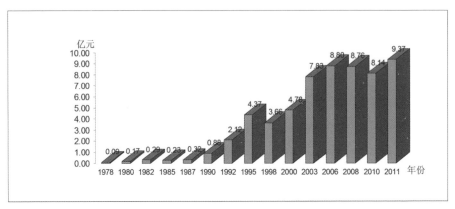

图7-2-4 1978—2011年阳山县固定资产投资总额

改革开放后，随着经济快速发展，人民收入水平不断提高，消费市场得到前所未有快速发展，2011年社会消费品零售总额达23.61亿元，比1978年增长66.5倍，翻六番多，年均增速达13.6％。见图7-2-5。

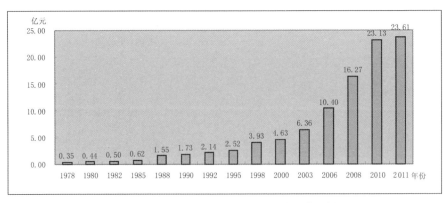

图7-2-5 1978-2011年阳山县社会消费品零售总额

改革开放后，随着经济快速发展，阳山县财力也显著增强，地方财政收入从1978年0.07亿元增加到2011年4.83亿元，增长68

倍，年均增长13.7％。见图7-2-6。

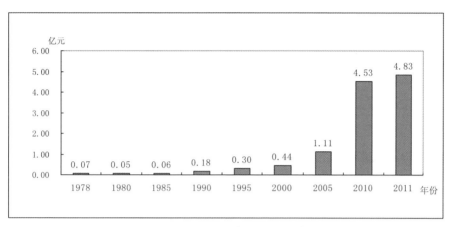

图7-2-6 1978—2011年阳山县财政收入

## 改革开放创新 "三农"振兴发展

　　中共十一届三中全会后，阳山高度重视农业、农村、农民工作，解放思想，坚持改革开放，"三农"工作不断推进。1981年，全县建立起以家庭承包经营为基础、统分结合农业生产的双层经营体制，解决人民公社体制下农业生产缺乏激励机制的问题，农民的经营自主权得到释放，农民的生产积极性得到极大调动，农业生产力大大提高，实现了农产品从短缺到丰富的大跨越。

### 一、农村改革，开放搞活

　　阳山县农村改革，是从1978年开始的。农村改革在坚持四项基本原则，坚持开放、搞活方针下进行。完善和发展以家庭经营为基础的双层经营体制，从"以粮唯一"的单一经营转到提高土地综合经济效益上来，从自给自足的小农经济转到发展商品经济上来，走农、林、牧、副、渔结合的发展道路，这是把农村改革继续引向深入的基本方向之一，也是推进农村商品经济发展，壮大和发展集体经济所要解决的重大课题。

　　1979年2月13—19日，县委召开三级干部会议，传达中共十一届三中全会精神和《中共中央关于加快农业发展若干问题的决定（草案）》。1981年，全县广大农村推行家庭联产承包责任制，大力发展重点户、专业户和各种经济联合体，摆脱"三级所有，队为基础"的束缚，纠正"一大二公三平""左"的错误，走上一条符合中国国情的社会主义农业合作化道路。到1981年底，全县农村有2992个生产队实行家庭联产承包责任制，占生产队数的99％。

完善和发展以家庭承包经营为基础的双层经营体制，主要是集中解决好土地管理、合同管理和财产管理三个问题，真正做到"分"得合理，"统"得起来，"管"得科学。通过改革原人民公社体制，政企分开，扩大了生产者的经营自主权。为适应生产和市场需求，形成灵活多样的新经济组合，双层经营、承包经营、租赁经营、合伙经营、股份经营、不同所有制间联合经营等经济形式，体现生产资料所有权和使用权的统一又分离，不同所有制交叉融合的趋向，农村经济新体制框架已经初步显现出来。至1986年，全县已有2.11万农村劳动力转移到乡镇工业、采矿、交通运输和服务等行业，农业总产值达到2.22亿元。

## 二、特色农业，经济发展

### （一）农业特色经济成效明显

充分利用优质空气、水质、土壤等自然资源优势，发展农业特色经济，扩大农业产业化发展规模。1986年开始，发展反季节蔬菜，取得良好的经济效益和社会效益。2003—2006年，全县建有11个出口蔬菜生产基地，使阳山成为广东省最大越夏反季节蔬菜生产出口基地。2006年，阳山县种植反季节椰菜、萝卜、西洋菜、菜心等20多个品种，种植面积达15万亩，产量32万吨，总产值达3.6亿元，占当地种植业总产值的39.5％，种植反季节蔬菜的人数达12万人，反季节蔬菜种植户仅此一项人均纯收入约1800元，占当地农民总收入的46％。反季节蔬菜产业化发展，促进运输、饮食、包装、旅游等第三产业发展，推动社会主义新农村建设。2009年，全年农业总产值23.8亿元，增长11％。完成7个共4690亩的省级农田整治项目，全县改造中低产田3万多亩，增加和改善灌溉面积3.6万亩；3万多农户进入温氏阳山分公司、阳山鸡公司等农业龙头企业产业化生产链条。特色农业加快发展，生猪年饲养量达74.3万头，阳山鸡年饲养量480多万只，建立无公害农产品认定基地11个、供港澳出口蔬菜基地6个，种植反季节蔬菜15万亩，马铃薯产业区域试验基地、蚕桑产业技术项目试验基地成为国家级农业产业技术项目试验基地，粤普蔬菜项目成为省现代农业示范园区。2011年，落实农作物良种和种粮直补、农机补贴等强农惠农政策。新增种植优质油茶1.5万多亩，改造3000多亩油茶疏残林。建设农业招商引资项目，温氏阳山分公司后续项目及肇庆市鼎湖温氏畜牧有限公司、宜佳乐农场有限公司、三联现代农业发展有限公司、思缘生态油茶科研有限公司、南粤农业发展有限公司等农业企业在阳山投资4.73亿元。顺利通过省创建省林业生态县验收。"粤峰"蔬菜、阳山淮山、阳山鸡、洞冠梨、砂糖橘等优质农产品生产初具规模。2010年，农业龙头企业和农业专业户增多，特色农业发展加快，农村经济壮大，实现农业总产值27.9亿元，增长9.9%。阳山鸡省级农业标准化示范区通过省考核小组验收，阳山成为国家蚕桑产业试验基地。2011年，大力推进农业产业化建设，形成南果北菜、南粮北油产业带和蔬菜、水果、淮山、生猪、阳山鸡、优质水稻、油菜、桑蚕八大特色优势产业群。

## （二）特色农业经济品牌效应良好

1990年，阳山县在全国"星火计划"农业博览会上获得金奖；2004年，阳山县"粤峰"反季节蔬菜在首届中国华南农业博览会上获金奖；2005年，"高寒山区夏季反季节蔬菜生产高产优质栽培技术推广"项目获广东省农业技术推广二等奖。2003—2006年，先后获得无公害农产品产地认定基地11个，面积达5.35万亩，并成功注册"粤峰"牌商标，形成品牌效应。2007年，阳山县被授予"中国反季节蔬菜之乡""中国板栗之乡""中国淮山之乡""中国阳山鸡之乡"称号，特色农业成为阳山农业的响亮品牌。新注册"唐和源""季候""云泉"等农产品商标，"季候"牌淮山、甘薯获得中国绿色A级农产品认证，淮山被评为"广东人民最喜爱土特产"。2010年，阳山"粤峰"砂糖橘荣获"中华名果"称号，"粤峰"优质米取得有机转换产品认证，阳山被评为"2010年广东最喜爱旅游目的地"，被授予"全国首批绿色能源示范县"称号。创建特色农业品牌，引进温氏阳山分公司、顺龙木业公司、阳山鸡公司、粤普果蔬公司等5家市级重点农业龙头企业入驻阳山从事农业产业化生产经营，采取"公司+基地+农户"经营模式，辐射带动能力强，全县9家龙头企业共带动1.3万户农民进入产业化生产链条，占全县农户总数12.7%。温氏阳山分公司每年带动500多农户开展标准化合作养猪，粤普果蔬公司带动1000多农户进行无公害蔬菜生产。全县拥有农业龙头企业9家，农民专业合作组织14个，种养专业村43个，种养专业大户958户，全县从事农业产业化生产农户2.5万户，占全县农户总数24.5%。2007年，9家农业龙头企业实现产值4.43亿元，占全县农业总产值23.3%。

### 三、农综改革，巩固基础

#### （一）农综改革取得进展

2014年开始，实施普惠金融"八项行动"，解决农民发展规模农业贷款难问题。农村电商惠农，为群众代购1000多万单，代购金额1.08亿元，代销农产品350万元。培育新型农业经营主体，2017年，新增2家省级、1家县级重点农业龙头企业，14家省级、3家市级合作社示范社。推进绿色农产品基地建设，2017年，新增10个无公害农产品产地、2个出口蔬菜备案基地、2个无公害农产品、9个省第二届"名特优新"农产品。2017年9月，创建阳山—黄埔"消费扶贫直通车"平台，与106家农业合作社、种养大户建立合作关系。2017年12月21日，全市农村耕地整治整合工作现场会在阳山县召开，"先置换整合后确权""四不补、三结合"等6项农村综合改革经验在全省推广。2018年1月，阳山成为广东省第一个国家级生态原产地产品保护示范区。2018年7月，阳山鸡、淮山、西洋菜、食用菌、饮用水和晶宝梨6个产品列入生态原产地保护产品。阳山鸡、阳山西洋菜国家农产品地理标志登记通过专家终审。2018至2019年，加强基层公共服务网络建设，网上申办业务23.96万件，占全市总量93%。通过农综改革，"三个重心下移""三个整合"扎实推进。

### （二）农村民主建设有效推进

1999年起，实施《中华人民共和国村民委员会组织法》，阳山县开展村委会村民直选，探索贯彻落实村民自治新途径、好做法，构建"四民主、一公开"为核心内容的村民自治体系。1999—2012年，成功进行四届村委会换届选举，共选举出村委会干部3597人，选准配强村一级领导班子，促进农村经济发展，加快农村民主进程。

## 四、全民造林，绿化阳山

### （一）兴办造林绿化先行点

1986年3月起，阳山县贯彻省委、省政府提出的十年绿化广东指示，在全县掀起造林绿化、消灭荒山热潮。在七拱区塘坪乡、大崀区茶坑乡、水口乡办县委书记、农委主任和林业局局长造林绿化先行点。三个点山（林）地面积2.79万亩，其中有林地2.25万亩、荒山5395亩，计划在1986年内分两期绿化全部荒山，并完成疏林的补种任务。第一期就完成营造湿地松1750亩、任豆树2095亩、杉300亩、油茶100亩，合计4245亩；营养杯育苗37万株，其中大地育苗10万株，开林道750米；设立护林宣传牌17处，3个乡26个村制定护林公约，占有制定护林公约任务村总数的89.7%；26个村834户落实"两山"责任制，面积5134亩（不包括原有林），占拟落实"两山"责任制面积总数的95.2%，剩余的任务在第二期完成。

**（二）全民造林绿化**

1986年9月8日，县委、县政府做出六条规定：第一，统一各级领导思想，把造林绿化工作列入重要议事日程；第二，开发山地，造林绿化，大面积抓封山育林；第三，层层办点，实行"五包"；第四，从严治林，依法治林，推行林业治安承包；第五，减少消耗，节约用材；第六，青年、妇女、民兵组织，要发动全县青年、妇女、民兵大搞造林绿化。同时，采取县五套班子和部委办局（公司）与区、乡挂钩办造林点，掀起造林高潮，到1986年底，人工造林达10.3万亩，森林覆盖率达27.5%。1987年5月，动员全县把造林绿化工作搞上去，确保两年种完荒山，5年绿化阳山大地。据统计，1986年冬至1987年9月，全县共完成人工造林35.56万亩，其中湿地松5.62万亩、杉树6.73万亩、任豆树4.33万亩、板栗8.66万亩、果树1.33万亩、其他树8.89万亩，完成飞播造林35.5万亩、封山育林10.5万亩，改燃节柴灶工作也取得很大成绩。抓好退耕还林、还果和治理水土流失工作。至1986年底，全县水土流失面积有12.8万亩，至1987年10月13日，全县搞退耕还林、还果面积8万亩。到1988年春，完成全部退耕还林任务。

**（三）绿化达标受到好评**

1989年5月，阳山县基本完成宜林荒山造林任务。县委、县政府紧接着发出向石头山进军的号召，经过全县人民两年多的共同努力，终于完成了石头山造林的任务。广东省委办公厅发出通报指出："在石头山上大面积植树造林，这是人间奇迹，是阳山县创造的……"1993年7月26—31日，省绿化达标验收组到阳山进行绿化达标验收，认为阳山县已达到省规定的绿化达标标准，报省委、省政府批准阳山县为绿化达标县。

## 五、"双到"扶贫，建设新村

### （一）"双到"扶贫有效开展

阳山县曾是国家重点扶贫县之一，贫困乡镇、村贫困人口较多，扶贫工作任务重。改革开放40多年间，阳山县解放思想，创新扶贫工作思路与机制，扶贫开发工作取得实效。全县贫困人口、贫困村大幅减少，全县每个镇（乡）可用财力均达到30万元以上。开展移民式扶贫。自1993年起，投入6200多万元，对近6万生产条件缺乏、自然环境恶劣的石灰岩山区贫困人口进行异地迁移安置。实行"一户一策"，多种模式并举扶贫机制，开展"规划到户、责任到人"式扶贫。2009年，"双到"工作先行先试。全县97个县直单位、1899名干部帮扶116个贫困村2545户贫困户，贫困人口建档立卡，采取就业帮扶、种养帮扶、搬迁帮扶、救助帮扶等方式分类推进，实施开发式扶贫、帮带式扶贫、捆绑式扶贫、集约式扶贫、智力扶贫等多种扶贫开发模式，帮助贫困户脱贫致富，得到省委、省政府充分肯定。对贫困镇、村实行造血式扶贫。帮助贫困镇、村发展生产，增强贫困镇（乡）、村自我发展能力。到2010年，全县1.19万户贫困户共3.17万人实现脱贫，38个省级贫困村集体经济收入全部达标。大力开展"两不具备"村庄搬迁工作，搬迁移民1.18万户5.8万人。扶贫"双到"工作得到省、市充分肯定。

### （二）富余劳力输出促脱贫

针对农村富余劳动力转移需求，阳山加大对农村富余劳动力培训转移组织力度。2008年底，全县农村劳动力27.6万人，其中有13万人外出务工，劳务输出年回乡资金约10.4亿元，成为农民增收的重要渠道。2009年，新增就业岗位4652个，新增转移就业农村富余劳动力9967人，全县劳务输出达到13万人。2010年，新增转移就业农村富余劳动力9982人，新增就业岗位6893个，在岗职工年人均收入2.99万元，增长11.3%，农民人均纯收入5665元，增长9%。2011年，新增转移农村富余劳动力1.17万人，农村劳动力技能培训4032人次，新增就业岗位5222个，城镇居民人均可支配收入1.43万元，增长9.3%，农民人均纯收入6201元，增长9.46%。

**（三）新农村建设兴起高潮**

围绕"生产发展、生活宽裕、乡风文明、村容整洁、管理民主"的"二十字方针"总体要求，推进社会主义新农村建设，确定新农村建设示范点，创建"十新"（新理念、新规划、新经济、新环境、新繁荣、新劳力、新风尚、新农民、新和谐、新机制）、"十有"（有较强的经济实力和较高的收入、有完善的基础设施、有较好的科技支撑、有良好的生态环境、有整洁的村容村貌、有文明进步的村风民风、有固定的文体活动场所、有丰富的文化生活、有稳定的社会保障体系、有健全的民主决策监督制度）社会主义新农村。引导、发挥农民主体作用，推进新农村建设。拓宽融资管道，建立以农民自筹为主，政府投入、社会捐助为辅的新农村建设融资体系，共投入新农村建设专项资金近3亿元，推动全县新农村建设。农村初步呈现出生产发展、农民增收、基础设施完善、生态环境良好、村容村貌整洁、民主决策监督制度健全、社会各项事业全面进步的新面貌。新农村建设改善农村人居环境，提高农民生活质量。推进农房改造、农村卫生站和文化体育设施建设。完成91宗农村饮水安全工程，解决9.3万农村人口饮水不安全问题。杜步镇康西村获得市新农村建设一等奖。2011年，加快新农村农田水利、文化卫生等公共基础设施建设。加强农村文化基础设施建设，全县160多家"农家书屋"通过市验收。

# 第四节 大兴地方工业 提振阳山经济

中共十一届三中全会确定全党工作重点转移到以经济建设为中心，阳山县委、县政府根据阳山县情，实施改革开放，确定以大兴工业来振兴阳山经济，推动社会发展。

## 一、大力发展特色工业

### （一）特色工业项目不断增加

根据"调整、改革、整顿、提高"方针及"关、停、并、转"要求，从1980年起，先后关闭能源、原料消耗高，劳动生产率水平低，产品质量差，盈利甚少乃至亏损的配件厂、金子坳铜矿、炼铜厂、钢铁厂、铝厂、选矿厂等6个企业，转产3个企业，巩固、整顿农机厂、印刷厂、食品厂、粉厂、糖厂、东坑锡矿和吉古煤矿。1986年，扩建20万吨的县水泥厂、8000吨的轻质碳酸钙厂（即氮肥厂）、3000吨的沉淀硫酸钡厂（即后来的将军山化工总厂）、1万吨的立德粉厂，新建小水电站装机240台，年产150吨生丝的缫丝厂、1000吨的精干麻厂、700吨的麻球厂、5万平方米的板材厂、5000立方米的荒料大理石厂。上述十项厂（站）项目每年共新增产值3953万元，新增税金314.5万元，新增财政收入667万元。同时，大力发展以矿产开发与加工为主的乡镇企业，发挥水力资源优势，加快小水电建设，从而使阳山工业从"小而全"转为具有地方特色的"小而精"山区工业。2009

年，全年实现工业总产值31.6亿元，增长15％，其中规模以上工业产值25.6亿元，增长12.4％。争取到973万元资金扶持企业发展，帮助企业渡过金融危机难关，全县66家停产企业有51家恢复生产（其中规模以上工业企业复产19家），工业经济止跌回升，逆势上扬。七拱工业园区首期用地获批，园区主干道基本成形；与客商签订七拱工业园4000亩、首期1000亩园中园开发协议；新引进新润兴陶瓷色料、温氏饲料等5家企业。黎埠、小江、大崀碳酸钙粉体加工基地建设稳步推进，设计生产能力突破100万吨，全年生产金属矿精矿41万吨、碳酸钙粉体60万吨。金陶精密制品有限公司、信源石料、太迪钙业、中际钙业等13家规模以上工业企业建成投产。2010年，初步形成以电力、矿产加工为支柱的特色工业。七拱工业集聚区、黎埠和小江碳酸钙粉体加工基地、城东工业集聚区、杜步工业走廊等产业集聚区建设稳步推进，同兴铜材、荣璟鞋业、联合铸锻、金陶精密制品、新润兴陶瓷色料等企业入园生产。2011年，完成连江梯级水电站扩建工程资产转让手续，荣璟鞋业有限公司、新润兴陶瓷色料有限公司、永晨矿业有限公司、联合铸锻有限公司新增生产线和兴华水泥有限公司年产120万吨水泥粉磨站等项目试产或投产。推进园区开发建设，广东温氏集团温氏阳山饲料厂、大龙玻璃有限公司年产玻璃制品项目、粤晟陶瓷有限公司陶瓷生产项目（首期）、黎埠粉体加工基地等项目建设有效推进。

**（二）建设重点项目**

重视重点项目建设，力促早建成、早投产、早出效益。建立重点项目目标责任制，加强对重点项目建设工作的领导。做好重点建设项目管理工作，严格按照有关规定，对招标、施工、资金使用、验收、审计等环节加强管理和检查工作。做好重点建设项目跟踪和服务工作，促进重点项目建设。国道107、清连高速公路、粤阳电厂、秤架一级电站、秤架二级电站、连江大桥、阳山温氏公司、天农公司、阳山汽车客运站、县行政中心小区、御景新城、聚龙苑、玫瑰苑、水口新大桥、50万伏贤令山变电站、城市广场、县城水轴线、县城中轴线、碧桂园、文塔大桥、连江梯级水电站改造等一大批项目建成，有力拉动县域经济发展。

## 二、因地制宜，发展"两水一矿"

"两水一矿"（水电、水泥、矿山）是阳山县主要支柱产业。电力工业是阳山特色优势工业。改革开放后，阳山大力开发矿产资源、水电产业，建设矿产之乡、能源基地。

### （一）发展水电产业

1978年，全县水电站装机容量发展到1.22万千瓦，年发电量4345万千瓦时，到1987年底，全县已投产电站共72宗151台，装机容量4.01万千瓦，发电量1.55亿千瓦时，年利用3865小时，年自用电量8800万千瓦时，送省电网7403万千瓦时，倒拉省电网703万千瓦时，全县人均用电200千瓦时，用电覆盖面为90％，电炊户20％，已具备初级电气化县要求。2008年，全县有水电站217座，其中民营水电站150座，装机总容量26.5万千瓦，年发电量5.1亿千瓦时，年纳税近2000万元。由于水电业发达，阳山成为全国"十五"计划时期水电农村电气化达标县，被授予"中国农村水电之乡"等称号，被誉为"南国水电明珠"。为了调节丰、枯水期电力供应矛盾及充分利用县里的煤炭资源，1988年，投资4500万元兴建2.5万千瓦广东阳山电厂（火力）。后来又建设2×2.5万千瓦及1×13.5万千瓦火电机组，以及其他重点能源建设项目。2006年，开始对始建于1959年下半年，直到1972年下半年先后竣工的阳山境内连江七座梯级水电站进行扩建改造，做大做强阳山特色电力工业。

### （二）发展水泥产业

利用阳山石灰石质量好、储存量大，煤炭资源丰富的优势，发展水泥企业。阳山县水泥厂建于1958年，位于阳山县城文塔路89号，开始隶属于县农机厂。1969年9月，阳山县水泥厂从县农械厂分出独立设厂。20世纪70年代特别是改革开放后，开展用含硅高石灰石作生料配料代替黏土、劣质煤煅烧，熟料代替石膏和煤渣热值试验等多次技术革新，先后在全国建材会议、省工交系统科技大会上介绍经验。1986年，兴建全国首座水泥生料双层均化库。1990年建成分厂。1992年，成立以阳山县水泥厂为核心的新阳工业联合总公司，下辖水泥厂、水泥分厂、开发服务部、华阳纸箱厂、粉厂、韩公酒有限公司等企业。当年生产水泥28.32万吨，各项经济指标评价以第174名进入全省工业企业经济效益200强，经国家统计局评价以第84名进入中国100家最大建材工业企业行列。1993年，被评为广东省50家水泥质量最佳企业之一。1995年6月，建成水泥二分厂，9月，组建阳山天阳集团有限公司，下辖水泥厂、水泥分厂、水泥二分厂、华阳纸箱厂、新阳科技开发公司、新阳贸易公司、水泥服务有限公司、水泥工业公司、新阳装饰工程公司、天阳电池工业公司、湖南临武水东分厂等11家企业，水泥年生产能力由1965年的0.6万吨增加到1995年的60万吨。2002年，为整治县城环境污染，位于县城的水泥总厂搬迁。

### （三）发展矿产产业

阳山矿产资源相当丰富，分布较广，种类较多，储量较大，质量较好。探明储量较大的主要矿产有35种，非金属矿产为大理石、石灰石、花岗石、重晶石、滑石、白云石、方解石、石英石、瓷土等，金属矿产为铁、铅、锌、铜、铝、锡、钨、锑等。阳山利用良好的矿产资源，稳步推进矿产资源合理、有序和高效开发，提高矿产资源利用水平，使矿产资源优势最大限度地转变为产业优势和经济优势，矿产业已成为阳山经济支柱和经济增长点。2008年，全县共有探、采、选矿企业132家，粉体加工企业43家，矿产资源型企业年缴纳税收5000万元。2009年，矿产粉体加工企业发展到48家，全县生产轻、重质碳酸钙粉体46万吨，产值超亿元；生产有色金属粉体31.7万吨，总产值6.2亿元。到2010年，全县矿产资源型企业发展到123家，"两个百万吨"粉体加工基地初步形成。

### 三、筑巢引凤，发展民营经济

改革开放后，阳山大力兴建工业园区，大力推动经济快速发展，招商引资，大力发展民营经济，壮大县域经济。

### （一）大力兴建工业园区

阳山县抓住省"双转移"机遇，推动工业"北迁南移"战略，推进工业园区建设，规划和建设城东工业园、城南工业区和杜步工业走廊、石螺火电城以及小江、大崀、黎埠碳酸钙粉体加工基地。抓好佛山南海（阳山）产业转移工业园申报和基础设施建设，推动工业园区化、园区产业化、产业配套化，打造科学发展新平台。城东工业园以发展轻工业和电子产业为主；城南工业区以发展制鞋集群产业为主；石螺火电城以发展能源产业为主；黎埠碳酸钙粉体加工基地以发展矿产资源型加工产业为主；杜步工业走廊以制造业为主；佛山南海（阳山）产业转移工业园则以承接珠江三角洲产业转移为主。大力发展加工制造业，重点发展铜材、铝材等有色金属产业及其配套产业和下游产业，突出特色，形成规模，成为承接广州、佛山等地加工制造型产业转移平台。通过引进新企业和整合原有企业，2008年园区内共有规模以上企业7家。各园区引进南粤塑料、蚬华电工、联合铸锻、顺龙木业、阳山发电厂、同兴铜材、百茂鞋业、新阳光粉体加工等一批上规模企业，园区设施不断完善，产业结构不断优化。

### （二）民营企业蓬勃发展

阳山县把发展民营经济作为壮大县域经济的重要措施，全县民营企业实现快速发展。截至2008年，全县共有民营企业720家。全县53家规模以上工业企业，民营企业就有43家，占81.13%；规模以上工业总产值22.18亿元，民营企业贡献15.03亿元，占全县规模以上工业总产值67.76%。全县个体工商户由1978年的47户增加到7186户，从业人员从62人增加到1.43万人，注册资金达2.9亿元人民币；有民营企业405户，从业人员7517人，注册资金8.2亿元人民币。民营企业成为工业强县主力，成为拉动工业经济增长的强劲动力，为推动县域经济发展做出重要贡献。2010年，大力发展外向型经济，新登记注册个体工商户1274户、内资企业139户、农民专业合作社25户。改革开放后至2010年，全县民营企业发展到604家，全县51家规模以上工业企业中，民营企业占86%，工业产值占规模以上工业企业的81.4%。2011年，新办理内资企业设立登记138户，个体工商户设立登记1347户，农民专业合作社34户，累计实有内资企业1067户、个体工商户8348户、农民专业合作社83户。

### （三）强化招商引资，推动产业招商

根据产业发展和升级优化的需要，从推进产业集聚的要求出发，有选择、有目的、有重点地招商引资。以完善招商引资全程代理机制为重点，创新行政审批方式，实行重点项目联合审批和代理办理制度，简化审批手续，为投资方提供更好的服务。出台招商引资优惠政策措施，吸引更多项目进驻。出台招商引资奖励政策，重奖招商引资先进单位和个人，调动全社会力量招商引资，促进一大批招商引资项目相继落户阳山。2003—2008年，全

县共招商引进投资300万元以上项目297宗，其中工业项目66宗，合同资金41.4亿元，到位资金31.3亿元；2007年，举办总投资66亿元的"8·3"重点项目庆典活动。2008年，举办100个重点项目总投资73.5亿元的"12·3"庆典活动。招商引资项目涵盖各个产业，呈现出项目更多，质量更优，效益更好，带动能力更强的特点。2009年，以资源开发为依托，"走出去，请进来"招商引资，增强工业经济发展后劲。举办有100个重点项目、总投资80.6亿元的"11·28"重点项目庆典活动和从化、云浮、南海三场招商推介会。全年新引进项目76个，合同投资31亿元，实际投资9.8亿元。2010年，全县招商引进项目79个，合同投资70.2亿元（其中投资总额超亿元项目有14个），实际投资15.7亿元。2010年，落实"双转移"政策和加强对外合作，举办各种招商推介会和第六届中国四驱越野车节暨2010年重点项目庆典活动。新批台资项目1个，合同资金1000万美元；全年实际利用外资及港澳台资1231万美元，同比增长8%；外贸出口总额529万美元，同比增长22.7%。60个招商引资项目建成投产。2011年，招商引进项目86个，计划投资72.34亿元，实际投资22.93亿元，同比增长46%。全年实际利用外资及港澳台资804万美元。外贸出口总额1435万美元，增长162.2%。

### 四、横向经济联系与国有企业改革

#### （一）发展"三资"企业与横向经济联系

1988年，全县利用外资及港台资创办"三资"企业3家（阳耀运输有限公司、阳港联合企业公司和飞达综合服装企业有限公司）、"三来一补"企业1家（华侨旅游侨汇服务公司服装加工厂），发展外向型经济出现新势头。

横向经济联系促发展第一阶段：1979年至1984年6月，合作项目28项，总投资额2001.1万元，跨省、县的占24项，其中联办水泥厂一项就引进资金1080万元。此事曾得到时任中共中央总书记胡耀邦的表扬。第二阶段：1984年7月—1986年2月，合作项目30个，总投资608万元。第三阶段：1986年3月至1987年，合作项目44项，其中跨省、跨县26项，总投资金额1291.9万元，其中吸引外地资金751万元。通过大兴工业和增强企业活力、实力，1987年县财政总收入1560.9万元（其中摘帽企业收入290万元），全年决算总收入为2710.5万元，比1986年增长16.2%，有效地促进阳山经济发展。

### （二）实施国有企业改革

1995年起，阳山县推进县属国有企业改革。采取破产、关闭、转让、拍卖、减员增效、资产租赁等形式，减少国企亏损，提高国企效益，把国企推向市场竞争，增强国企活力。通过深化国有企业改革，明晰企业产权，使企业重新焕发生机，增强发展后劲。至2008年底，全县有114家国有企业进行改制，其中破产20家，停产租赁5家，资产拍卖3家，关闭86家。通过企业改制，盘活国有资产，调动各方面积极性，引进竞争，推动社会主义市场经济建设，促进全县经济发展。2010年，投入1500万元解决国企转制遗留问题，维护下岗工人合法权益。

# 第五节 开发旅游项目 发展第三产业

1979—2008年，阳山旅游业、服务业实现从无到有的跨越式发展。实施"旅游强县""旅游旺县"发展战略，打造"粤北旅游休闲胜地"，实现旅游业做大做强，成功创建成为广东省第二个旅游强县，带动第三产业快速发展。

## 一、打造旅游景点

按照"粤北旅游休闲胜地"发展定位，利用自然生态、人文等资源发展旅游产业，招商引资开发建设旅游景点。建设重点旅游项目。开发广东第一峰旅游景区，将其打造成全省知名的旅游景点，成为拉动阳山旅游的重要项目。引进资金开发景区。引进9800万元开发神笔山旅游度假区，景区占地面积约2500亩。改建扩建北山古寺。划出400亩山地，投资4000多万元按"禅净结合、场殿一体、仿宋风格、十方丛林建筑规划"建设方案，分两期扩建北山古寺，并于2008年12月14日举行开光仪式。古寺新增加牌坊、山门、天王殿、罗汉广场、钟鼓楼、大雄宝殿、藏经楼、观音殿、万佛殿、三圣殿、方丈殿、佛教文化回廊和极乐世界莲花池广场等景点，寺内建成亚洲佛教寺庙少见的极乐佛国七宝莲花音乐喷泉，使北山古寺成为集宗教、旅游观光于一体的综合景点。整合旅游资源。开发占地面积约800亩的鱼水生态村项目，整合石螺森林温泉旅游资源，建设高标准、高档次，吃、住、行、游、购、娱功能完善，集休闲、度假、会展、演艺于一体的大型旅游度假区。

## 二、发展旅游产业

挖掘完善特色旅游景点。至2008年，全县主要景点有10处，其中广东第一峰和四驱越野车赛品牌突出，在省内外有较高知名度；石螺森林温泉、玉龙宫、神笔山、北山古寺、韩愈博物馆、连江风光带、鱼水风景区、鱼水生态旅游村等旅游资源独特，深受游客青睐。到2011年，阳山旅游已基本形成一峰（广东第一峰）、一山（贤令山）、一寺（北山古寺）、一水（连江风光带）、一林（南岭国家森林公园）、一赛（四驱越野车赛）六大特色旅游品牌以及温泉休闲、溶洞探险两大旅游特色，初步形成山水观光、山地度假、体育探险、韩愈文化、生态旅游、特色餐饮的特色旅游产业体系，成为珠三角和港澳地区游客喜爱的旅游休闲胜地。获得"中国最具投资价值旅游县""中国四驱之城·越野之都""广东省旅游强县"等称号及建设国家地质公园资格。此外，还开发分散在乡村的旅游资源，如南片学发公祠、孙中山七卫士故居、四方城、七拱桥、莫屋建筑群、三山寨古人类活动遗址、七拱谭村镬耳楼、杜步古城墙、太平李氏宗祠、太平客家围屋等。2008年，全县共接待游客131万人次，旅游总收入3.9亿元。2009年，利用自然生态、温泉、人文等资源发展旅游，加强景区景点建设，开拓旅游市场，打造"粤北旅游休闲胜地"。神笔山景区二期、连江画廊、鸟鸣涧景区建成；石螺森林温泉资源整合，广东第一峰推进创国家级4A景区工作；阳山获得建设国家地质公园资格；利用第五届中国四驱越野车节等活动，加强旅游宣传推介；推出长短期结合的多条旅游精品线路，吸引不同类型游客到阳山观光旅游。全县旅游企业共接待游客202.5

万人次，营业收入1.5亿元，旅游总收入7.7亿元。2010年，全年旅游接待总人数253.4万人次，营业收入2.1亿元，旅游收入9.6亿元。2011年，旅游发展日益兴旺，旅游企业接待游客336.62万人次，营业收入2.6亿元。旅游收入17.7亿元，增长84.1%。广东第一峰旅游风景区成功创建为国家4A景区。

## 三、推动第三产业加快发展

旅游业发展带动其他产业迅速发展，至2008年，县内现有旅行社（营业部）3家，星级酒店7间、待评星酒店1间，定点社会旅馆4间，接待客房1678间（套），床位3528个。县城步行街、旅游特产一条街、城市广场等商业设施相继建成，各类商店、超市不断增多，保险、金融、咨询信息等中介服务业稳步发展。2008年，第三产业增加值19.54亿元，占地区生产总值42.3%。2009年，旅游业发展带动县内农产品销售、酒店餐饮、汽车服务、商业零售等产业加快发展，第三产业实现增加值21.9亿元，增长12.1%。2010年，贯彻落实"搞活流通、扩大消费"政策，做好"家电下乡""汽车摩托车下乡"。社会消费品零售总额23.1亿元，增长20.3%；居民消费价格指数升幅为2%。农副产品批发市场等商品流通项目建设加快推进。积极实施适度宽松货币政策，金融服务体系不断完善。金融机构各项存款余额55亿元，各项贷款余额20.6亿元。2011年，挖掘消费潜力，商贸流通业发展加快，实现社会消费品零售总额24.98亿元，同比增长8.14%。其他服务业快速发展。

# 加大基础投入　建设宜居阳山

阳山县委、县政府用发展思路对城镇进行规划、定位、建设，强化基础设施建设，大力推进特色化城镇建设，努力把阳山打造成为清远中部特色鲜明、富有魅力的美丽宜居山城。

## 一、交通网络建设提速

改革开放后，尤其是"十一五"时期起，全县交通建设加速发展，通行条件和通达能力提高，实现村村通公路、村村通电话、村村通广播电视的目标，交通通信网络不断完善。

### （一）水陆交通大发展

1979—2008年，累计投入30多亿元建设交通道路。昔日落后交通的发生巨大变化，交通网络不断调整优化。以国道107线为主干线，协调、配合做好清连公路高速化改造。国道107线升级为全封闭式高速公路，县城至清远、广州车程分别缩短至70分钟和110分钟。为更好衔接周边县市路网，阳山对国道323线、省道260线、省道114线、省道347线等骨干公路进行改造。改善广东第一峰等旅游景区以及镇村道路交通条件，对X831线等10条县道、924千米乡道进行路面硬底化改造，基本实现县到镇通三级公路、镇到行政村通水泥路目标。十一届三中全会后至2008年30年间，全县公路通车总里程达到2826千米，公路密度83千米／百平方千米，公路里程、公路密度是改革开放前的约6倍。到2011

年，全县乡镇均开通三级以上公路，全部行政村实现公路路面硬底化。清连高速公路改造工程、连江枢纽加固及航道整治等一批重要交通项目建成。位于县城、黎埠、杜步、七拱的四个高速公路互通连接线及沿线辅道工程，县道383线松林至县城互通连接线工程，县道384线路面改善工程等9个交通项目建成。完成县道403线大崀至东山45千米、县道833线石螺至高山12千米三级公路改造，文塔大桥建设等项目。公共交通运输服务体系不断完善，全县100%的乡镇、78%的村（居）委会开通客运服务，初步形成城乡一体化运输网络。水运通航能力提高。2007年开始，投资2亿多元组织实施连江枢纽阳山段加固和航道整治工程，航道等级由7级升至6级，200吨以下货轮可直通珠三角，形成了以陆路为主、水陆并进、覆盖城乡、方便快捷的交通网络。

**（二）现代通信体系形成**

实现村村通电话、村村通广播电视。移动通信、电信网络、广播电视网络覆盖城乡。固定电话、小灵通、移动话音、ADSL宽带、数字语音、无线数据、IP电话和多媒体等现代数码通信服务进入千家万户。至2008年，全县有固定电话5万户、ADSL宽带8300户、小灵通1万户、移动手机12万户，初步建成覆盖全县的3G通信网络。

## 二、水利电力设施建设步伐加快

### （一）大力开展水利建设

中共十一届三中全会后，阳山县水利建设不断加快。实施农田水利基本建设工程。1979—2008年，累计投入水利建设管理资金超亿元，对全县农田水利设施进行维修建设，改造农业生产环境。全面实施中小型水库除险加固工程。水库发电、蓄水防旱、农业灌溉、防洪减灾能力不断加强。实施农村饮水安全工程。2002—2004年，开展石灰岩山区饮用水工程建设，投入建设资金4384万元，建成旱地田头和饮用蓄水池2214个，总蓄水容量35.12万立方米，铺设引水管（渠）道1053千米，解决饮水困难5.21万人，增加和改善灌溉面积4.7万亩。建设水利重点工程79个，全县高标准硬底化灌溉渠道达到279千米。连续四年被省、市评为"大禹杯"山水田林路村综合治理先进单位。实施城市防洪达标工程。2004年，新城区防洪工程防洪能力由20年一遇提高到50年一遇，县城主要区域获得较高标准防洪安全保障；大大改善水轴线环境景观。水利建设提高了农业生产能力和防洪减灾能力。2007年，建设重点水利项目13宗，清淤和维修灌溉渠道216宗。2008年，完成大龙水利节水工程，完成农田整治、农田建设共5700亩。2009年，建成机电排灌工程项目49个，完成7个共4690亩省级农田整治项目，开展312宗冬修水利工程，改造中低产田3万多亩，增加和改善灌溉面积3.6万亩，开发补充耕地1.1万亩。

**（二）加快电力设施建设**

开展电源电网建设，2004年，投资2000多万元建成2个35千伏变电站和顺龙木业公司高压供电线路，完成5个乡镇10千伏配网线路工程。2005年，投资1200万元改造城网。是年，成为全国"十五"水电农村电气化达标县。2006年，被命名为"中国农村水电之乡"，全县水电、火电总装机容量达45万千瓦。新建或扩建七拱、黎埠、杨梅、太平等变电站。2008年，建成全市首个50万千伏贤令山变电站，并先后建设黎埠11万伏变电站、屋村11万伏变电站电网。从1999年起，开展全县农网改造工程，至2008年，共投入资金2.5亿元，改造高压线路总长830.18千米、低压线路总长2291.86千米。大力推进农网改造工程，全县农村电网结构得到优化，供配电能力进一步提高。电能损耗降低，线损率由原来的32%降低到8%；供电质量改善，电压合格率由原来的70%

提高到98％以上。群众真正得到实惠，用上安全电、放心电。至2011年，完成110千伏阳电线等4条输电线路和160个10千伏以下供电项目建设，以及110千伏黎埠贵龙、阳山屋村输变电工程及110千伏城南、青莲变电站建设，提高供电安全可靠性。

### 三、开展"一核两极"城镇建设

#### （一）城镇特色化建设成效明显

阳山县分别于1986年、1995年、2004年对县城总体规划进行规划修编。初步形成"一核两极"城镇特色化建设格局。"一核"阳城镇作为全县政治、经济、文化和交通中心，按"山环水抱、绿色家园"要求建设生态宜居城市；"两极"七拱镇结合产业转移工业园区建设规划，打造"南部明珠"、工业重镇，黎埠镇定位为区域商业集散地和资源型工业基地、碳酸钙粉体加工基地。南部乡镇重点建设工业园区，发展粮食生产和水果种植以及旅游业；西部乡镇着力发展经贸和矿产加工业、"三高"农业、特色旅游；北部和东部乡镇主要发展生态农业、林业、畜牧业和旅游业。县城初步形成"一环、二岸、三桥、四纵、五横"道路网络，县城建成区面积达到10.3平方千米，比1992年扩大1.6倍，总人口上升到约10万人。全县城镇化水平达30％，比2002年上升8个百分点。2009年，完成新一轮土地利用总体规划修编、全国第二次土地调查、县城控制性详细规划、松荣大道以及8个圩镇总体规划编制工作。城市品位不断提升，空间加快拓展，阳山大道基本建成；启动旧城镇、旧厂房、旧村庄的"三旧"改造工程；松荣市场、松荣大道、城市防洪达标工程、县国防教育训练基地建设进展顺利。乡镇建设加快，初步形成以阳城镇为核心区，七拱、黎埠为两极的"一核两极"特色城镇发展体系。房地产业健康发展，碧桂园等8家房地产企业竣工面积近16万平方米，销售面积10万多平方米。建成建筑面积共1.2万平方米廉租保障住房。推进"城乡清洁工程"工作，投入资金完善市政配套设施，新增县城绿化面积6.4万平方米，完成阳山大道北、沿江三路等路灯景观灯饰工程，县城城北片主要街道实行"黑底化"（铺设沥青路面）工程。2010年，城镇建设、"三边"整治、公路、农田水利等基础设施建设加快，城镇特色化建设取得明显成效。引导社会投资，各类项目建设进度加快，全社会固定资产投资完成41.7亿元。

**（二）建设宜居宜商休闲阳山**

开发建成御景新城、聚龙苑、阳城小区、文化体育街、海逸华庭、玫瑰苑、贤景湾、城市广场等11个大型商住小区和商业广场，突出抓好城市防洪体系工程和水环境整治，完善贤令山4A级景区、县行政中心小区、县文化体育中心（雷公坑江心岛）等建设。城区形成包括街头绿地、庭院绿化、广场公园、道路绿化等点、线、面相结合的绿化体系，绿化覆盖面积53万平方米，绿化率达到32.9％。城镇生态环境和人居环境优化，城镇功能日趋完善，城镇聚集能力、吸引能力、辐射能力增强，初步树立了和谐稳定宜居阳山、宜商阳山、休闲阳山城镇特色化新形象。2011年，投资1.2亿元完善县城市政基础设施，投入1.4亿元开展城乡清洁工程、整治"三边"环境，城乡人居环境质量明显提升。是年，被省委、省政府授予"广东省创建文明县城工作先进县城"称号。

# 第七节 发展环境优化 社会事业进步

中共十一届三中全会以后,阳山县坚持改革开放,解放思想,创新思路,加强政府自身建设,不断优化发展环境,保护生态环境,发展财税金融业,推动经济快速发展,社会事业全面进步。

## 一、加强行政管理体制改革

通过改革,不断优化行政区划设置。改革开放初期,全县设立19个人民公社、1个镇。1983年11月,撤销人民公社改区建制,全县设19个区、1个镇。1984年,撤销附城区,并入阳城镇,全县设18个区、1个镇。1987年1月,撤销区建制,改为乡镇,全县设10乡9镇。1995年,全县设12乡10镇。2002—2004年,有计划有步骤优化调整行政区划设置,分批撤并乡镇和村委会,至2004年底,全县共撤并乡镇8个,设13个乡镇,行政村从234个调整撤并为159个。通过优化行政区划设置,降低行政成本,减少财政压力,减轻农民负担,提高办事效率。政府依法行政意识不断增强。开展行政审批事项清理工作。行政审批事项由2002年前的567项(含垂直单位),减少323项,总减幅为56.97%;增加扩大县级政府管理权限事项33项,至2008年,确认全县保留行政审批事项277项(含垂直单位)。2010年,实行"大部制"机构改革,通过撤并等手段,精简机构,行政单位精简至24个。创新审批方式，22个窗口单位行政审批事项实现"一网式"办事。加强执法监督，维护司法公正，严格实施法律法规，使依法行政落实到政府行为各方面。运用法律手段管理经济和社会事务，妥善处理解决各种矛盾和问题，全面提高依法行政水平。转变政府职能，建立服务型政府。推进政企、政资、政事、政府与市场中介组织分开，将政府从直接管理和介入经济活动转到为市场主体服务及创造良好发展环境上来，不断提高政府执政能力和服务水平。

## 二、保护生态环境，营造"发展洼地"

### （一）强化生态环保建设

抓好节能减排，加强生态环境建设，强化环保执法监督。强化生态资源管理，加大林业工作力度。严格保护自然资源，坚持"二十四字"方针（确保安全、保护环境、依法开采、做大规模、加工增值、依法纳税），规范矿山开发，集约开发矿产资源，提高资源利用率。加大环保执法力度，加大对重点污染区域、行业及企业的整治力度，从严查处违法排污行为；严格环保前置审批，杜绝污染重、难治理的项目进入。发展循环经济，促进节能降耗，加快建设节约型社会，2008年大气污染物二氧化硫和水污染物化学需氧量的排放量分别下降4.3％和3.4％。1993年，阳山实现省委提出的绿化达标标准，1994年，实现石灰岩山地绿化达标，2004年获国家林业局颁发"全国封山育林先进单位"。全县省级生态公益林面积244万亩，划入国家重点生态林193.8万亩，是广东最大生态林县之一。获得"全国封山育林先进单位""广东绿色名县"等荣誉称号。2009年，推进创建林业生态县工作，对全县370万亩林地实施封山育林，造林4万多亩，抓好森林防火、山林纠纷调处工作，全面启动集体林权制度改革。

加强环境保护和环境质量监测，对全县排污企业、饮用水污染源和尾矿库环境安全进行全面整治，严把环评审批关，生态环境状况保持良好。总投资6700多万元的县城生活污水处理厂建成并试运行。推进节能降耗工作，淘汰落后产能，万元生产总值单位能耗下降3.5％。成功创建"中国绿色名县"。2011年，大力推进万村绿工程，全县森林覆盖率达72.97％，县城建成区绿化率达35.3％、绿地率达34.8％，全县生态环境状况良好。同时，对阳山兴华水泥有限公司等9家列入市百家重点用能企业进行节能工作考核。

**（二）大力营造"发展洼地"**

打造"政策的洼地""服务的高地"和"兴业的宝地"。落实招商引资优惠政策措施，制定《关于进一步优化投资环境的若干规定》，实施"外向带动"战略，广泛地开展与珠三角、港澳台地区经济技术合作，主动承接珠三角产业转移。为投资企业提供优质服务。2003年设立县行政服务中心，将面向社会服务职能部门集中办公，实行"一个窗口、一站式、一条龙"服务；设立县招商局，对外来投资者搞好服务，跟踪项目落实。营造"亲商、爱商、富商"环境，主动为投资者解决项目建设、生产过程中遇到的困难和问题，吸引更多客商到阳山投资。鼓励在阳山投资的客商追加投资，做大做强；鼓励在县内投资的客商宣传推介阳山投资环境，进行产业链招商、产业集群招商，实现以商招商，进一步显现"发展洼地"效应。

**三、财税金融业显著发展**

改革开放后，阳山县做好财税金融工作，从财政政策、资金和服务等方面支持经济发展；发展金融机构，支持地方经济建设。通过制度建设和体制创新，推进部门预算改革、国库集中收支付制度改革、农村税费改革、政府收支分类改革、"金财工程"信息化建设和实行政府采购。财政总收入由1978年的1217.7万元增加到2008年的8.86亿元，增长71.76倍；县级一般预算收入由1978年的623万元增加到2008年的2.54亿元，增长39.77倍；金融机构各项存款余额由1978年的759.3万元增加到2008年的39.84亿元，增长523.69倍；金融机构各项贷款余额由1978年的4549.4万元增加到2007年的11.67亿元，增长24.65倍。2009年，积极扩大内需，刺激消费拉动增长，强化征管措施，财政总收入达到11亿元，增长22.9%。财政支出重点向"三农"、民生、基础设施等领域倾斜，筹措4.3亿元保障重点项目建设。县财政实现保工资、保运转、保稳定、保发展目标。2010年，地方财政一般预算收入完成4.53亿元，同比增长40.26%。贯彻落实中央"扩大内需"政策，积极争取上级资金，有效地推进基础设施等项目建设。吸纳社会和企业资金，促进固定资产投资。2011年，金融机构各项存款余额为62.06亿元，各项贷款余额为24.98亿元。加强财税管理，实现增收节支。县级财政一般预算收入4.83亿元。正确使用政府投资资金、争取上级资金和引导民间资金，实现固定资产投资总额9.37亿元。

## 四、教科文卫社保事业蓬勃发展

### （一）教育事业稳步发展

1995年，全县第一所中等职业技术学校——阳山县成人中等专业学校建成。2007年，优化整合教育资源，调整幼儿园、小学、初中、高中、职校布局，被称为"全市教育资源整合的典范"。重点整合6所学校，均上规模上档次，分别达到市级或省级规范化学校水平。到2008年，中职学校在校学生从1995年的240人增加到3090多人。免除义务教育阶段学生学杂费，实现义务教育全免费。2008年,全县中小学在校生达到7.91万人,小学学龄儿童入学率达到99.9%,初中阶段入学率达到98.1%。2009年,推进普高(普及高中阶段教育)工作,增加高中阶段学位2500个。奖教奖学,对各阶段升学考试中成绩优异的学校和个人进行奖励。创建教育品牌,两所学校创评为市级办学水平学校,杜步镇创评为市级教育强镇,县职校创评为省级重点中等职业学校。县党政领导干部基础教育责任考核成绩优秀。2010年,学前教育发展,幼儿园(学前班、民办幼儿园)在园幼儿9178人。义务教育发展成果丰硕,投资新建学校建筑面积4875平方米,全县小学、初中入学率分别为99.9%、97.2%。普高工作成效显著。完成2.3万平方米高中阶段学校校舍建设;完成高中阶段学校招生任务112%。2011年,全县小学生已入学2.32万人,初中生已入学2.42万人。普高工作继续提升,高中在校生7674人,县职校在校生4623人。幼儿园(含民办)已入学9604人。全年完成总建筑面积4.25万平方米的校舍安全工程。

### (二)医疗卫生水平不断提升

1979—2008年,卫生事业得到发展。公共卫生工作方面,疾病预防得到加强。非典、高致病性禽流感等传染病和地方病等得到有效控制。加强妇幼保健工作规范化建设,至2008年,全县共创建爱婴医院6间。2009年,加快卫生资源整合,投入2190万元改善医疗设施。七拱、太平、秤架、杨梅四个乡镇卫生院完成升级改造,推进杜步、黄坌、黎埠三个镇卫生院升级改造。城东医院顺利完成搬迁。县中医院通过国家二级甲等中医院评审。甲型H1N1流感等传染病得到有效防控。国家级肝吸虫病综合防治示范区工作通过国家验收,农村初级卫生保健工作考评达标,消除碘缺乏病工作通过省的考核验收。农村医疗卫生条件改善。至2008年底,全县医疗卫生单位房屋面积6.7万平方米,比1978年的

4万平方米增加2.7万平方米。利用省财政每年对行政村卫生站的补贴，加强村级卫生站建设。医疗服务水平提高。到改革开放30周年，全县共有县直医疗卫生单位6个、乡镇卫生院（分院）18所。全县卫生系统共有干部职工1156人，其中卫生技术人员994人。全县有副主任医师8人、主治医（护）师160人、医（技、护）师、医（技、护）士826人；本科学历108人，大专学历334人，中专学历552人。"十一五"期间，优化整合卫生资源，升级改造乡镇卫生院，搬迁扩建县中医院和县疾控中心，开办了民营城东医院。

### （三）文化体育事业繁荣

文化体育设施逐步完善。全县拥有文化馆、公共图书馆、博物馆、体育馆、影剧院、广播电台各一个。大力开展群众性文化体育活动，阳山贤令、凤舞、春牛、阳山麦羹四个项目列入清远市第一批非物质文化遗产名录，其中杜步旱坑凤舞2007年被列入广东省第二批非物质文化遗产名录。从2002年开始连年举办四驱越野车节，2005年升格为中国四驱越野车节，打造"中国四驱之城·越野之都"金字招牌。被授予国家级"全国体育先进县"、省级"实施人大山区文化建设议案先进单位"等荣誉称号。

### （四）社会保障惠及民生

改革开放后，阳山县社会保险体系改革在探索中稳步推进，各项基本制度逐步建立和完善，社会保险覆盖面不断扩大。基本养老金实现按时足额发放。到2008年，全县参加养老保险3.07万人，月人均退休金788元，比1999年的290元提高498元，退休职工生活得到改善。基本医疗保障体系基本形成。阳山县从2002年12月实行职工基本医疗保险制度，2008年7月，实行城镇居民基本医疗保险制度，到2008年底，城镇职工基本医疗保险参保人数2.44万人，城镇居民基本医疗保险参保3.35万人。建立新型农村合作医疗保障机制。至2008年，全县参加合作医疗人数为45.2万人，覆盖率为98.75％。缓解农民群众因病致贫、因病返贫困难问题。推进新型农村合作医疗工作，2008年与2003年相比，参加农村合作医疗人数从3.06万人增加到45.2万人；覆盖率从2003年的6.78％增加到2008年的98.75％。到2011年，全县城乡居民医疗保险覆盖率达到99％以上。失业保险保障失业劳动者基本生活，推动再就业。阳山县在1999年建立失业保险制度，至2008年，全县参加失业保险1.16万人。完善农村保障机制。建立以县财政为主，省、市、县、乡四级分担农村五保供养机制，实现五保供养由农村互助共济向以财政保障为主的重大转变。至2008年，全县列入五保供养2694人，提高了供养标准。建立最低生活保障机制。自1997年起，将农村人均年收入低于1500元的困难群众纳入低保救济。至2008年，全县共有农户1.11万户2.86万人被纳入低保对象。2011年，民生投入更大，投入92亿元改善和保障民生。落实支农惠农强农政策，发放种养补贴，惠及8.6万农户。

# 第八章

## 深化改革开放　新时代新发展

迈进新时代，开启新征程。中共十八大后（2012年11月—2018年12月），阳山县委、县政府以习近平新时代中国特色社会主义思想统领一切工作。全面贯彻落实中共十八大、十九大精神，在新时代继续把改革开放引向深入、推向前进，为实现"两个一百年"奋斗目标、实现中华民族伟大复兴的中国梦不懈奋斗。结合阳山实际，全县以"全域绿色产业开发、全域文明建设、全域旅游创建"（简称"三个全域"）为抓手，实施绿色可持续发展战略，保障县域经济平稳健康发展。全力打好农村综合改革和农业供给侧结构性改革攻坚战（简称"两大攻坚"），为全面实施乡村振兴战略激发新动力，释放新活力。树立和践行绿水青山就是金山银山理念，像对待生命一样对待生态环境，坚持走生产发展、生活富裕、生态良好文明发展道路，建设生态善美阳山。坚持以人为本，以人民为中心，加大民生投入，完善公共服务体系，保障群众基本生活，不断满足人民日益增长的美好生活需要，让改革发展成果更多更公平地惠及全县人民。

## 第一节 "十二五"和"十三五"时期发展概况

### 一、"十二五"时期发展概况

"十二五"期间（2011—2015年），阳山县积极采取抓项目扩投资、抓招商促增量、抓服务保环境等系列措施，主要经济指标增速处于合理区间，经济总量保持平稳增长的态势。2011年，实现生产总值67.68亿元。温氏阳山分公司后续项目（江英原种场、杜步二猪场、岭背猪场）及肇庆市鼎湖温氏畜牧有限公司、宜佳乐农场有限公司、三联现代农业发展有限公司、思缘生态油茶科研有限公司、南粤农业发展有限公司等农业企业投资4.73亿元。广东第一峰旅游风景区顺利通过国检评定，成功创建为国家4A景区。阳山被中国科学技术协会命名为2011—2015年度"全国科普示范县"，同时获得"广东省创建文明县城工作先进县城"称号。2012年，按照"民生年、落实年、创优年"工作定位，提出实施"桥头堡"发展战略，建设"三基地一名城"，发展基地化产业。全年实现生产总值71.12亿元。其中，第一产业增加值21.86亿元，增长6.5%；第二产业增加值16.68亿元，下降5.9%；第三产业增加值32.58亿元，增长8.8%。三次产业结构由2011年的29.2：28.2：42.6，调整为30.7：23.5：45.8。2013年，按照主体功能区规划的要求，加快产业结构调整，推进"三基地一名城"建设，县域经济持续健康发展。全年实现生产总值75.11

亿元。其中，第一产业增加值23.41亿元，增长5.8%；第二产业增加值18.19亿元，增长17.9%；第三产业增加值33.51亿元，增长0.6%。三次产业结构为31.2：24.2：44.6。2014年，加快推进"三基地一名城"建设，县域经济持续健康发展。全年实现生产总值81.10亿元。三次产业结构为30.9：23.2：46，第三产业明显增强。2015年，围绕建设"三基地一名城"目标，坚持"稳中求进"基调，全县实现生产总值87.25亿元。其中，第一产业增加值27.68亿元，增长5%；第二产业增加值19.71亿元，增长7.3%（其中工业增加值12.82亿元，增长9.7%，建筑业增加值6.89亿元，增长1.4%）；第三产业增加值39.86亿元，增长7.9%；一般公共财政收入5.16亿元，社会消费品零售总额33.6亿元。"十二五"期间，阳山县形成南果北菜产业带和优质稻、淮山、油茶等产业带，特色农业规模逐渐壮大，"省级现代农业蔬菜种植园区"和全省首个"国家级出口食品农产品质量安全示范区""珠港澳绿色农产品供应基地"初步建成，推进一大批风电、光伏发电、生物质能等能源项目签约落地，引进国电、大唐等电力巨头企业入驻阳山，获得"国家首批绿色能源示范县"称号。2011—2015年间，全县经济进入加速发展新阶段，实现工农业总产值344.52亿元，年均68.9亿元；累计完成社会固定资产投资65.4亿元，年均增长17.7%；财政收入23.48亿元，年均4.69亿元；社会消费品零售总额140.88亿元，年均28.2亿元。

## 二、"十三五"时期前三年发展概况

到2018年底，"十三五"规划已实施三年（2016—2018年），各行各业平稳较快发展。2016年，阳山县新增为国家重点生态功能区，产业政策有所调整，且受上级调控建筑业影响，建筑业增加值、规模工业增加值增速放缓，财政八大支出增速回落，与年初制定的8％目标差距较大。全县实现生产总值93.18亿元。其中，第一产业增加值31.13亿元，增长4.2％；第二产业增加值19.25亿元，增长4.9％（其中工业增加值13.13亿元，增长13.4％；建筑业增加值6.12亿元，下降10.8％）；第三产业增加值42.8亿元，增长3.5％。2017年，阳山县实施乡村振兴战略"三个全域两大攻坚"系列行动，全县经济社会继续呈现出经济平稳向好、民生持续改善、社会和谐稳定的良好势头。全县实现生产总值96.99亿元；县级一般公共预算收入完成4.4亿元，增长9.6％；完成固定资产投资25.01亿元，增长19.3％；社会消费品零售总额40.3亿元，增长9％；城乡居民人均可支配收入达到1.76万元，增长10.3％左右；农村居民人均可支配收入1.31万元，增长9.4％。银行存款余额123.7亿元，增长7.9％；各项贷款余额58.2亿元，增长15％。57个重点建设项目完成投资25.2亿元，占年度投资计划的94.6％，其中列入市重点的19个项目完成投资13.9亿元，占年度投资计划的112.7％。2018年，阳山县全面贯彻落实中共十九大精神，践行新发展理念，坚持稳中求进总基调，全面实施乡村振兴战略"三个全域两大攻坚"系列行动，经济社会保持健康良好发展势头。全县实现生产总值104.05亿元，突破百亿元大关，其中，第一产业增加值36亿元，增长5.1％，第二产业增加值19.78亿元，增长0.9％，第三产业增加值48.27亿元，增长6.1％；三大产业结构比例为34.6：19.0：46.4。县级一般公共预算收入完成4.67亿元，增长6.3％；完成固定资产投资27亿元，增长8.4％；实现社会消费品零售总额44.9亿元，增长10.9％；城乡居民人均可支配收入达到1.91万元，增长8.7％。

**三、主要经济指标统计数据**

中共十八大后，从2012年起，"稳增长、调结构"成为经济发展主旋律，阳山县生产总值由较快发展阶段逐步过渡到稳步发展区间，2017年为96.99亿元，5年时间平均增速为5.4%。见图8-1-1。

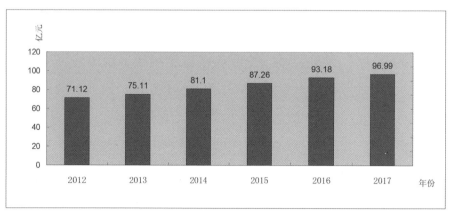

图8-1-1　2012—2017年阳山县地区生产总值

随着阳山县农业总产值连续多年较快增长，基数不断累积，逐步进入平缓增长区间，2012年至2017年5年时间，农业总产值由33.53亿元增加到49.02亿元，年平均增速为7.9%。见图8-1-2。

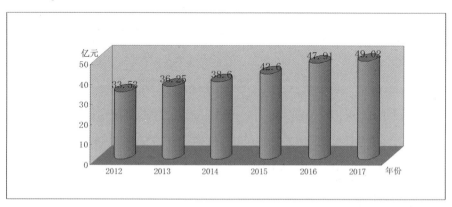

图8-1-2　2012—2017年阳山县农业总产值

2012年，阳山县被划定为国家级生态发展区，淘汰"高污染、高耗能"工业企业，提高工业企业准入门槛，大力发展绿色能源产业。新型产业尚未形成规模和产生实效，因此，2012年至2017年是阳山县工业发展缓慢时期，5年中工业总产值由27.72亿元。增长到30.95亿元，增幅为11.7%，年均增速仅为2.2%。见图8-1-3。

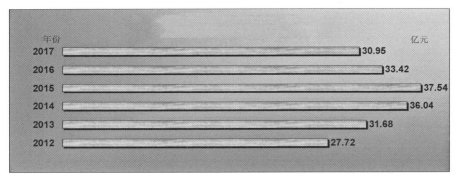

图8-1-3　2012—2017年阳山县工业总产值

2012—2017年，由于阳山县房地产市场红火发展带动固定资产投资较快增长，5年时间固定资产投资总额从10.5亿元增加到25.01亿元，增长近1.4倍，年均增速达19%。见图8-1-4。

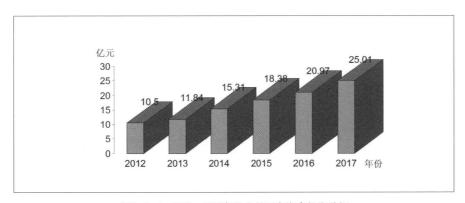

图8-1-4　2012—2017年阳山县固定资产投资总额

2012—2017年，阳山县消费市场步入平稳发展阶段，增速放缓，5年时间，消费品零售总额由2012年的26.27亿元增加到2017

年的40.3亿元，增幅达53.4％，年均增速达8.9％。见图8-1-5。

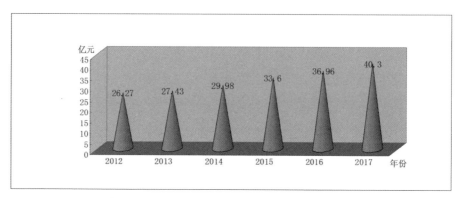

图8-1-5　2012—2017年阳山县社会消费品零售总额

中共十八大后，2012年至2017年，随着阳山县被国家确定为国家级生态发展区，在转型、升级中工业经济逐步走向回调，地方财政税收面临较大压力，5年中财政预算收入增长不明显，由2012年的4.22亿元发展到2017年的4.4亿元，年均增速仅为0.8％。见图8-1-6。

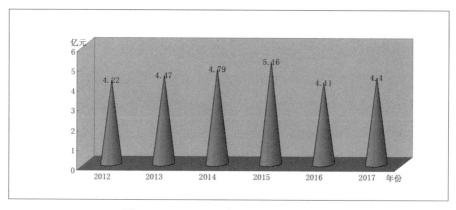

图8-1-6　2012—2017年阳山县财政预算收入

# "广清一体化""一核一带一区"建设

为紧跟清远市"广清一体化"广东省"一核一带一区"建设步伐，阳山联系自身实际，及时响应，主动融入，积极实施，加强党建，强化党的领导，攻坚克难，谋求新发展。

## 一、融入"广清一体化"

### （一）积极融入，争取帮扶

2012年，广州市和清远市签署《广州市人民政府清远市人民政府合作框架协议》，2013年，出台《广清一体化实施方案》。为融入"广清一体化"合作战略，阳山县以广州对口帮扶为突破口，主动争取支持。2013年，广州市与阳山县就对口帮扶事项达成共识，制定《阳山县对接广州市对口帮扶的初步工作方案》。2013年4月，阳山县制定《关于〈制定2013—2015年广清一体化合作计划〉阳山县实施计划》，对规划协调、科农合作、旅游合作等各方面提出合作计划。2014年3月6日，阳山县委、县政府成立阳山县对接广州市（花都区）全面对口帮扶工作领导小组（同时广州对口帮扶清远指挥部在阳山设立广州对口帮扶清远指挥部驻阳山工作队），下设交通基础设施建设、产业园区扩能增效、中心城区扩容提质、深化改革扩大开放、民生社会事业发展、现代农业、财政金融、文化旅游8个专责小组。2014年3月下旬，花都区帮扶工作队派驻阳山县。4月8日，花都区对口帮扶阳山县1000万元帮扶专项资金到位。

### （二）产业融入，民生帮扶

2015年2月，阳山县与花都区沟通联系，做好城东工业园区发展规划，编制《花都（阳山）产业转移园区建设发展规划》。2016—2017年，花都区对口帮扶阳山县帮扶资金3000万元，重点投入教育、文化、人才、卫生、医疗、扶老、助困等重点民生事业项目。产业帮扶方面，阳山县组织人员参加花都招商推介会，开展招商推介活动；走访对接花都、东莞、深圳、中山等地区300余家企业，协调组织和邀请30余批次旅游、餐饮、农产品、新能源等企业和花都区旅游行业协会、花都区餐饮行业协会、花都区小微企业协会、各地商会负责人等共300余人到阳山开展实地投资考察；引进项目21个，计划总投资10.74亿元，引进花都和黄埔两家企业进驻阳山县电子商务物流产业园区；成立阳山县消费扶贫直通车平台、农副产品展示厅及体验区，带动阳山县优质农副产品进驻广州市场。民生事业帮扶方面，协调两地20余个部门、24所学校、8家医院相互结对帮扶，两地选派结对的学校领导、班主任、教师、医疗骨干跟岗锻炼和学习进修200人次，花都区派出医务人员50人次，到阳山县为群众开展免费义诊500人次，开展培训教育400人次，手术示教20人次，促进两地医疗服务交流。

### （三）部门融入，结对帮扶

花都区和阳山县两地的组织和人事部门开展人才帮扶工作，组织选派阳山县8名年轻干部到花都区相关单位挂职锻炼和跟岗学习城镇建设、文明建设、旅游产业开发等方面的先进经验及新思想新理念；举办就业服务大型招聘会，邀请162家企业参会，提供9942个就业岗位，达成求职意向800人；花都区民政、文化、体育、旅游、招商、新闻等部门和单位来阳山开展结对帮扶，将阳山生态、资源、劳动力等优势和花都资金、技术、人才、管理等优势结合起来，在思想观念、产业发展、人才教育、医疗卫生、文化体育、民生公益等方面完成对接，推进帮扶工作落实。

## 二、实施"一核一带一区"发展战略

2018年6月，中共广东省委十二届四次全会提出，要以构建"一核一带一区"区域发展格局为重点，加快推动区域协调发展。"一核一带一区"，即将区域发展格局明确为三大板块：推动珠三角核心区优化发展；把粤东、粤西打造成新增长极，与珠三角城市串珠成链形成沿海经济带；把粤北山区建设成为生态发展区，以生态优先和绿色发展为引领，在高水平保护中实现高质量发展。阳山县紧紧围绕省生态发展区、国家重点生态功能区、粤北生态特别保护区的功能定位，抢抓机遇，联系自身实际，贯彻实施"一核一带一区"发展战略。

### （一）明确定位，推进主体功能区建设

阳山县明确生态发展区定位，响应"一核一带一区"发展战略，努力推进主体功能区建设。成立阳山县国家主体功能区建设试点示范工作领导小组，负责试点示范工作的决策和协调，并制定相关考核办法。建立工业反哺机制，县财政加大对教育、治安、生态旅游等基础设施建设的支持力度。做好制度配套，制定了《阳山县国家主体功能区建设试点示范工作总体方案》《阳山县生态发展规划（2011—2020年）（试行）》等制度。制定主体功能区规划土地、产业、投资、生态补偿、环境保护、人口、考核等配套政策，为加快主体功能区建设提供保障。调整产业布局，发展绿色产业，促进经济平稳较快发展。省发改委印发《粤北生态特别保护区范围划定及建设实施方案》，明确粤北生态特别保护区按照"一区两片"总体布局和三类功能分区建设，阳山县被列入"南岭-南水片区"范围。全县从自身实际出发，服从

大局，积极参与粤北生态特别保护区建设。

（二）重视生态，强化资源环境保护

出台产业负面清单。把好产业准入关，根据自身的功能定位发展特色产业，以环境保护优化经济发展，加快产业结构调整。加强生态环境指标考核，把按功能区类别考核乡镇政绩纳入常态化管理。做好节能减排与环境保护。大力优化生态环境布局，编制完成《清远市阳山县生态功能区划调整方案》，加强森林资源保护。严格执行固定资产投资项目节能评估审查制度，强化节能措施的落实。加强饮用水水源保护和水源涵养林建设，加强生态公益林管护，全面保护位于江河源头、江河两岸和石漠化、水土流失严重区域的生态区及其他重要区域的森林，加强生态修复，提高景观度。阳山县生态环境进一步优化，至2018年底，全县森林覆盖率为76.5％，比全省平均水平高15.97个百分点，绿色通道线路绿化率达96.4％，主要江河水质达国家Ⅱ类水质标准，饮用水源水质达标率为100％，均居全省前列。

（三）培育引导，发展生态特色农业

抓好新型农业经营主体培育，引导经营主体做好农产品生产投入，引导经营主体创新抱团发展新模式，抓好产业示范项目申报及跟踪实施，建设产业生产示范基地。至2018年底，全县共有农业企业49家、合作社717家、家庭农场663家。建立水肥一体化蔬菜生产基地800亩，智能节水节肥灌溉旱地西洋菜生产示范基地300亩，优质水果新品种沃柑、皇帝柑生产基地150亩，年出栏5万只的规模化肉鸡养殖生产基地1个，年出栏350头的规范化肉羊养殖基地1个，建立30亩小龙虾养殖示范基地1个，完善江英镇鑫浩生物农业科技公司30亩大棚食用菌生产棚架栽培设施建设。

（四）开发风电，建设绿色能源示范基地

发展新能源发电项目。至2018年底，核准建设风力发电项目

8个，总装机47.6万千瓦，总投资47.6亿元，各项目均进入全面建设施工阶段。其中，雷公岩风力发电，项目装机10万千瓦，总投资10亿元（首台机组已并网发电）；桔子塘风力发电，项目装机5万千瓦，总投资5亿元（首台机组已并网发电）；大东山风力发电，项目装机5万千瓦，总投资5亿元；石羊楼风力发电，项目装机7.6万千瓦，总投资5亿元；旗山风力发电，项目装机5万千瓦，总投资5亿元；青石岩风力发电，项目装机5万千瓦，总投资5亿元；犁壁山风力发电，项目装机5万千瓦，总投资5亿元；高峰崆风力发电，项目装机5万千瓦，总投资5亿元。

### 三、强化学习教育，加强党建工作

中共十八大后，县委组织开展学习习近平总书记系列重要讲话精神和学习贯彻党的十八大精神，领会党的十八大提出的一系列新思想、新观念、新理论。2013年9月，在县林业局办公楼一楼设立阳山县党风廉政建设教育基地。2014年2月开始，在全县党组织和党员、干部中，开展以"为民、务实、清廉"为主要内容的党的群众路线教育实践活动，全县1.85万名党员干部参加教育实践活动。2014年4月17—18日，县委举办全县村（社区）党总支书记、村（居）委会主任培训班，学习党的十八大、十八届三中全会和习近平总书记系列重要讲话精神。2014年6月，在全县党组织和党员、干部中，开展以严以修身、严以用权、严以律己和谋事要实、创业要实、做人要实为内容的"三严三实"教育。2015年4月28日，县委举办学习习近平总书记关于党员领导干部党性修养系列重要讲话精神专题讲座。2016年8月，在全体党员中开展"学习党章党规，学习系列讲话，做合格党员"的"两学一做"学习教育。中共十九大后，县委组织开展学习习近平新时代中国特色社会主义思想，学习贯彻党的十九大精神，号召全体党员不忘初心、牢记使命，高举旗帜，团结奋进，为决胜全面建成小康社会，夺取新时代中国特色社会主义伟大胜利，实现中华民族伟大复兴的中国梦，实现人民对美好生活的向往而继续奋斗。

# 乡村振兴 "三个全域两大攻坚"

2017年3月22日，阳山县委、县政府印发《阳山县"三个全域两大攻坚"系列行动实施方案》，4月21日，阳山县委、县政府办公室印发《阳山县"三个全域两大攻坚"系列行动2017年工作任务分解方案》，正式实施全县"三个全域两大攻坚"系列行动。2018年，全面深入推进实施乡村振兴战略"三个全域两大攻坚"系列行动，成效显著。

## 一、实施"三个全域"，乡村振兴新举措

### （一）全域文明建设

2017年，编制县城扩容提质规划，投入5.3亿元实施84个项目。全面完成907户棚户区建设任务。县城生活垃圾填埋场投入运营，韩愈文化公园建成开放。江滨大道建成使用，启动江滨公园景观工程。完成县城10条内街小巷改造和2条道路贯通工程征拆任务。城东新区"两不具备"下山移民搬迁二期工程完成50％。全市首批40台电动公交车落户阳山，率先实现公共交通电动化。强化城市管理，推进城市管理机制改革，实现县镇共治目标。启动"全国文明县城"创建工作，实施县城"六乱"整治，改善市容市貌。出台系列奖补办法，推进"三个全域两大攻坚"示范区建设，6个县级、13个镇级示范区建设初见成效。省级新农村连片示范建设工程通过省评估验收。1475个20户以上的自然

村完成农村人居环境整治，完成率达到82.3%。199个美丽乡村通过市验收，2017年度申报创建美丽乡村223个。55个省定贫困村、660个20户以上的自然村完成创建示范村规划编制，全面开展"三清三拆三整治一绿化一保洁"行动，村容村貌发生明显变化。2018年，扎实推进全域文明建设，以获得"全国县级文明城市提名资格"为目标，广泛开展蓝丝带、"全员文明劝导"等活动，掀起全民"创文"热潮。积极传播社会主义核心价值观，全面提升文明素质，"守法、知礼、亲善"氛围日益浓厚。阳城镇、青莲镇荣获市"文明镇"称号，青莲镇、秤架瑶族乡荣获市"卫生镇"称号。

### （二）全域绿色产业开发

推进绿色能源开发。小江雷公岩、杨梅桔子塘风电项目推进顺利；全县20个光伏扶贫电站在2017年6月底前并网发电。界滩、黄燕水电站扩容改造完成主体工程，秤架一级等4宗小水电站扩容增效项目动工建设。推进并完成与广州市黄埔区、花都区合作共建七拱生态工业园、城东生态产业园规划编制。开展精准招商，2017年共引进项目24个，合同总投资28.9亿元，新旧项目实际投资16.8亿元。全年外贸进出口总值1.8亿元。加强企业服务，醒龙玻璃等3家企业已完成技术改造，金陶精密制品公司完成增资扩产。成立专责领导小组，协助联合铸锻公司筹备上市工作。调整矿税征管方式，充实执法队伍，实行县、镇共同监管，严格依法征收。2017年，碳酸钙粉体加工企业产量27.3万吨，增长23.5%；大理石板材加工企业产值9769万元。严厉打击违法开采行为，开展6次联合执法大行动，规范矿产资源开发秩序。全县资源型企业税收实现4939万元，增加3400万元，增长221%。2018年，小江雷公岩、杨梅桔子塘两个风力发电项目部分机组并网发电。完成4宗水电站增效扩容改造工程。18个光伏扶贫电站全年发电4379千瓦时，收益4292万元。发展林下种植、养殖面积达8万多亩，荣获"广东省林下经济示范县"称号。

### （三）全域旅游创建

实施全城旅游创建，全县旅游业发展环境进一步优化，基础和配套投入进一步加大，旅游产品体系进一步丰富。2017年5月6日，经广东省旅游局发文同意，阳山县跻身"第二批广东省全域旅游示范区"创建单位名单。2017年，全县共举行18场文化旅游活动：阳城镇"水口萝卜美食徒步节"，七拱镇"美丽乡村生态鉴赏会"，黎埠镇"2017年黎埠镇乡村旅游暨梨花观赏季"，阳城镇石圳村"旗袍桃花摄影节"，"赏花闻香季浪漫蒲芦洲"2017阳山岭背柚花旅游节暨"水乡古镇生态岭背"品质旅游线路启动，广东第一峰"首届森林山珍美食节"，广东第一峰"与柠相约·最美时光"柠檬之夏旅游节，"阳山秦汉古道徒步暨水口香瓜节"，全域旅游招商推介会，千人"徒步贤令山·漫步贤令湖"，广东省汽车场地越野联赛分站赛（阳山站），大崀镇2017"茶坑水库环湖骑行"，国庆节2017年阳山生态之旅——阳山乡村美食节、国庆狮王争霸赛，杜步"爱在初秋山楂采摘"观光旅游节，2017年广东省登山节暨乡村旅游文化活动，"杏韵·小江"2017首届阳山小江银杏旅游文化节，2017广东省汽车场地越野联赛总决赛，第二届广东阳山（岭背）柚子节。这些活动大大提高了阳山旅游的影响力和知名度。树立"青山绿水"生态发展理念，积极发展森林旅游业，2017年9月，阳山县荣获"全国森林旅游示范县"称号。2018年，与深圳伙伴华侨城签订了文化旅游发展战略合作协议。全面启动建设7条美丽乡村美丽田园精品旅游线路。神峰关生态旅游度假区、岭背镇南岭水乡项目建成营业。举办2018年广东省名山登山大赛第八届登山节暨阳山首届"阳驴"登山徒步嘉年华活动及一系列乡镇节庆活动。

## 二、实施"两大攻坚"，乡村振兴新作为

### （一）农村综合改革攻坚

推进农村综合改革。2012年，阳山县委、县政府推进"三个重心下移"，完善乡村治理机制，激活农民主体作用和农村内生动力；推进"三个整合"，激活农村农业新活力；创建"三个全域两大攻坚"示范区，带动取得成效；推进美丽乡村建设，新农村建设迈上新台阶；推进农村金融改革，探索农业生产新路子；深化农村产权制度改革，"三变"改革迈出新步伐；完成省级新农村连片示范建设工程。贯彻落实省、市关于推进农村综合改革工作部署，调动广大干部群众的主观能动性、积极性和创造性，立足县情，改革创新，转变政府职能，统筹城乡发展，解决群众办事难问题，探索山区县深化农村综合改革新路，开创阳山科学发展新局面。在全省率先建立县、镇（乡）、村三级综合服务网络，实行行政审批和公共服务事项一站式办结服务，实现服务流程无缝对接，节省办事时间和办事成本，提高办事效率，村民"足不出村，足不出户"可办成事。至2016年底，全县各级服务中心（站）共为群众办理事项58万件，节省群众办事成本4600万多元。2013年，在全市率先建成公共资源交易中心，规范公共资源交易。至2016年底，累计交易项目3575宗，交易总额20亿元，增收节支5338万元；率先建成农村集体"三资"管理交易平台，成功交易755宗，成交额1亿多元，增收节支739万元。在全国率先探索农村电商模式，建成全省首个农村电子商务物流产业园和62家"小万达"式村级综合服务站，吸引8家电子商务企业、11家物流企业及50家农民专业合作社进驻。推进农村集体土地整合及承包经营权确权工作，全县3004个经济社10万多户完成41.2万亩的外业调查和内业上图，占第二轮土地承包面积29.5万

亩的139.7％。推进农村土地适度有序流转6.4万亩，占承包土地的21.6％。探索农村金融改革，建成13个乡镇金融服务中心、159个乡村金融服务站，实现镇村全覆盖。建成综合型金融服务站15个、助农取款点224个。农村普惠金融"村村通"工程通过省验收。获得"全国农村综合改革示范试点县""全国电子商务示范县"和"全国农村集体'三资'管理示范县""国家出口食品农产品质量安全示范区"等称号。2018年，深化农村综合改革。农村土地承包经营权确权登记颁证工作通过市级验收。2115个经济社完成土地整理整合，土地整理整合经验得到中央农办介绍推广。整合涉农资金8627万元。推进精准扶贫精准脱贫。2016年，全县159个行政村，经省认定，有55个相对贫困村（省级贫困村），贫困人口9895户20350人（2015年末调查核实），其中：重点贫困村贫困人口4786户1.16万人，面上贫困村分散贫困户5110户8750人；一般贫困户1791户6123人、低保户5543户1.16万人、五保户2562户2627人；有劳力贫困户3430户1.12万人、无劳力贫困户6465户9165人。55个相对贫困村由省、市帮扶，（广州市直及黄埔区帮扶43个，央直、省直帮扶7个，清远市直帮扶5个）派出驻村干部113人（含第一书记55人），104个面上贫困村分别由县直118个副科以上单位帮扶，有104名扶贫联络员。通过"四看""五优先""六进""七不进"方法认定扶贫对象，依托村民代表大会或党员大会进行审议表决。对表决结果进行公示，广泛接受群众监督。经过4次精准识别工作（第1次，2015年底和2016年初相对贫困村和贫困户申报；第2次，2016年5月驻村干部入村；第3次，2016年7—8月"回头看"；第4次，2016年11—12月精准核查），确保致贫原因精准、家庭人口数精准、有劳动力对象精准、帮扶措施和帮扶规划精准、贫困户中低五保户精准，保障符合条件贫困户纳入帮扶对象，确保符合条件贫困户按时享受国家低五保政策、危房改造政策、贫困户子女教育补助政策、医疗保险和医疗救助政策等。同时对省审计组曝光的"六类"存疑对象进行地毯式核查,对存在的其他问题及时发现,立刻整改。通过开展多次入户精准识别工作,切实提高贫困对象识别精准度,确保精准识别误差率不超省考核指标5%红线水平。2017年,积极争取省直、广州市、黄埔区等各级帮扶单位支持,多渠道筹集资金,实施光伏扶贫、小水电扶贫等产业项目,投入3亿多元建成4.45万千瓦分布式光伏扶贫电站,筹集1亿元入股小水电站技改项目,为省定贫困村有劳动力贫困人口每人每年增收3800元。帮助有条件贫困户发展特色种养等"短、平、快"帮扶项目。推进1125户农村危房改造,确保按时完成建设任务。2016年底全县共有贫困人口9896户2.03万人,有5093户6563人达到脱贫标准,占全县贫困人口32.33%。2017年,全县8553名贫困人口实现脱贫。2018年,坚持精准施策,大力发展产业扶贫,累计8707户1.79万相对贫困人口实现预脱贫。统筹农业产业扶贫项目49个;贫困就业转移人口3467人;光伏扶贫促进有劳动力贫困户人均增收3000元;小水电扶贫分红人均800元;7370无劳动能力贫困人口全部纳入政策兜底保障;4364名贫困学生落实教育补助。

**(二)农业供给侧结构性改革攻坚**

2017年,阳山县委、县政府制定了农业供给侧结构性改革攻坚实施方案,明确攻坚总体要求、领导架构、重点任务、工作步骤、重难点问题及解决措施、保障措施等,并围绕结构性改革攻坚六大任务,将任务分解落实到县各单位、各乡镇,作为年度考核重要内容,出台农业供给侧结构性改革项目(分面上乡镇和"三个全域两大攻坚"县级示范区)奖补办法,从落实责任和通过奖补鼓励两个方面促进农业供给侧结构性改革攻坚。抓好名特优新农产品生产。建设水果产业带项目16个,基地面积

3300亩，新增水果7000多亩。新增优质稻种植面积1万亩、水果7000多亩，全县优质稻5.5万亩、水果面积9万亩，旱作手摘西洋菜500亩、晶宝梨1500亩、大闸蟹和龙虾养殖场300亩、鳗鱼养殖场400亩。遴选、推广新品种、新技术8个。培育阳山鸡示范基地并开展阳山鸡品种提纯复壮，设立食用菌新品种试验示范基地2个，全县食用菌种植面积400多亩，建设水肥一体化蔬菜生产基地800亩，智能节水节肥灌溉旱地西洋菜生产示范基地300亩，优质水果新品种沃柑、皇帝柑生产基地150亩，年出栏5万只规模化肉鸡养殖生产基地1个，年出栏350头规范化肉羊养殖基地1个，30亩小龙虾养殖示范基地1个。推动标准化、产业化、品牌化发展。组织黎埠镇申报国家、省级现代农业产业园，抓好现代农业示范园区黎埠、七拱、小江3个核心区和江英、杜步、阳城、秤架4个辐射区农业产业示范基地建设，核心区乡镇建设水果6500亩、蔬菜1500亩、淮山5000亩、优质稻1万亩、番薯500亩、板栗500亩、牛大力630亩、鳗鱼场400亩、大闸蟹养殖场300亩等种养基地，辐射区乡镇建设蔬菜1500亩、淮山500亩、食用菌100亩，阳山鸡（年出栏20万只）、肉牛（年出栏3万头）、优质稻1000亩、紫薯200亩、水果4200亩、油茶园1000亩、茶园3000亩等生产基地。实施提品质创品牌行动，遴选、推广新品种、新技术8个，其中旱作手摘西洋菜500亩，扩种晶宝梨600亩；建设供珠港澳农产品基地。在全省率先创建国家级生态原产地产品保护示范县并经国家质检总局审核通过，阳山鸡、淮山、西洋菜、食用菌、饮用水、晶宝梨等7个产品取得生态原产地产品认证；阳山鸡、阳山西洋菜国家地理标志产品保护登记通过农业部终审；国家农产品质量安全县通过省级专家组核查；申报农产品出口备案基地2个、供穗基地8个；申报无公害产品11个，2个获得认证，新增无公害农产品产地认证10个；组织参选、申报省农业类名牌产品和国家、省名特优新农产品目录入库，江英益民蔬菜专业合作社菜心获广东省名牌产品，小江森南蔬菜专业合作社西洋菜、碧天家庭农场晶宝梨获省名特优新农产品经营专用品牌称号；阳山淮山、阳山西洋菜、阳山同冠梨、阳山鸡等获省第一、第二届名特优农产品区域公用品牌。培育新型农业经营主体，引导做好生产、产品销售记录、台账，规范生产管理，采用联合、抱团方式加快发展，新增农业企业2家、合作社86家、家庭农场71家，新增合作社示范社17家、县级以上重点农业龙头企业3家、市级示范家庭农场8家；大力推进农机化，年度农业机械原值为1.19万元，净值为7964万元，农业机械总动力10.45万千瓦；农作物机械化综合水平为35.22%，水稻机械化综合水平为62.74%。

2018年，持续实施农业产业"3＋X"工程，发展特色产业。大力培育新型经营主体，新增农业企业21家、合作社71家、家庭农场85家；新增市级重点农业龙头企业、市级示范社各1家、县级示范家庭农场9家。全面实施十大农旅结合基地（农业公园）、农机农技服务企业扶持工程，引进七拱火岗村水稻公园等10多个项目。

# 注重生态　第一产业绿色发展

进入深化改革开放新时代，阳山县根据生态发展区功能定位，树立生态发展理念，大力开发生态农业，绿色发展成为主题。

## 一、绿色农业经济持续发展壮大

2012年，通过建设农民专业合作社示范县、发展农业龙头企业、做好农田水利基本建设、抓好春季动物疫病防控、加强农民种养技术培训、加强农产品质量检测、加强农资市场的监管等手段，推进珠港澳绿色农产品供应基地建设。合理利用森林资源，全年森林采伐4.59万立方米；投入资金对现有宜林荒山荒地、疏残林、低效纯松林更新改造，建设生态景观林带工程。农业总产值33.7亿元，增长7.4％。2013年，抓好农业基础设施建设，完成6.87万亩高标准基本农田建设，提高土地质量，改善群众生产条件。实现农业增加值23.92亿元，增长4.8％。2014年，抓科技创新项目实施和管理服务，做好农业产业化和生态农业发展服务，推进珠港澳绿色农产品供应基地建设。实现第一产业增加值25.32亿元，增长5.85％。品牌建设取得新突破，新创本地农业品牌"阳农牌"，新增产品认证38个、注册农业商标33个，创建全市首个国家级出口食品农产品质量安全示范区。引导发展苗木花卉、森林食品、油茶、茶叶、竹子和中草药材及野生动植物资源培育等特色产业，推进林下经济产业化发展。2015年，抓出口食品农产品质量安全示范区建设，推动茶叶、水果、食用菌和油茶产业带建设，带动畜牧业、水产养殖业生产发展，全年实现农林牧渔业总产值42.6亿元，其中农业产值26.52亿元、林业产值3.73亿元、牧业产值11.09亿元、渔业产值0.55亿元、其他为农林牧渔服务业产值0.71亿元。2016年，实现全年农村经济总收入66亿元，农民人均收入1.21万元。农林牧渔业完成总产值47.91亿元，其中农业产值30.02亿元、林业产值3.98亿元、牧业产值12.51亿元、渔业产值0.63亿元、农林牧渔服务业产值0.77亿元。

种植业生产稳步推进，经济作物增产增收。2017年，全年粮食作物播种面积40.6万亩（含大豆面积），同比持平，谷物总产量9.26万吨，同比增长0.32%。蔬菜面积49.93万亩，同比增长8.35%，产量56.92万吨，同比增长9.19%。全年实现农林牧渔业总产值49.02亿元，其中农业产值31.42亿元、林业产值4.88亿元、牧业产值11.21亿元、渔业产值0.68亿元、其余为农林牧渔服务业产值0.83亿元。水果面积8.2万亩，蚕桑0.7万亩，茶叶面积0.57万亩。全年生猪出栏51.65万头。家禽出栏498.34万只，养殖面积559.1公顷，同比增加6.1公顷。水产品产量5149吨，增加155吨。2017年，通过建设国家农产品质量安全示范县和国家级生态原产地产品保护示范区，推动名特优新农产品生产和农村经济发展。大力发展林下经济，增加农民发家致富途径。2017年11月，阳山县德记林业专业合作社被认定为"广东省林下经济示范基地"。

2018年，助推农业农村高质量发展。阳山兴农产业园（助农服务中心）、清农电商阳山鸡现代产业园动工兴建。申报创建优质蔬菜（越夏）产业省级现代农业产业园。抓好国家级出口食品农产品质量安全示范区建设，全力创建农产品质量安全县。

## 二、着力综合治理，改善生态环境

2012年，开展对规模化禽畜养殖污染源的治理。开展打击违法勘查、开采矿产资源专项整治，取缔37个非法开采点。完成国家级森林重点火险区综合治理工程。2013年，加强水源治理，连江水质保持良好。查处整治非法采矿19宗。2014年，开展新一轮绿化大行动，森林覆盖率、林地绿化率分别达到76.5%、95.35%。扎实推进北江流域阳山段保护和整治，水质保持良好。"十二五"期间，在全市率先实施主体功能区规划，优化城镇空间布局。组织开展新一轮绿化大行动，新增封山育林10.6万亩、碳汇造林7.5万亩、生态景观林带56千米，全县森林覆盖率达76.5%、林地绿化率达95.4%，居全省前列；全县生态公益林发展到252.3万亩，面积全省最大，成功创建广东省林业生态县。有效推进大气、水、土壤污染共治。清理禁养区内养殖场62个。抓好中央和省环保督察回馈意见整改，解决一批突出的环境问题。在全省率先启动中小河流治理，累计投入5.7亿元，完成治理河长289千米。全面推行河长制，县、镇（乡）、村三级河长261人，村级河管员3145人，分责管理8条县级、54条镇级、125条村级河流，全面开展巡河、清理河道工作，全县生态水系建设初见成效。省山区五市中小河流治理现场会在阳山县召开并推广阳山县经验做法。持续开展环境治理行动，成立全省山区县首个环境保护委员会和首支环境保护警察大队。实施城乡建设用地增减挂钩，累计完成拆旧复垦改造3400亩，获得"全国建设节约集约用地试点示范先进单位"称号。2016—2017年，深入推进新一轮绿化大行动。完成县城生活垃圾填埋场工程建设。强化环境综合治理，推进环保"创模"。开展石漠化综合治理人工造林。推进大气、水、土壤污染共治。全面推行河长制，开展巡河、清理河道工作，全县生态水系建设初见成效。2018年，完成森林碳汇造林1.46万亩，完成封山育林9.7万亩，森林覆盖率达到76.4%。镇级生活垃圾简易填埋场整治工程全面启动。七拱、黎埠、江英3个镇级生活污水处理设施项目动工兴建。加大监管力度，开展整治禽畜养殖污染问题。全面落实河长制，清理河道690千米。

### 三、建设美丽乡村，城乡面貌巨变

"十二五"期间，完成黎埠新区、城东片区、城南片区等规划修编，基本形成"一心两核"（"一心"指县城；"两核"指七拱镇、黎埠镇）"东拓、南展、西扩、北改"城镇发展格局。县城连江大桥、韩愈大桥、阳山大桥、花溪大桥建成通车，完成防洪工程，阳山大道、贤令大道、连江大道、城北沿江路、城南江滨路等全面建成，县新行政办公大楼、南阳中学、韩愈文化公园（一期）、地质公园博物馆、科技图书馆等项目建成投用。中心城区全面扩容，面积达到14.1平方千米，城镇化率提高至38%。农村面貌发生翻天覆地的变化，农民基本上住上钢筋水泥楼，村庄通水通电通网络，村道、巷道水泥硬底化，村庄建有休闲活动场所和文化室，村容村貌焕然一新。至2017年，阳山建成省级新农村连片示范区，有广东名村4个、美丽乡村283个、县级美丽乡村223个。成功创建为"广东省卫生县城""广东省文明县城"，城乡人居环境不断改善。建立健全自治、法治、德治相结合的乡村治理体系，"守法、知礼、亲善"新风尚初步形成。农村初步呈现出生产发展、农民增收、基础设施完善、生态环境良好、村容村貌整洁、民主决策监督制度健全、社会各项事业全面进步的新面貌。2018年，开展农村人居环境综合治理，全面实施"三清三拆三整治一绿化一保洁"行动，1502个自然村完成农村人居环境综合治理。成功创建80个"整洁村"标准以上美丽乡村，乡村面貌焕然一新。

### 四、实施精准扶贫，力求稳定脱贫

"十二五"时期，通过几年深化扶贫，至2015年，完成"两不具备"贫困村移民搬迁5000多户。建成保障性住房756套，改造农村危房3398户。完成第一、二轮扶贫"双到"任务，83个省级贫困村4万多人实现稳定脱贫，扶贫工作走在全省前列。2016年，实施新时期精准扶贫脱贫攻坚"十大行动"，启动贫困村帮扶项目147个、贫困户帮扶项目1781个，实现5093户6563人脱贫，脱贫率达33％。2017年，重点抓好光伏扶贫电站、小水电站等资产收益扶贫，提高贫困人口收入。脱贫人口达8553人，贫困人口实现"八有"。实施新一轮农村电网改造升级工程，全县55个贫困村通了动力电，电压合格率达99.99％，光纤用户新增6550户。2018年，推进精准扶贫攻坚，注重民生，共享和谐，开展系列扶贫行动，脱贫人口不断增长，人民生活持续改善。

拓新能源　第二产业有新发展

### 一、开发绿色能源，发展新型工业

2012年，推进广东绿色能源示范基地建设，举办广东（阳山）绿色能源发展论坛暨加快国家绿色能源示范县建设项目签约仪式，与大唐新能源公司合作开发石犁排等3个风电场，汉能控股集团开发的太阳能，湖北阳光凯迪新能源集团投资开发的生物质能、国电南方公司投资开发的连江梯级电站扩建等绿色能源项目稳步推进。但，受国内外环境影响，市场需求趋弱，生产成本增加。受全县整治矿山影响，大部分矿产企业于2月下旬停产整顿，由于办证工作困难，大部分矿产企业因证照未办全而无法复工生产，只有部分矿产企业恢复生产，加上有4家规模以上工业企业停产注销，工业生产增长乏力。全年规模工业总产值13.14亿元，下降10.3％；工业增加值9.88亿元，下降6.6％。建筑业健康发展，实现增加值6.8亿元，下降4.7％。2013年，注重发展生态型工业经济。加强企业联系跟踪服务，组织中小企业参加省举办的第十届中博会、市举办的"2013清远电商（特色农产品）博览会暨第六届中小企业服务周活动"、市举办的"政金企座谈会"等活动。实现工业增加值11.55亿元。2014年，继续发展生态型工业。开展"企业服务日""招商推介会"、参加市、县举办的"政金企座谈会"等活动和完善园区基础设施，解决企业实际困难，促进生态型工业经济发展。实现工业增加值11.88亿元。2015年，开展"招商推介""企业服务日"和项目跟踪服务等活动，推进工业经济发展。实现工业增加值12.82亿元。2016年，全县规模以上工业总体实现平衡增长，24家规模以上工业企业完成总产值18.98亿元，规模以上工业增加值完成6.57亿元；全县售电量累计完成5.98亿千瓦时。

2017年，立足"青山绿水就是金山银山"理念，大力发展风能、水能、生物质能（发电及沼气利用）、太阳能及地热能等绿色产业。利用七拱生态工业园、城东生态产业园开展招商引资，碳酸钙粉体加工企业完成产量27.3万吨，增长23.5%，大理石板材加工企业完成产值9769万元。2017年全县资源型企业税收实现4939万元。全县有水电站217座，装机总容量26.5万千瓦，年发电量5.1亿千瓦时。阳山成为全国"十五"水电农村电气化达标县，被授予"中国农村水电之乡"等称号，被誉为"南国水电明珠"。风电、光伏电站项目推进顺利。全县规模以上工业总体实现平衡增长，24家规模以上工业企业完成总产值16.9亿元，规模以上工业增加值完成6.83亿元；全县完成供电量5.59亿千瓦时，售电量5.29亿千瓦时。2018年，按照"项目年""落实年""成效年"要求，聚焦项目，狠抓落实。动工建设重大项目48个，总投资149.5亿元；竣工项目25个，总投资47.2亿元。这些项目为阳山绿色崛起提供有力支撑，为全县经济社会发展注入新的动力。

**二、主体功能区建设，新推进新成效**

2012年，阳山根据生态发展区功能定位，树立生态发展理念，坚持规划先行，编制了主体功能区、生态农业、绿色能源、城镇建设等专项发展规划，明确"三基地一名城"发展目标，为阳山长远发展打好基础。2013年，加快推进生态发展区建设，把好产业准入

关，根据自身功能定位发展绿色产业。加强生态林业建设。实施并
完成森林碳汇重点生态工程建设7.5万亩，造林成活率95％，保存
率95％。加快石漠化综合治理林业建设工程，完成封山育林10.58万
亩。节能减排，严把用地、节能、环保关，严格执行固定资产投资
项目节能评估审查制度，强化节能措施落实。至2015年，传统产品
取得突破，深入实施农业"三品"工程，建成蔬菜、淮山、茶叶、
油茶、优质稻、砂糖橘等特色农业产业带。新能源产业逐步形成。
引进中国长江三峡、广州崇象、天津恒运、中国南方电网等电力集
团，促成风电、分散式微风电、光伏发电、生物质能发电等项目落
户阳山，获得"国家绿色能源示范县"称号。生态旅游加快发展。
建成全市首个"国家地质公园"，通过"广东省旅游强县"复核。
2016年，成为广东省首批"农业面源污染治理示范县"之一。阳山
县被国家列为重点生态发展区、纳入国家光伏扶贫实施范围。光伏
扶贫项目总装机容量4.45万千瓦，总投资3.06亿元。2017年，大力发
展与生态功能相适应的特色产业，增强生态产品供给能力。发展绿
色能源。已获核准的有雷公岩、桔子塘、大东山风力发电项目等8
个，总装机容量47.6万千瓦，总投资约40亿元。2017年下半年，全县
光伏扶贫电站已发电量达1835万千瓦时，电费收益达1798.3万元。
发展生态农业。推进农业"三品"工程，发展生态特色农业和观光
休闲农业，完善国家级出口食品农产品质量示范区建设。加快农村
电网改造。持续加大电网建设投资力度，电网续建及新建项目共316
个，总投资2.99亿元。

### 三、精准招商引资，新举措新项目

2012年，引进44个项目落户，合同投资55.6亿元，实际投资
7.87亿元；审批外资及港澳台资企业3家，合同利用外资及港澳台
资4137.3万美元，实际利用外资及港澳台资360万美元，外贸出

口总额872万美元。2013年，发展外向型经济，新引进项目（含增资扩产项目）21个，计划投资51.37亿元，实际到位资金（含延续建设项目）11.4亿元。外贸出口总额1406万美元，增长61.2%。实际利用外资及港澳台资1101万美元，增长205.8%。2014年，引进项目60个，计划投资51亿元，实际投入12.8亿元。完成外贸出口总额2523.15万美元，增长79.46%；实际利用外资及港澳台资1315万美元，增长19.4%。抓好与广州（花都）对接，帮扶工作取得一定成效。2015年，新引进项目25个，合同投资总额51.5亿元，完成年度任务50亿元的103%，实际投入资金（含新项目及延续建设项目）12.48亿元。实际利用外资及港澳台资1359万美元，增长3.35%；完成外贸出口总额2575万美元，增长2.05%。2016年，瞄准能源、旅游、矿产深加工、食品加工、农产品深加工等方向，大力开展精准招商，新引进30个项目落户阳山，合同投资总额62.68亿元。2017年，瞄准能源、旅游、矿产深加工、食品加工、农产品深加工等方向，大力开展精准招商，全年新引进24个项目落户阳山，投资总额28.9亿元。2018年，以农业、旅游、矿产、新能源为重点，加大招商引资力度。新引进项目52个，合同资金31.1亿元，增长8%；实际利用外资及港澳台资378万美元，增长129%；进出口总值2.2亿元，增长24%。

### 四、固定资产投资，平稳增长增效

#### （一）固投平稳增长促项目建设

2012年，合理使用政府投资资金，积极争取上级资金和引导民间资金，争取到上级财政技术改造扶持资金92万元、中央预算内项目建设资金3104万元、省专项建设资金1107.01万元，投入基础设施建设；启动大龙玻璃厂、圆城汽车城等续建、新建项目，带动社会投资，全年完成固定资产投资10.5亿元，增长

12.1%。2013年，管好政府投资资金，积极争取上级资金和引导民间投资，做好重点项目跟踪协调服务，农业、水利、交通、城建和电力等基础设施不断完善。完成固定资产投资11.84亿元，增长12.8%。2014年，完成固定资产投资15.31亿元，增长29.3%。园区基础设施不断完善，推进城东工业集聚区、七拱工业集聚区基础设施建设，并与广州市花都区签订合作共建产业园协议。交通设施建设取得新进展，启动汕昆高速、连佛高速阳山段前期工作，开工建设6条国省道烂路路面改善工程和白莲片区公路、桥梁综合治理项目工程，加快推进杜步大桥等6个县重点项目，完成90千米新农村公路硬底化建设。农田水利建设取得新突破，完成省级小型农田水利重点县建设、七拱河流域综合治理、5宗小型病险水库除险加固、13宗山区小型灌区改造、15宗农村饮水安全项目。电力设施建设取得新成效，完成35千伏大崀、江英及水口变电站技改，黄牛滩变电站升级改造，110千伏秤架输变电技改一期工程及一批农村电网改造项目。2015年，完成固定资产投资18.38亿元，同比增长20.1%。其中，列入市2015年重点项目的5个项目，完成投资6.35亿元。县63个重点建设项目（含省、市重点建设项目）完成投资18.33亿元。2016年，全县固定资产投资平稳增长，共完成投资20.97亿元，同比增长14.1%。房地产开发投资大幅上升，新增8个房地产项目，投资增幅高达91%，完成投资5.5亿元。工业投资增速下滑，共完成2.9亿元，同比下降43.2%。基础设施投资有所上升，完成投资8.51亿元。2017年，完成固定资产投资25亿元，同比增长19.2%。57个县重点项目完成投资25.2亿元，其中列入市重点项目的19个项目完成投资13.9亿元。2018年，全年完成固定资产投资27.12亿元，同比增长8.5%。房地产投资拉动作用明显，全年完成投资总额12亿元，同比增长24.2%。全年完成交通、水利等基础设施建设投资总额3.2

亿元，同比增长28%。

**（二）基础设施建设新成果**

2012年，投入1.7亿元建设13个重点交通项目，阳山大桥重建落成通车。2013年，全县交通基础设施建设投资1.04亿元，着重改造县道公路和桥梁；投入3098万元完成90个农网改造升级项目。2014年，全县交通基础设施建设投资1.04亿元，启动6条总里程125.4千米的国道省道烂路改造，完成杜步大桥、七拱二桥改造。在G107线、G323线、清连高速公路、S260线等国省道公路建成通车基础上，广连高速公路、汕昆高速公路阳山段加快推进建设。2016年，全县公路通车里程达3887千米，其中乡、村道公路3714.81千米（2017年数），乡镇和行政村全部通水泥路，群众行路难问题得到解决。在全省率先启动中小河流治理，累计投入5.7亿元，完成治理河长289千米。推进高标准基本农田建设，改善农业生产条件。2017年，大力开展新农村公路硬底化、窄路基路面拓宽、公路危桥改造等工程建设。完成黄高公路一期建设工程。2018年，汕昆高速（阳山段）建成通车，广连高速（阳山段）全面动工。完成214千米国道省道、106千米县道安全防护工程，完成6座国道省道危桥改造工程，完成150千米农村公路窄路基路面拓宽、60千米农村公路硬底化建设。杜步大桥建成通车。全面实施公交电气化，推行城乡客运一体化。完成村村通自来水工程103宗、中小河流整治34.4千米、高标准农田改造3.28万亩、垦造水田3205亩。农村电网升级改造投入9508万元。

## 第六节 加强服务 第三产业快速发展

中共十八大后，阳山县更加重视第三产业的发展，发挥国家重点生态功能区优势，从县域自然风貌、资源特点出发，着重开展全域旅游创建，开发旅游业，带动服务业。

### 一、利用自然资源，发展旅游产业

整合美丽乡村、美丽田园、美味农品、善美人家"四美"资源要素，推动"田园综合体+旅游"新业态，打造生态文化旅游区、乡村旅游体验区、休闲度假养生区。广东第一峰、阳山关景旅游景区、贤令山、贤令湖等旅游景点不断发展，乡村旅游日渐兴旺。成功创建"广东省旅游强县"，荣获"全国森林旅游示范县"称号，入选"广东省全域旅游示范区"创建名单。2012年，加快建设旅游重点项目和国家地质公园等项目，推进珠港澳绿色生态旅游基地建设，旅游吸引力不断增强。旅游企业全年接待游客380.05万人次，营业收入2.8亿元，旅游总收入20.33亿元。2013年，开展"广东国际旅游文化节"、旅游品牌创建等活动，全县旅游企业累计接待游客401.18万人次，营业收入2.87亿元，旅游总收入23.79亿元。2014年，推进旅游设施建设，提升全县旅游接待能力，加强"三连一阳"（连山、连州、连南和阳山）区域旅游合作，树立区域旅游整体形象，秤架瑶族乡荣膺"广东省休闲农业与乡村旅游示范镇"，秤架瑶族乡太平洞村荣膺"广东省休闲农业与乡村旅游示范点"。全年旅游接待量达403万人次，旅游总收入23.99亿元。2015年，旅游业加快发展，全年全县游客接待量420.99万人次，旅游总收入25.05亿元。2016年，全县游客接待量487.43万人次，旅游总收入27.86亿元。2017年，旅游业拉动增强消费市场，全县游客接待量490万人次，旅游总收入29.2亿元，保持稳健增长态势。2018年，全域旅游创建有新进展。完成全域旅游总体规划制订，建立全域旅游发展建设项目库。全年接待游客532.5万人次，旅游总收入31.7亿元。

## 二、发展电商物流业，拉动社会消费

2012年，物价上涨趋缓，阳山居民消费价格总指数（CPI）上升2.9%，群众消费购买力明显增强，第三产业发展迅速；社会消费品零售总额26.27亿元，增长11.3%。2013年，物价总水平基本稳定，居民消费价格总指数涨幅为2.1%；社会消费品零售总额29.17亿元，增长11%。2014年，建成全省首个电商物流产业园、全省首家农村电商县级服务中心和一批农村淘宝服务站。阳宾酒店荣升"中国四星级旅游饭店"，填补阳山县高端星级酒店空白。实现第三产业增加值37.93亿元，增长7.8%；居民消费价格总指数涨幅为2.4%；实现社会消费品零售总额31.89亿元，增长9.3%。2015年，加强市场监控，价格总水平基本稳定，社会需求明显增大。居民消费价格总指数涨幅为1.8%；实现社会消费品零售总额33.19亿元，同比增长4.08%。2016年，全县社会消费品零售总额36亿元，同比增长8.47%；汽车消费呈现快速增长趋势，电商消费增长强劲，成为城乡居民消费新热点。居民消费价格总指数保持稳定，涨幅为1.2%。2017年，全县社会消费品零售总额40.3亿元，同比增长11.9%；居民消费价格总指数保持稳定，涨幅控制在3%以内。电商物流产业发展迅速，至2017年底，全县共登记商事主体1.43万户，注册资金94.5亿元，其中个体1.16万户、企业2748户（内资企业475户、有限公司1213户、合伙企业116户、个人独资企业237户、农合社707户）。新登记商事主体共2082户，其中个体户1643户，企业439户（内资企业43户、有限公司242户、合伙企业7户、个人独资企业34户、农合社113户）。2018年，供给侧和需求侧持续发力，消费结构不断升级，市场活力和消费潜力得到有效激发，消费品市场升温趋势明显。全年实现零售总额44.93亿元，同比增长11.5%。

### 三、财税平稳增长，金融服务提升

2012年，按照稳中求进的工作总基调，狠抓增收节支，确保财政收支平稳运行，完成财政总收入18.95亿元，增长3.69%，其中地方公共财政预算收入4.22亿元，同比下降12.61%。2013年，贯彻执行央行稳健的货币政策，优化调整信贷结构，助力地方经济转型升级。2013年末，各项存款余额77.71亿元，各项贷款余额33.01亿元。加强税收征管，强化支出监管，发展保障能力不断增强。地方公共财政预算收入4.48亿元，增长6.16%。2014年，贯彻执行央行稳健的货币政策，优化调整信贷结构，各项存款余额92.64亿元，比年初增加14.9亿元；各项贷款余额41.18亿元。加大税源培植和税收征管力度，强化支出管理，发展保障能力不断增强，完成县级公共财政预算收入4.79亿元，增长6.92%。2015年，加强税收征管，强化支出管理。实现财政总收入38.01亿元，增长23.49%，其中实现地方公共财政预算收入5.16亿元，同比增长7.72%；实现财政总支出34.16亿元，增长72.92%，其中一般公共预算支出28.51亿元，增长57.92%。开展金融创新，优化金融生态环境，提升金融服务水平，助推地方经济发展方式转变和经济结构调整。辖区内金融机构各项存款余额105.13亿元，各项贷款余额44.03亿元。2016年，全县实现地方公共财政预算收入4.11亿元。财政八大支出17.14亿元，同比增长8.8％，其中一般公共服务支出2.36亿元，同比增长43％。12月末，全县金融机构各项存款余额114.58亿元，金融机构各项贷款余额50.32亿元。2017年，县级一般公共预算收入4.4亿元，增长7.06％，财政八大支出15.82亿元，同比下降7.88％。2017年12月末，全县金融机构各项存款余额123.7亿元，同比增长7.96％，金融机构各项贷款余额58.2亿元，同比增长15.66％。2018年，地方公共财政预算收入平稳增长，全年实现公共财政预算收入4.67亿元，同比增长6.14％，其中工商税收2.8亿元，同比增长5.9％。

第七节 以人为本　社会事业全面发展

中共十八大以来，阳山县与时俱进，不断改革，注重民生，加快社会事业建设发展，让改革开放、经济建设成果惠及人民。

**一、深化改革开放，增活力促发展**

2012年，拓宽民营企业准入空间，大力发展外向型经济，民营经济蓬勃发展。全县实有市场经济主体9944户（其中内资企业1194户，个体工商户8625户，农民专业合作社125户）。开展农村综合改革，增强农村发展活力，农村综合改革工作走在全市山区县前列，得到省、市肯定。2013年，推进投资体制改革。加强政府投资管理，对政府投资非经营性项目实行代建制。推进企业投资体制改革，对不涉及公共资源开发利用的企业投资项目取消核准制，改为备案管理，并试行具有一定投资回收能力的公共资源开发利用项目竞争性配置工作。深化行政审批制度改革，清理行政审批事项。在全市率先开通并使用网上办事大厅。推进全国农村综合改革示范试点县工作。抓好农村集体"三资"管理，建设"农村集体资产管理交易平台示范县"，全面完成农村集体"三资"清查核实工作。2014年，推进行政体制改革，完成政府机构改革，推进农村综合改革、商事登记改革、行政权力运行规范化建设、"两建"工作、人事制度改革等。城镇公共资源交易平台建成并投入使用，网上办事大厅延伸到镇村，金融服务网点向镇村纵深覆盖，建成电商物流产业园、农村电商县级服务中心以及一批农村淘宝服务站，信息化建设取得阶段性成效。2015年，建成集农村集体"三资"管理、公共资源交易、农村产权流转管理服务于一体的综合平台，荣获"全国农村集体'三资'管理示范县"称号；整合涉农服务平台，在江英镇大桥村、龙家村，黎埠镇鲁塘村、水井村等地打造集行政审批、电子商务、金融信用合作、医疗卫生、生产生活服务的"五位一体"的村级综合服务平台；拓宽农村融资渠道，深化农村金融改革，探索组建农村信用合作部，获得中国人民银行批准成为"广东省农村承包土地经营权抵押贷款试点"；县组建成立阳山县妇幼保健计划生育服务中心，乡镇卫生院设立妇幼保健计划生育服务站。2016年，推进供给侧结构性改革。经济社会发展去产能、去库存、去杠杆、降成本、补短板的"去降补"工作进展顺利。深化农村综合改革。稳步推进土地整合和涉农资金整合。建成5家村级电商服务中心、32家农村淘宝服务站，实现13个乡镇全覆盖。全县167个村（居）、3108个村小组全部完成"村组账镇代理"。深化行政体制改革。整合农业、劳动、工商、质监、食药执行职能。实施"一门式一网式"政府服务模式，完善政府部门权责清单，精简行政审批事项。深化经济体制改革。推进国有企业改革，建立水电、矿产、新能源等5家投融资公司。2017年，深化农村综合改革。持续加强基层公共服务网络建设，推进实施党组织下移、自治组织下移、服务下移和整合农村土地资源、整合财政涉农资金、整合涉农服务平台。深化农业供给侧结构性改革。成为国家生态原产地产品保护示范区，6个产品列入生态原产地保护产品。推进绿色农产品基础建设。创建阳山-黄埔"消费扶贫直通车"平台。2018年，推进政府"放管服"改革，取消涉及县级行政审批事项19项，取消证明事项63项。推进"数字政府"

建设。建立运行网上中介超市。商事改革深入推进，新登记商事主体1206户。农信社改制为农村商业银行。完成国税地税征管体制改革。

## 二、创强有新成就，教育均衡发展

2012年，阳山大力推进中小学教育装备和信息化工程建设。太平、七拱、岭背、杨梅等镇通过省教育强镇验收；全县撤销薄弱小学14所，撤并高年级保留低年级的小学19所。5所幼儿园竣工交付使用，共增加1020个标准幼儿学位，缓解幼儿入园难问题。2013年，成功创建为省教育强县。全县共有幼儿园42所，在园幼儿1.05万人。初中在校生1.47万人。高考取得较好成绩，本科线以上460人，专科线1818人，总上线（专科以上，下同）率为72.4％。2014年，顺利通过"全国义务教育发展基本均衡县"验收，荣获"广东省教育强县"称号。全县在园幼儿1.09万人，小学在校生2.41万人。创建义务教育规范化学校49所，覆盖率达100％。高中阶段毛入学率达到省、市要求。高考取得显著成绩，上重点本科线人数达99人，比2013年翻一番，高考总上线率71.1％。2015年，江英镇、阳城镇成功创建为"广东省教育强镇"。在2015年秋季清远义务教育学校常规工作督导检查中，阳山县综合得分在全市8个县（县级市、区）中排名第一，其中新圩中学、韩愈中学得分在全市抽检64所学校中排名并列第二。县一小被列为"全国足球特色学校"。高考成绩再创佳绩，上重点本科线人数突破一百大关，达到138人。2016年，新建县第三幼儿园和碧桂园学校、城东新区小学，扩建县第二幼儿园。全县163所公办学校（含教育点）开通并试用100M以上宽带网络，实现教育宽带资源全覆盖，农村教育点"班班通"覆盖率100％，90％教师和初中以上学生拥有个人网络学习空间。2017年，成功创建"省教育强县""全国义务教育发展基本均衡县"。实现义务教育标准化学校全覆盖。大崀、黄坌、杜步和秤架等乡镇通过"广东省教育强镇"复评督导验收。全县学校、幼儿园及师生个人获市级以上荣誉或奖励共544项，其中市级322项，省级186项，国家级34项，国际级2项。2018年，教育品牌取得新突破。13个乡镇全部通过教育强镇复查，成功创建"省推进教育现代化先进县"。创造力特色成为高中有影响力的素质教育品牌。在第14届中国青少年创造力大赛全国总决赛、世界三大国际发明展中国选拔赛中，荣获3金1银1铜和1个创新奖的好成绩，6名教师获优秀指导教师称号。

### 三、文化卫生事业持续蓬勃发展

文化事业方面，2012年，稳步发展文体广电事业，建设县科技图书馆、县城多厅数字影院、韩愈文化公园等一批文化设施。2013年，阳山国家地质公园通过国家考核验收。2014年，杜步、岭背和黄坌三个镇文化体育中心建设项目成功申报为省以奖代补项目并顺利完成，通过省验收并投入使用；全县建成50个美丽乡村示范点及文化室；积极争取省以奖代补资金，完成县城多厅数字影院改造并通过省验收。2015年，建成阳山国家地质公园，是年8月揭碑开园。2016年，县科技图书馆建成投入使用，全县乡镇文化站建设达标率100％，阳城镇文化站被评定为省三级文化站。开展自然村落历史人文普查，挖掘村落历史文化。2017年，县文化馆各类功能室配置完善，通过第四次全国文化馆评估定级验收，达到国家三级馆标准。全县13个乡镇综合文化站完成评估定级，其中1个建筑面积达到省二级站标准、12个达到省三级站标准。投入资金为全县农家书屋购买图书。依托建设美丽乡村，促进文化室建设，建成美丽乡村74个，创建"广东名村"4个。

秤架等11个乡镇11所乡村学校少年宫挂牌投入使用。全县共有乡村少年宫15所，为开展未成年人思想道德教育活动提供阵地。县职业技术学校等13所学校被评为"清远市文明校园"。2018年，开展文化基础设施建设。加快建设县群众艺术活动中心，开展乡镇综合文化站标准化改造。推进文化惠民工程，"三馆一站"免费开放，县图书馆开展"文化惠民，送书下乡"活动，全年组织各类群众文化活动480场（次）。结合科技、普法、禁毒、扫黑除恶、扫黄打非等专题宣传，开展农村电影放映活动。体育运动蓬勃发展，举办登山大赛、"阳驴"登山徒步嘉年华、全民汽车运动嘉年华系列赛事等体育活动。以将阳山打造成户外运动首选地为目标，推进体育、文化和旅游融洽发展。

卫生事业方面，2012年，新建县人民医院医技住院综合楼，江英卫生院住院楼建成并投入使用。寄生虫病综合防治示范区纵向监测工作通过国家中期评估。2013年，启动镇村医疗一体化管理工作。完成基本公共卫生服务项目。阳城镇、太平镇卫生院业务用房完成标准化改造。市中医院全面托管阳山县中医院，公立医院改革走在全市前列。2014年，县公立医院改革取得较好成效。采用"市托管县"方式推进公立医院改革，有效提升阳山县中医院综合能力，使群众在县内能享受到市级医院医疗技术服务，缓解群众看病难问题。至2015年，医疗卫生事业取得长足进步，基层医疗卫生设备设施不断完善。在全省率先建立医疗卫生服务共同体，推进省、县、镇、村医疗卫生服务一体化建设，得到省充分肯定。2016年，启动"省卫生强县"创建工作，完善阳山医院集团建设，将县中医院纳入管理，县人民医院通过二甲复审。推进"互联网+医疗"服务，完成13间乡镇卫生院、5间分院和159间村卫生站网络医院建设。2017年，推进医疗卫生服务共同体建设，省第二人民医院与县人民政府正式签订协议，省第二人民医院阳山医院集团、省第二人民医院阳山分院、省网络医院阳山县网络医院正式挂牌。在全省率先建立医疗卫生服务共同体，推进省、县、镇、村医疗卫生服务"四位一体"建设，"互联网+医疗"的"阳山模式"在全省推广。启动公立医院综合服务能力提升工程，投资3.1亿元对县人民医院、县中医院、县妇幼保健计划生育服务中心的业务用房、医疗设备、医务人才等进行建设，推动分级诊疗、家庭医生签约服务工作，努力使人民群众人人享有初级保健服务。推进健康扶贫工作，率先在全县55个省定贫困村开通AI医生，大大提高基层医疗服务水平。2018年，提升医疗卫生服务水平，着力打造"互联网+医疗"阳山模式，得到《人民日报》点赞。打造"县—镇—村"医疗卫生服务一体化，全县划分成4个片区，县人民医院以"科对片，片对院，院对站"的方式，建立三级医疗机构联动模式。切实做好法定传染病报告、传染病疫情、艾滋病、寄生虫病、季节性疾病、突发公共卫生事件防控工作。完善提升计划生育服务管理水平，全面落实生育登记服务制度，传播计生惠民政策。

### 四、重民生促和谐，新增劳动就业

2012年，加大民生工程投入力度，全年民生财政投入9.7亿元。实施积极就业政策，新增城镇就业3512人，农村劳动力转移就业7452人。2013年，帮扶就业困难人员实现就业138人，新增农村劳动力转移就业4718人，劳动力转移培训2448人，城镇登记失业率2.4%。2014年，城镇新增就业3626人，城镇失业人员再就业1014人，帮扶就业困难人员实现就业108人，新增农村劳动力转移就业4689人，劳动力转移培训3670人，城镇登记失业率2%。2015年，全县城镇新增就业3770人，占年计划108%；城镇失业人员再就业1022人，占年计划102%；认定就业困难人员563

人次，帮扶就业困难人员实现就业223人，占年计划223％；城镇登记失业率2.39％。2016年，扎实推进劳动就业，新增城镇就业2805人，新增农村劳动力转移就业5146人。2017年，实施积极就业政策，新增城镇就业3295人，农村劳动力转移就业4817人，城镇登记失业率2.38％。2018年，按照省、市标准提高城乡低保、特困人员、残疾人员、医疗救助等底线民生保障水平。完成农村危房改造1648户。新增城镇就业2816人，失业率控制在2.38％以内。

科学谋划 老区发展明天会更好

新的时代，新的历程，新的使命，新的发展，蓝图已经绘就，目标已经明确。全县再接再厉，团结奋斗，经济社会建设会有更好发展，全面建成小康社会一定能如期实现，阳山的明天会更好。

## 一、"十三五"时期阳山建设发展展望

"十三五"时期是阳山县全面建成小康社会决胜阶段，是推动振兴发展绿色崛起、建设"三基地一名城"关键阶段。面对新形势、新任务，必须牢牢把握认识新常态、适应新常态、引领新常态大逻辑，主动适应重要战略机遇期内涵的深刻变化，增强自信，保持定力，有效应对各种风险和挑战，集中力量，开创创新、协调、绿色、开放、共享发展新局面。要高举中国特色社会主义伟大旗帜，以马克思列宁主义、毛泽东思想、邓小平理论、"三个代表"重要思想、科学发展观、习近平新时代中国特色社会主义理论为指导，全面贯彻中共十八大、十九大精神，深入贯彻习近平总书记系列重要讲话精神，坚持"五位一体"（经济建设、政治建设、文化建设、社会建设、生态文明建设一体）总体布局和"四个全面"（全面建设小康社会、全面深化改革、全面依法治国、全面从严治党）战略布局，以提高发展质量和效益为核心，以全面深化改革为动力，以创新驱动发展为核心战略，

适应和引领经济发展新常态；按照"三基地一名城"发展定位，深入实施"粤东西北振兴发展""广清一体化"战略和"南融北康"（清远南部加快融入珠三角，北部全面建成小康社会）行动计划，推进供给侧结构性改革深入，推动城乡协调发展，全面建成小康社会。坚持稳中求进工作总基调，围绕县委提出的"三个全域两大攻坚"系列行动，以乡村振兴战略"三个全域两大攻坚"为抓手，统筹推进稳增长、促改革、调结构、惠民生、防风险各项工作，开创各项事业发展新局面，为如期实现全面脱贫奔康打下更坚实的基础。

## 二、阳山县"十三五"时期主要奋斗目标

力争与全省同步全面建成小康社会。全力推动经济发展，县域综合实力跃上新台阶。到2020年，实现地区生产总值110亿元，年均增长5％，人均生产总值达到2.9万元，年均增长4％，比2010年翻一番。产业结构明显优化，农业现代化水平稳步提升，水电、矿产等传统产业提质增效，风电、光伏发电等新兴产业基本形成，旅游业发展取得重大突破，第三产业占比达50％，经济发展质量效益不断提升。全力推进创新发展，改革开放跃上新台阶。农村综合改革、"三个重心下移、三个整合"（党组织、自治组织、服务下移；土地、服务平台、涉农资金整合）、行政管理体制、医疗卫生体制改革取得重大突破。积极对接清远南部和珠三角地区，深化产业、基础设施、民生事业等方面合作，对外开放格局进一步扩大。全力加强基础设施建设，宜居城镇建设跃上新台阶。"一心两核"城镇发展格局基本形成，城镇化率达到50％。县城"东拓、南展、西扩、北改"成效明显，旧城改造深入推进，城东新区基本成型。建成一批特色村镇，城乡人居环境明显改善。争创国家卫生县城、全国文明县城。全力加强生

态文明建设，美丽阳山建设跃上新台阶。森林覆盖率提高到78％以上，空气质量二级标准天数占全年92％以上，城镇生活污水处理率达90％以上，城乡生活垃圾无害化处理率达80％以上，城市人均公共绿地面积达13.5平方米，绿色低碳生产生活方式基本形成，生活家园更加美丽。全力加强社会建设，群众生活水平跃上新台阶。2020年城乡居民人均收入达21689元，比2010年翻一番，年均增速在8.6％以上。基本公共服务设施配置和建设标准达到清远南部地区平均水平的80％以上。2万多名农村贫困人口全部脱贫，贫困村全部出列。教育、社保、医疗、住房等公共服务体系更加健全，城镇登记失业率控制在2.38%以内，城乡基本社会保险覆盖率稳定在95％以上。创建省教育现代化先进县、省卫生强县。全力加强民主法治建设，法治阳山建设跃上新台阶。基层民主更加健全，法治政府基本建成，司法公信力明显提高，群众法治意识不断增强。社会治理体系更加完善，社会大局和谐稳定。

附　录

**附录一 革命旧（遗）址和红色文物**

### 一、革命旧（遗）址

由于时间久远、保护欠缺、拆迁开发建设等原因，目前，很多遗址已荒废、残缺或被毁，难以辨认或无法辨认。本节记载的革命遗址只是其中部分。

1. 中共阳山县支部、中共阳山县支部委员会旧址。

中共阳山县第一个支部旧址（资料图片）

中共阳山县支部旧址位于现阳山县阳城大街46—48号（原阳山县城阳山街西门口），砖木结构，瓦顶平房。这是阳山县第一个党支部旧址。中共阳山县支部，于1938年11月由阳山县籍共产党员陈枫成立。陈枫兼任支部书记，当时阳山县内中共党员只有陈枫1人。当时的中共阳山县支部和接下来的中共阳山县支部委员会，活动和联络地点就设在原阳山县城阳山街西门口的这座砖瓦结构民房。中共阳山县支部、中共阳山县支部委员会旧址在20世纪60年代旧城改造时被拆毁。

2. 中共阳山中学支部遗址。

中共阳山中学支部于1941年10月由卢炽辉和林之纯建立。该遗址位于原阳山县城东钓鱼台，东门内城隍庙的阳山中学内（现县城旭阳商业城东7铺）。阳山中学原名为"县立阳山初级中学"，附设小学及简易师范。1952年秋，该校迁至钓鱼矶韩山书院（即今址）。

3. 下坪重建青年抗日同盟宣誓旧址。

下坪重建青年抗日同盟宣誓旧址位于阳山县小江镇下坪村田心自然村牛岩，是一天然石洞。石洞坐西北向东南，岩洞口宽10米，高12米，深150米。洞口有人工筑成石围墙，高5米，

宣誓旧址下坪牛岩洞口（欧志光摄于2009年）

长10米，厚1.8米。洞内宽敞明亮，保存有储水池和其他人类活动痕迹。阳山青年抗日同盟（简称"青抗会"），于1938年9月公开成立。1942年5月，随着广东各级党组织暂时停止活动，阳山"青抗会"也暂停活动。1944年5月19日，梁呈祥、梁格夫、梁受英、梁栋祥、梁泽英、梁万国、梁茂发、梁岳荣等八名下坪当地青年在牛岩举行重建青年抗日同盟宣誓。目前，该旧址因缺少维护，洞口石墙部分倒塌，前面杂草丛生，但洞内基本保存原貌。

4. 小江区委（地下交通站）"民康"旧址。

"民康"旧址（欧志光摄于2018年7月）

中共小江区委（地下交通站）"民康"旧址位于阳山县小江镇小江街。旧址坐东北向西南，墙体为青砖构成，高7.5米，进深10.8米，面宽7.3米，面积约73平方米，为私人所有，整体保存较好。

1946年2月，中共连阳中心县委决定建立中共小江区委。小江区委设在"民康"杂货店，同时也是区委的地下交通站。"民康"的"老板"王式培，化名王向忠，梁格夫负责筹资，黄象伯负责经营管理。"民康"不仅是中共小江区委的活动掩护场地，是区委经费的主要来源，也是接待过往地下党员的地下交通站。

5. 中共下坪支部遗址。

中共下坪支部遗址位于阳山县小江镇下坪田心村80号，为青砖屋。

中共下坪支部遗址（档存资料）

1946年6月，中共小江区委在小江下坪村建立阳山县第一个农村党支部——中共下坪支部，梁格夫任支部书记。小江镇下坪田心村80号这座青砖屋，就是当时中共下坪支部成立所在地和活动场所。

6. 李氏宗祠——中共虎岗中学支部旧址。

李氏宗祠——中共虎岗中学支部旧址位于阳山县黎埠镇大龙村淇潭李氏宗祠（原虎岗中学）。虎岗中学原设在黎埠和寨岗之间一个名叫淇潭的小村里，由马来亚华侨李鑫林于1944年创办，大龙淇潭人肖维元任首任校长。1946年与淇潭小学合并办学。1946年8月，虎岗中学建立党支部，岑文彬任支部书记，直接归连阳中心县委领导。

李氏宗祠——中共虎岗中学支部旧址（县史志办摄于2015年6月）

7. 高陂炮楼永安楼——连江支队司令部遗址。

高陂炮楼永安楼——连江支队司令部遗址位于阳山县黄坌镇高陂村。1948年6月，冯光、周明率飞雷队向北挺进，8月到达阳山，在黄坌镇高陂村炮楼永安楼建立指挥中心。1949年2月5日，西江部队火箭队（连江支队第二团）到达高陂与阳山武装队伍会师。司令部

高陂炮楼永安楼——连江支队司令部旧址（李学森、郭锡全摄于2016年12月）

指挥中心就设在该村这座依山傍水的三层炮楼。指挥中心附属驻地有两座泥砖平房，总面积约500平方米。目前，该遗址与同位于该村的坚守高陂108天战斗纪念碑、高陂小学（现为高陂村委会）思源室（2018年底搬迁到新设立的黄圳革命历史纪念馆）连成一片，成为爱国主义和革命传统教育基地。但炮楼现已倒塌，只剩下石砌墙基。

8. 高陂保卫战遗址。

黄圳镇高陂村解放战争时期是连江支队司令部驻地。1949年8月13日开始，国民党军队对高陂实施"清剿"。高陂民兵和群众顽强抵抗，从1949年8月13日至11月27日在高陂展开一场108天反"清剿"保卫战，史称坚守高陂108天战斗。

左图：高陂保卫战遗址全景；右图：高陂炮楼之一（欧志光摄于2018年7月）

9. 界滩税站遗址。

界滩税站遗址位于阳山县黎埠镇界滩村界滩大桥东桥头北面约500米处。1948年9月13日，麦永坚率领猛虎队打掉国民党云涛乡航运护卫队后，下坪游击指挥部派江浩、何国光筹建界滩税站。界滩税站位于连江界滩河段，这里地势险要，有一夫当关，万夫莫开之势。税站办公室挂牌于一间民用油榨房，税站的工作人员白天向上下船只宣传游击队税收和保护政策，并按政策收税，晚上访贫问苦，向群众宣讲革命道理。此一时期吸收一批优秀青年参加游击队。1948年12月21日和30日，游击队两次伏击经过界滩的国民党官员和大地主运货船，缴获财

界滩税站遗址（欧志光摄于2018年7月）

物一大批。界滩税站成为游击队的粮仓、金库和作战部队主要给养点。目前，税站遗址的残墙内外杂草丛生，大部分墙体已坍塌。

10. 东坑坪农会旧址。

东坑坪农会旧址位于阳山县秤架乡东坑村东坑坪自然村黎氏祠堂，建于1940年，坐北向南，面阔10.6米，进深9.4米，砖木结构。墙体主要用泥砖砌成，地脚50厘米的墙体用青砖，直棂

东坑坪农会旧址（欧志光摄于2009年10月）

窗，门框为木质，门槛高25厘米，用麻石造。整体保存尚好，墙体灰塑部分脱落，整体显得较为破旧。1948年冬，游击队经常在东坑坪一带活动，当地群众在共产党领导下，在黎氏祠堂组织成立东坑坪农会。农会发动附近各村农民兄弟支援连江支队活动，为阳山解放事业作出贡献。

11. 界滩碌石磅战斗遗址。

界滩碌石磅战斗遗址位于现阳山县黎埠镇界滩村委会对面河的碌石塝山上。1949年1月15日至18日，国民党阳山当局出动1000多兵力，对界滩游击区进行"清剿"。游击队和民兵共32人抢占碌石磅山峰制高点，与敌人展开激烈战斗，阻止敌军对界滩游击区的"清剿"行动。该遗址现已杂草丛生，难以辨认。

界滩碌石磅战斗遗址（欧志光摄于2018年7月）

12. 罗汉塘伏击战遗址。

罗汉塘伏击战遗址位于阳山县小江镇罗汉塘村。1949年1月21日，国民党开展"清剿"小江罗汉塘游击区行动，连江支队司令员冯光连夜调集、带领猛虎队、雄狮队等五个中队及当地民兵共400多人在罗汉塘沙坪伏击国民党军队，与敌人展开激烈战斗。在该战役中，连江支队冯光司令员不幸中弹壮烈牺牲。该遗址现已杂草丛生，难以辨认。

罗汉塘伏击战遗址（欧志光摄于2018年7月）

## 二、红色文物

　　由于没有开展过系统性红色文物调查征集活动，革命活动距今年久，阳山遗存下来被发现的红色文物为数不多。阳山红色文物主要是解放战争时期共产党领导的游击队、民兵开展武装斗争时用过的武器、物件等。现收藏的红色文物分布为：县博物馆收藏20件，小江镇下坪村阳山人民武装起义纪念馆收藏3件，黄坌镇高陂村委会收藏7件，私人收藏6件，共计36件。至2017年，收藏红色文物保存状况良好。

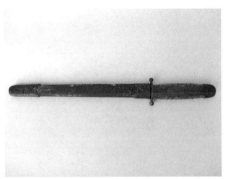 

名称：指挥剑　质地：铁　年代：解放战争时期　文物类别：武器
收藏单位：阳山县博物馆　文物来源：接受捐赠（冯俐俐摄于2018年7月）

名称：望远镜　质地：铜　年代：解放战争时期　文物类别：其他
收藏单位：阳山县博物馆　文物来源：接受捐赠（冯俐俐摄于2018年7月）

名称：火药枪　质地：铁　年代：解放战争时期　文物类别：武器
收藏单位：阳山县博物馆　文物来源：接受捐赠（冯俐俐摄于2018年7月）

名称：火药枪　质地：铁　年代：解放战争时期　文物类别：武器
收藏单位：阳山县博物馆　文物来源：接受捐赠（冯俐俐摄于2018年7月）

名称：火药枪　质地：铁　年代：解放战争时期　文物类别：武器
收藏单位：阳山县博物馆　文物来源：接受捐赠（冯俐俐摄于2018年7月）

名称：海螺　质地：贝壳　年代：解放战争时期　文物类别：其他
收藏单位：阳山县博物馆　文物来源：接受捐赠（冯俐俐摄于2018年7月）

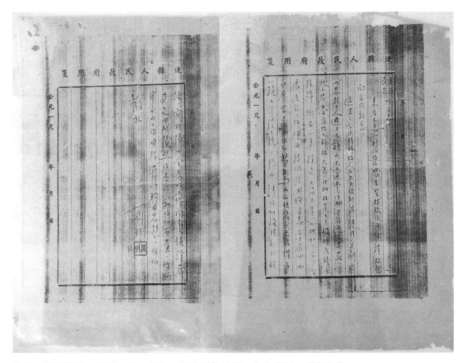

名称：周明信件　质地：纸　年代：解放战争时期　文物类别：档案文书
收藏单位：阳山县博物馆　文物来源：接受捐赠（冯俐俐摄于2018年7月）

名称：江浩信件
质地：纸
年代：解放战争时期
文物类别：档案文书
收藏单位：阳山县博物馆
文物来源：接受捐赠（冯俐俐摄于2018年7月）

名称：竹制口盅　质地：竹　年代：解放战争时期　文物类别：其他
收藏单位：阳山县博物馆　文物来源：接受捐赠（冯俐俐摄于2018年7月）

名称：草鞋　质地：草　年代：解放战争时期　文物类别：织绣
收藏单位：阳山县博物馆　文物来源：接受捐赠（冯俐俐摄于2018年7月）

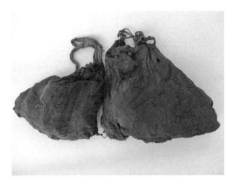

名称：行军米袋
质地：布
年代：解放战争时期
文物类别：织绣
收藏单位：阳山县博物馆
文物来源：接受捐赠

名称：毛毡
质地：羊毛
年代：解放战争时期
文物类别：织绣
收藏单位：阳山县博物馆
文物来源：接受捐赠

（冯俐俐摄于2018年7月）

名称：皮带
质地：皮
年代：解放战争时期
文物类别：皮革
收藏单位：阳山县博物馆
文物来源：接受捐赠

名称：雨伞架
质地：铁
年代：解放战争时期
文物类别：其他
收藏单位：阳山县博物馆
文物来源：接受捐赠

（冯俐俐摄于2018年7月）

名称：饭钵　质地：铁　年代：解放战争时期　文物类别：其他
收藏单位：阳山县博物馆　文物来源：接受捐赠（冯俐俐摄于2018年7月）

名称：《新形势与新任务》书籍　质地：纸　年代：解放战争时期　文物类别：古籍图书
收藏单位：阳山县博物馆　文物来源：接受捐赠（冯俐俐摄于2018年7月）

名称：望远镜　质地：铁　年代：解放战争时期　文物类别：其他
收藏单位：阳山县博物馆　文物来源：接受捐赠（冯俐俐摄于2018年7月）

名称：米袋
质地：布
年代：解放战争时期
文物类别：织绣
收藏单位：阳山人民武装起义纪念馆
文物来源：接受捐赠

名称：望远镜
质地：铁
年代：解放战争时期
文物类别：其他
收藏单位：阳山人民武装起义纪念馆
文物来源：接受捐赠

（冯俐俐摄于2018年7月）

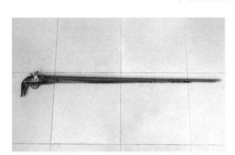
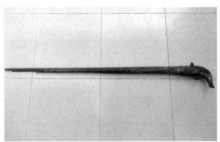

名称：火药枪　质地：铁　年代：解放战争时期　文物类别：武器
收藏单位：阳山人民武装起义纪念馆　文物来源：接受捐赠（冯俐俐摄于2018年7月）

名称：禾落　质地：木　收藏单位：黄坌镇高陂村委会（当年高陂民兵为粉碎敌人的长期封锁，千方百计战胜缺水、缺粮、缺油等困难，用禾落抢收稻谷）（冯俐俐摄于2018年7月）

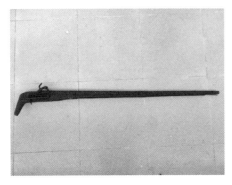

名称：火药枪
质地：铁
收藏单位：黄坌镇高陂村委会

名称：狗窟窿　质地：木
收藏单位：黄坌镇高陂村委会
（当年9岁多的曾观林从这样的狗窟窿爬出去为民兵送信）

（冯俐俐摄于2018年7月）

名称：禾镰
质地：铁
收藏单位：黄坌镇高陂村委会

名称：竹筒
质地：竹
收藏单位：黄坌镇高陂村委会

（当年高陂民兵为粉碎敌人的长期封锁、围困，千方百计战胜缺水、缺粮、缺油等困难，用禾镰抢收稻谷；村庄的民兵、群众也从各个方面大力支持高陂民兵。当年水圳村的范水才用竹筒装了六七斤油送去给高陂民兵）（冯俐俐摄于2018年7月）

名称：蓑衣
质地：棕叶
收藏单位：黄埖镇高陂村委会

名称：斗笠
质地：竹
收藏单位：黄埖镇高陂村委会

（当年的民兵用这种蓑衣、斗笠做雨具）　（冯俐俐摄于2018年7月）

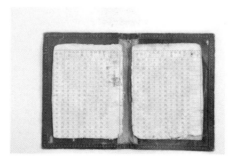

名称：陈文有党费证
收藏单位：陈玉灵个人
（欧志光摄于2018年7月）

279

名称：陈文有复员军人证书
收藏单位：陈玉灵个人
（欧志光摄于2018年7月）

名称：陈文有勋章
收藏单位：陈玉灵个人
（欧志光摄于2018年7月）

附录二

# 纪念场馆及设施

中华人民共和国成立后，党和政府高度重视红色纪念场馆建设，大力弘扬革命传统，传承红色基因。先后在县城和各乡镇建设一批纪念场馆，包括展厅、纪念馆、烈士陵园、纪念碑、思源室、教育馆等。本节记载其中部分。

## 一、阳山县革命斗争历史展厅

阳山县革命斗争历史展厅位于阳山县城贤令山脚下阳山县博物馆内，是清远市党史教育基地之一。展厅始建于2010年，2012年开始对外开放，展区面积共150平方米。为丰富展览内容，阳山县史志办于2016年对展览进行升级改版，增加实物展览内容，图文并茂。展览一共分为五个部分内容。第一部分内容是红色革命烽火在阳山点燃，第二部分内容是抗日救亡，第三部分内容是阳山人民革命武装建立和发展，第四部分内容是阳山人民武装斗争主要战况，最后一个部分内容是革命前辈的生平和英雄事迹。实物展览主要是解放战争时期战士们用过的火药枪、望远镜、海螺等红色文物。

## 二、阳山人民武装起义纪念馆

阳山人民武装起义纪念馆位于阳山县小江镇下坪村委会办公楼内，距离小江镇政府约10千米，距离阳山县城约30千米。该纪念馆为纪念1948年7月15日阳山人民革命武装起义而建。2007年首先由社会集资兴建，于2009年建成，面积100平方米。2017年，清远市史志办公室和阳山县史志办公室对纪念馆进行重新升级，对馆内文字、图片重新进行布展。图文展览一共分为四部分。第一部分内容是革命火种（陈枫到下坪村进行革命工作），第二部分内容是下坪起义，第三部分内容是浴血连阳（主要战斗），第四部分内容是铭记历史（领导题词）。馆内收藏当年革命先辈用过的枪、望远镜、布袋等物品，布置有连江支队司令员冯光的铜像，通过文字、照片反映武装起义历史和革命先辈的英勇事迹。

### 三、阳山革命烈士陵园

阳山革命烈士陵园位于阳山县城北面贤令山上。1977年，阳山革命烈士陵园建成后，将原位于县人民医院西侧的旧烈士陵园迁移到贤令山新烈士陵园。阳山革命烈士陵园总面积约4万平方米，包括纪念碑、烈士墓、关山月题刻"铭志颂"等。后期增建建筑物有陵园亭、革命战士浮雕、英雄广场等，与原有主体建筑融为一体，使整体更显规模。烈士墓为圆形土堆，高1.9米，直径8.3米，墓前有"烈士之墓"碑刻，存放着连江支队司令员冯光等革命先烈的骸骨。阳山革命烈士陵园是阳山县爱国主义教育基地，1987年被评为县级文物保护单位。目前烈士陵园保护情况良好。

### 四、阳山人民武装起义纪念碑

阳山人民武装起义纪念碑位于阳山县小江镇下坪村委会办公楼后侧。2001年秋，阳山县委、县政府在广州地区老战士联谊会西北公司董事会和阳山县人民政府及省、市、县老区建设促进会支持、资助下，兴建阳山人民武装起义纪念碑，当年11月底落成。纪念碑（含纪念广场）占地面积288平方米，碑高6.9米。2004年、2015年，小江镇政府、县老促会出资先后对纪念碑进行两次修缮。2018年，在阳山人民武装起义70周年到来之际，小江镇政府、县老促会出资对纪念碑进行拆旧建新，并对纪念广场做全面修缮。阳山人民武装起义纪念碑及纪念广场，已成为阳山县一年一度的阳山人民武装起义纪念活动场地。

### 五、坚守高陂108天战斗纪念碑

坚守高陂108天战斗纪念碑位于阳山县黄坌镇高陂行政村。2001年秋，阳山县委、县政府在广东省老促会、广州地区老战士联谊会西北公司董事会资助与支持下，在黄坌镇高陂村兴建坚守高陂108天战斗纪念碑，当年11月底落成。纪念碑占地288平方米，高6.813米。目前，该碑保护良好。

### 六、黎埠革命烈士纪念碑

黎埠革命烈士纪念碑位于阳山县黎埠镇界滩行政村。解放战争时期，黎埠镇的界滩、洞冠、木山、鲁塘、水井、南村等村是游击根据地、黎寨地区游击战争主战场。在一系列战斗中，游击队指战员不怕牺牲，英勇奋战。其中进行过六七次轰动连阳的战役，有效地打击了敌人。1949年12月13日，游击队配合人民解放军解放黎埠。在解放战争中，黎埠地区共有63名战士英勇壮烈牺牲，包括解放黎埠时牺牲的两名解放军战士。为纪念、慰藉英烈忠魂，启迪教育后人，2008年8月，省、县老促会，县关工委，黎埠镇党委、镇政府，界滩村委会集资联合兴建黎埠革命烈士纪念碑。目前该纪念碑保护情况良好。

## 七、七拱革命烈士纪念碑

七拱革命烈士纪念碑坐落在阳山县七拱镇七拱村大林岗山岗上。1966年，为纪念在解放七拱中光荣牺牲的革命烈士王福、王成支而立。纪念碑坐西北向东南，高4.4米，是砖石混凝土结构。碑正面镶嵌两块烈士墓碑，正东面题字是"革命烈士纪念碑"，竖行草书。七拱革命烈士纪念碑是七拱镇爱国主义教育基地。现纪念碑略显破旧，周围杂草丛生，有待维修。

## 八、秤架乡革命烈士陵园

秤架乡革命烈士陵园位于阳山县秤架瑶族乡圩镇山边，目前陵园保存情况良好。陵园主要由三部分组成。进入陵园先是三门琉璃瓦面钢筋混凝土合构牌坊，中门刻字"革命烈士陵园"，然后上25米阶梯到纪念碑。纪念碑为方尖形，高12米，用钢筋混凝土合构，底座置一说明石碑，阶梯两边分别有秤架烈士纪念碑简介碑刻和烈士名单碑刻，碑体上雕刻"烈士纪念碑"字样，碑尖上立有一红五角星。秤架烈士纪念碑始建于1953年，原在秤架圩公路旁，后移至该陵烈士陵园内。为纪念1950年中国人民解放军四十一军一二三师毕长福等11位在解放秤架、渡河作战中光荣牺牲的战士和为解放秤架光荣牺牲的其他革命先烈，秤架乡党委、政府1986年兴建该烈士陵园（现址）。1995年，秤架乡革命烈士陵园被定为秤架瑶族乡爱国主义教育基地。

## 九、黎埠镇界滩思源室

界滩思源室位于阳山县黎埠镇界滩行政村村委会。建于2007年，由省、县老促会，县关工委，黎埠镇党委政府和界滩村委会联合兴建，2009年落成使用。思源室面积约36平方米，展览分为三部分内容，第一部分内容是革命战争时期发生在阳山的主要斗争事件，第二部分内容是战争遗址和纪念碑相关照片，第三部分内容是革命前辈生平和英雄事迹。目前，思源室利用较好，成为传承革命优良传统，弘扬老一辈革命精神，开展爱国主义和精神文明建设的教育基地。

### 十、黄坌镇高陂思源室

黄坌镇高陂思源室位于阳山县黄坌镇高陂村委会办公楼（原高陂小学）内，建于2004年9月，由县老促会出资，县史志办、高陂村委会、原高陂小学协助共同兴建，面积50平方米。思源室设置前言、思源、抚今、展望、结束语五部分，展示阳山县革命事件、革命人物，寻革命足迹，思幸福之源，忆往昔艰苦岁月，弘扬前辈风范，记载连江支队战斗在黄坌的光辉历史和英雄楷模，展现坚守高陂108天战斗的英勇场景，展今朝累累硕果，号召继承先烈遗志，不忘初心，牢记使命，继续奋斗，展翅腾飞，传承革命传统，创造美好明天。高陂思源室保护利用较好，成为爱国主义和革命传统教育基地，2018年底，该思源室移至黄坌革命历史纪念馆。

### 十一、小江镇冯光纪念中学思源室

冯光纪念中学思源室位于阳山县小江镇石螺冯光纪念中学教学楼内，建于2005年，由县老促会出资，县史志办、冯光纪念中学协助共同兴建，面积45平方米。思源室突出记载展现连江支队司令员冯光烈士的英雄事迹和战斗生平，同时展现阳山县革命事件、革命人物。目前，冯光纪念中学思源室利用得较好，冯光纪念中学结合本校教学活动展示教育成果，把思源室作为爱国主义和革命优良传统教育基地。

## 十二、黎埠中学三思教育馆

黎埠中学三思教育馆位于该校教学大楼内，建于2005年，在省、市、县老促会，省、市、县关工委关怀资助下，黎埠镇党委政府支持和县史志办、县教育局、黎埠中学协助下共同兴建，面积100平方米。建立此馆旨在让年轻一代了解黎埠历史，缅怀革命志士光辉业绩。此馆以爱国主义教育为主旨，以历史为主线，以深刻变化和辉煌成就为主题，教育年轻一代。三思教育馆设四大部分：第一部分黎埠十大变化，第二部分幸福思源，第三部分富强思路，第四部分成长思恩。目前，黎埠中学三思教育馆利用得较好，成为爱国主义和革命传统教育基地。

## 十三、秤架瑶族乡思源室

秤架瑶族乡思源室位于秤架民族学校教学大楼内，建于2005年，由县老促会出资，县史志办、秤架瑶族乡党委政府、秤架民族学校协助共同兴建，面积50平方米。思源室展览内容在全面展示阳山革命历史事件、革命人物的同时，着重反映秤架瑶族乡游击根据地革命历史事件和人物。目前，秤架瑶族乡思源室利用得较好，成为爱国主义和革命传统教育基地。

## 十四、阳城镇水口学校思源室

阳城镇水口学校思源室位于该校教学楼内，建于2005年，由县老促会出资，县史志办、阳城镇党委政府、阳城镇水口学校协助共同兴建，面积45平方米。思源室在展现阳山全县革命历史事件、革命人物的同时，突出反映阳城镇的革命老区革命历史事件、革命人物。目前，阳城镇水口学校思源室利用得较好，成为爱国主义和革命传统教育基地。

## 十五、江英镇思源室

江英镇思源室位于阳山县江英中心小学教学楼内，建于2005年，由县老促会出资，县史志办、江英镇党委政府、江英中心小学协助共同兴建，面积50平方米。思源室在展现阳山全县革命历史事件、革命人物的同时，突出反映江英镇的革命老区革命历史事件、革命人物。目前，思源室因学校课室紧张，拟迁移到该镇荣岗行政村村委会办公楼。

## 十六、黄坌革命历史纪念馆

黄坌革命历史纪念馆位于阳山县黄坌镇高陂行政村坚守高陂108天战斗纪念碑侧，建于2018年，由黄坌镇委、镇政府统一规划、出资，在原有的一栋两层砖木结构楼房做重新装修布置，总面积约150平方米，馆内设4个展室、1个藏书阅览文物陈列室、1个接待室。纪念馆设阳山革命斗争史、黄坌革命斗争史、寻革命足迹思幸福之源、忆往昔艰苦岁月、艰苦奋战108天、革命先驱前辈风范堪作楷模、发展建设与主要成果、茶园芳华红色黄坌等专栏，内容丰富多彩。纪念馆的建成，既成为爱国主义和革命优良传统教育基地，也与坚守高陂108天战斗纪念碑、纪念广场融为一体，形成黄坌红色旅游的一个景点。

# 附录三 缅怀革命先烈 弘扬红色基因

无数革命英烈、革命前辈为了国家独立，民族解放，人民幸福，不惜奉献自己的青春年华，甚至付出宝贵生命，他们都是最可爱的人。他们的英雄事迹流芳百世！后人要永远铭记血与火的峥嵘岁月，永远铭记革命英烈和革命前辈的丰功伟绩。

## 一、阳山革命英烈（主要部分）

### 黄大钧

黄大钧（1900—1928），又名黄大经，字秉和，出身于阳山县七拱乡四方楼村一个贫苦农民家庭。黄大钧是阳山县早期的进步青年学生。他于1927年参加震惊中外的广州起义。起义失败后，他不幸被捕，于1928年5月在广州被国民党反动派杀害，牺牲时年仅28岁。中华人民共和国成立后，阳山县人民政府追认他为革命烈士。

黄大钧幼年在本村和七拱乡私塾读书时，勤奋好学，成绩优异，名列榜首。在乡中读完私塾后，因家境清贫，无法到外地继续读书。这时，黄大钧被同村的土豪劣绅黄炳墊和梁秀清欣赏，出钱送大钧前往广州深造。不久，黄大钧考入广州法政专业学校，1926年又考入中山大学。

1925年6月23日，黄大钧参加苏兆征、邓中夏、陈延年等领导下的广州工人和一部分回到广州的香港工人，以及市郊农民、学生等各界约10万人参加的省港大罢工。黄大钧目睹帝国主义国家在中国土地上犯下的滔天罪行，感到无比愤恨，并立志在中国共产党领导下，坚定地站在救国救民斗争前列。不久，他就把阳山县在广州读书的青年学生组织起来，在广州教育南路流水井成立阳山留省同学会。他被推选为该会负责人。同学会成立后，他以阳山留省同学会为主要宣传阵地，向会内会外青少年同学宣传革命大好形势，传播进步思想，并结合阳山县实际，揭露国民党阳山县政府的腐败和土豪劣绅梁秀清、黄炳堃等横行霸道的罪行，通过反复宣传，使大家进一步提高思想觉悟。

1926年3月，国共第一次合作之风吹遍广东全省各地，黄大钧担任筹备中国国民党阳山县党部的筹备员。在全体筹备员共同努力下，经过半年多时间的深入发动，吸收1600余名工农活跃分子和开明人士加入国民党，先建立3个区党部、15个区分部，后于1927年1月16日，在阳山县城成立县党部，在县城四季堂（阳城大街原县人民武装部）挂起县党部牌子。

同时，黄大钧和全体筹备员一起，贯彻执行广东省第二次农民代表大会提出的"中国民族运动必须有广大农民群众参加"的决议，组织发动农民群众参加农民协会，成立阳山县农民协会。

1927年12月11日，黄大钧参加震惊中外的广州起义。在作战中，他不畏强暴，不怕流血牺牲，英勇杀敌。起义部队当天上午占领广州城，并建立苏维埃政府。起义部队英勇顽强浴血奋战三昼夜，终因敌我力量悬殊，加上受"左"的影响等各种原因而遭到失败，黄大钧也不幸被捕。黄大钧被捕后，坚贞不屈，于1928年5月被敌人杀害。在被杀害前夕，他给父母写了一封遗书。遗书全文如下：

　　儿死矣，不孝儿竟先我父母而死矣。儿之死为革命而死，为革命而死诚得所，故不悲亡。儿一死而能救天下许许多多之父母，许许多多之儿女，儿之死不虚死矣。

我妻少年丧偶，殊可哀怜。我死之后，可劝其改嫁如意郎君，借图此后人生乐趣。我平昔主张夫妻道德，妻死再娶与夫死再嫁同一理也。旧社会以贞节二字，单纯放在女人身上，是我绝端反对之举。望我妻敢其勇气，冲破旧礼教藩篱，以作解放新人物，我有荣焉！我坐监之费，可移作治儿读书之资，俾读书有成以报深仇大恨，明儿有钱则多读几年，无钱亦无不可，此非父母之过，乃旧社会之罪恶也。炳弟性情纯朴，玉弟无挑挞（轻浮）之风，我死之后，可劝其家另找职业。以现在家庭而论，倘兄弟合力，想老祖母亦不会至于受饥寒也。望父母视儿之死，死于风雷也，水火也，勿复以儿为念。僧尼不耕而食，不织而衣，望我父母勿受其骗，以重我罪。……我之遗骸可置之不理，他日红花岗上，党冢成是我埋骨之所也。……

祖母风烛残年，即将就木。我死之后，倘若有灵，当在阴曹清除道路，以迎我老祖母安步归来也。现儿于将死未死之时，仅以我父母所赋予之口舌大呼，以祝父亲母亲健康，父亲母亲万福无疆。

不孝儿黄大钧字秉和书

1928年5月4日

（执笔人：张华光）

## 黄柏远

黄柏远（1925—1944），又名黄德远，阳山县附城乡黄屋村人，出身于一个农民家庭。

1942年，黄柏远以第一名的优秀成绩被阳山中学（即阳中）录取。他在阳中读书期间，开始接触革命思想，接受中国共产党的思想教育。在阳中校长、中共阳中支部书记卢炽辉和老师们引导下，黄柏远参加革命斗争和抗日救亡工作，积极参加抗日宣传队、演剧队、歌咏队等组织，参加读书会、演讲会、出版墙报等活动。他在笔记本中写道："为了抗日的胜利，甘愿抛头颅洒热血！"

黄柏远参加阳中抗日宣传活动十分活跃，经常和同学们排练抗日救亡歌曲、话剧，节假日在县城公演，有时还下到农村去演出，向社会各界、广大劳动人民宣传抗日救亡。每次演出，他都不怕苦不怕累，尽心尽力做好道具、服装等后勤工作，保证演出顺利进行。不久，黄柏远接上级命令随队挺进粤北，途中突遭国民党军队伏击不幸被捕。他隐瞒真名实姓和籍贯，改名为李旭辉，谎称连县人。敌人信了他，决定将其押回连县。在押解途中，黄柏远咬紧牙关顽强地挺住敌人的毒打。押解路经阳山县城时，国民党顽固派发现黄柏远是阳中学生，是阳山人，于是就通知他父母等亲人去劝他写悔过书。他启发教育亲人："我们的事业是正义的，我没有罪，不要上他们的当，不要为我伤心，要勇敢地挺起胸膛，我们的事业一定能成功，抗战必然会胜利。"并向敌人一再声明："要我写悔过书，除非太阳从西边升起！"

当敌人押解黄柏远路过阳山小江时，阳中邻村校友唐慎典见到黄柏远衣衫褴褛，全身沾满血渍，心痛难忍，随即把身上仅有的一点钱交给押解的敌兵，要求允许与黄柏远接近谈话，让他换衣洗澡。黄柏远劝唐慎典奔向革命，参加抗日斗争。后来，唐慎典于1947年参加曲英乳人民义勇大队，成为一位无产阶级先锋战士，为革命流尽最后一滴血。

黄柏远被敌人押解到连县监狱后，在狱中遭到敌人严刑拷打，但他宁死不屈，坚持与敌人开展斗争。家里的亲人为了营救黄柏远出狱，千方百计筹集一万多斤稻谷，送到连县国民党当局，要求释放黄柏远。但是，敌人是惨无人道的，极尽阴险狡诈之能事，一面收受钱财，一面施用残酷电刑，于1944年5月把黄柏远杀害于狱中。黄柏远牺牲时年仅19岁。

（执笔人：李锦川）

## 冯 光

　　冯光（1920—1949），又名冯沥祺、冯义理、冯石生、何达生，男，1920年出生，佛冈县汤塘镇复兴村人。

　　他1939年参加湿江青年抗日先锋队，从事抗日救亡活动，同年加入中国共产党。1940年春奉调广州市郊游击第二支队（简称"广游二支队"）任战士，在著名的西海大捷中立下战功，被提升为小队长。1941年6月，冯光率手枪队夜袭番禺新造伪区署警察中队，智歼七乡联防大队大队长，受到嘉奖，被提升为中队长。1944年7月，日本侵略军南支派遣司令部疯狂"扫荡"市桥，冯光主动请战掩护主力突围，率领七名战士坚守植地庄一整天，打死日军70多人，八人被誉为抗日英雄"植地庄八勇士"。1945年1月，广东人民抗日游击队珠江纵队成立，冯光任第三大队（也称南三大队）大队长，同年冬，被任命为广（宁）四（会）清（远）边区队队长，开辟广四清边游击区。1947年7月，粤桂湘边区工委成立，并建立连江支队（对外称"飞雷队"），冯光任司令员，周明任政治委员。飞雷队两次挺进连阳开辟新区，1948年8月16日到达阳山县黄垒乡高陂村，与阳山人民武装起义队伍会师。在阳山整编了阳山武装部队后，冯光、周明率领部队继续挺进连县和粤湘边地区，同年11月返回阳山，在阳山建立连江流域游击指挥中心，指挥清远、英德、乳源、阳山、连县各地人民武装开展游击战争。1949年1月22日，国民党阳山县保警队和广东省保安司令部十七团三营近400人联合"清剿"阳山县小江地区游击根据地，司令员冯光率领部队在阳山县小江镇罗汉塘伏击敌人，在激烈战斗中不幸中弹，牺牲在阵地上，时年28岁。

（资料来源：县史志办）

## 朱永仪

朱永仪（1925—1948），字蔷薇，女，台山县钱眼村人。

朱永仪少年时，跟随在广州市立医院工作的父亲在广州读书。1939年夏，考入台山县女子师范学校。1944年夏，在县女师毕业后，被派往阳江县一间小学当教员，同年加入中国共产党。1945年8月，朱永仪一家迁居香港。她以教学为掩护，从事党的地下活动。1947年11月，到达广宁革命根据地后，在西江部队飞雷队担任文书。1948年6月，朱永仪又随部队经四会、清远、英德挺进连阳。8月，部队到达阳山县。她当卫生员，在医药奇缺的情况下，采用野生中草药治疗伤病员，取得很好的效果，战士们都亲昵地称她为"朱女"。

1948年11月，冯光、周明派麦永坚和黄振率领猛虎队70多人，进入敌人后方黎埠、寨岗等地区，开辟根据地。朱永仪不愿留在根据地，要求随同猛虎队深入敌后作战。1948年11月下旬，猛虎队突袭国民党寨岗乡公所后转移到寨岗老虎冲、中心岗瑶汉地区活动。12月11日，在鱼冲村后小山冲隐蔽时，由于混入部队的奸细向敌人告密，猛虎队70多人被国民党军和地方反动武装1000多人包围。当麦永坚和黄振瞭望敌情，指挥部队突围时，站在他们身边的朱永仪被敌人的子弹击中腿部，身负重伤。战士们要抬朱永仪冲出重围，但她怕拖累部队突围而执意留下。翌日上午9时，敌人上山搜索，朱永仪被捕。敌人把朱永仪押至国民党黎埠乡公所关押，一起关押的还有10余名"小鬼班"战士。敌人获悉朱永仪是游击队领导的爱人后，如获至宝，软硬兼施，诱供逼供，企图从她身上探悉共产党和游击队情报，并妄想通过她诱降游击队。朱永仪对敌人的盘问、引诱不予理睬，只是冷冷地回答"不知道"。在黎埠被监禁期间，朱永仪常跟战友们谈笑、讲故事、唱歌，对胜利充满信心。

朱永仪在黎埠乡公所被关押10余天后，又被押解到阳山县城囚禁。国民党县长李谨彪再次对她劝降逼降，用尽酷刑，把朱永仪折磨得死去活来，朱永仪宁死不屈。1948年12月底的一个晚上，她与8名被捕战友被押到阳山城郊秘密枪杀。朱永仪抢在罪恶枪声响起之前高呼："共产党万岁！"朱永仪牺牲时，年方23岁。

（执笔人：罗昆烈、陈如楠）

## 江 风

江风（1925—1948），原名曹献贤，又名曹烈刚，男，阳山县阳城镇人。

江风在少年时代，节衣缩食，勤奋学习。念完小学之后，又通过勤工俭学在阳山中学读上了初中。1944年，江风参加阳山中学组织的抗日宣传队，奔赴七拱、黎埠、寨岗、黄坌、秤架、青莲、西江、朝天等地进行抗日救亡、保国保家的宣传。1945年1月，江风接受阳中地下党组织安排，历尽艰险，前往博罗县罗浮山，参加东江纵队举办的青年训练班。学习结束后，江风回到清远，被编入何俊才（何彬）领导的清远抗日同盟军，先后担任文化教员、政治服务员，同时加入中国共产党。8月，江风随队北上粤赣湘边始兴、南雄，准备与南下的王震部队会师，建立五岭抗日根据地。1946年9月，隐蔽部队重新恢复武装斗
争，成立粤赣先遣支队，江风负责先遣支队手枪队工作。1947年，粤赣先遣支队飞虎大队成立，江风任该大队第一中队长。1948年秋，江风调往佛冈人民义勇大队任副大队长。1947年6月至1948年5月，江风任飞虎大队第一中队长期间，在支队党组织和汤山大队长直接领导下，带领全队战士先后作战几十次，打了不少胜仗，消灭了许多敌人，缴获武器、弹药和物资一大批，从而武装和壮大了革命队伍，为党、为人民、为革命立下战功。1948年11月18日，江风带领一个中队在翁源活动时，在新江渔溪径口与敌人遭遇，在指挥作战中，不幸中弹，光荣牺牲，时年23岁。

（执笔人：李锦川）

## 梁泽英

梁泽英（1922—1948），男，阳山县小江镇下坪村人。

1944年5月19日，梁泽英参加青年抗日同盟组织，在宣誓重建青年抗日同盟的"八兄弟牛岩结义"仪式上，他曾咏诗一首，以表忠心。诗曰："一湾坑水绿悠悠，为何鱼儿不上

钩，穷人穷得有骨气，情愿饿死不低头。"为了壮大武装力量，党组织分配他自购七九枪1支、子弹100发的任务。梁泽英接受任务坚决，把家中仅有1头猪卖掉，并动员姐姐梁婵茹卖了1头耕牛，筹足款额，完成了党组织分配的购买枪弹任务。1946年，梁泽英光荣地加入中国共产党。1947年农历八月十三日，梁泽英、梁茂发带领少数留在家乡武装民兵英勇抗击匪首梁桂生率300余人对下坪村的洗劫。1948年7月14日，梁泽英和梁受英秘密持枪到国民党小江乡公所侦察敌情，乡长陈汉隆得知梁泽英、梁受英是共产党员，即欲强行逮捕。二梁机智地择机脱身，安全回到下坪。1948年7月15日，梁泽英在下坪参加阳山人民武装起义。同年8月，起义队伍与北挺连阳的飞雷队在高陂会师后，梁泽英被编入猛虎队任第一小队副小队长。同年11月下旬，随猛虎队开进寨岗，开辟阳山南线战场，实施向南发展战略部署。当部队开到寨岗鱼冲时，遭到国民党军和地方反动势力1000多人包围。猛虎队组织突围，梁泽英与钟灵、冯唐等突围出来之后，12月11日，在向广宁老区撤退途中，被国民党反动派逮捕杀害。

（执笔人：梁受英）

## 邱可养

邱可养（1919—1949），男，1919年6月20日出生，阳山县黄坌镇高陂村人。

邱可养少年时，家境贫寒，仅读过4年书，辍学后跟随父亲辛勤耕耘田地。1948年7月，阳山人民为了翻身解放，于小江下坪举行武装起义。8月，起义队伍与北挺连阳的连江支队飞雷队在黄坌高陂胜利会师。邱可养参加黄坌第六民兵中队，任班长。加入民兵组织后，他积极站岗放哨，筹运军粮支持主力部队。

1949年夏，国民党阳山县县长李谨彪出动1个主力营、2个中队、1个小队共400多人，向高陂游击区大举进犯。高陂民兵严阵以待，坚决还击，坚持108天。在战斗中，邱可养带领1个民兵班扼守高陂前沿要冲桥头村。8月13日，战斗打响，李谨彪亲率队伍向桥头村民兵进攻。敌人进入火力圈时，班长邱可养一声令下，全班民兵集中火力向敌人射击，两个敌人当即倒下。李谨彪见民兵早有防备，不敢恋战，便下令收兵撤退。10天后的8月23日，李谨彪又集中300多人，配有5挺机枪、2门小炮，再犯高陂。敌人分两路向高陂桥头、新屋两个前沿阵地发起进攻，战斗一打响，进攻桥头的敌人"敢死队"狡猾地用浸湿的棉被裹着身子冲过来，严阵以待的民兵给敌人致命打击。敌人的冲锋被一阵排枪压下去了，在阵地上扔下一具具尸体。邱可养凭着有利地形，弹无虚发，连续击倒3个敌人。见状，敌人集中火力向邱可养射来密集的子弹，他被不幸击中，献出了宝贵的生命。

（执笔人：曾夏妹、欧敬）

### 潘贻燊

潘贻燊（1933—1948），又名潘国强，男，1933年9月出生，翁源县龙仙镇人。

潘贻燊兄弟三人，两位兄长均在全面抗日战争期间参加革命。1946年夏，上级党组织从东江纵队抽调他二兄潘耀霖（潘贻璋）到黎埠虎岗中学任教，以教师为职业，开展黎（埠）寨（岗）地区革命斗争，潘贻燊随二兄到虎岗中学读初中一年级。在共产党及兄长的教育影响下，潘贻燊于1947年5月秘密参加中国民主青年同盟组织。1948年8月，遵照连阳中心县委的统一部署，潘贻燊随兄离开学校到广州。同年9月，秘密返回阳山界滩参加革命武装斗争，成为猛虎队手枪班一名小战士，参加界滩花车伏击战。同年10月，夜袭黄坌国民党乡公所。同年11月，夜袭寨岗国民党乡公所。同年12月8日，在寨岗安田村海螺墩与进攻的敌军激战。11日，当猛虎队在寨岗鱼冲的小山冲隐蔽时，因混入部队的奸细蔡马南向敌人告密，70多人的猛虎队被反动军队及民团1000多人包围，战斗惨烈。战至黄昏，潘贻燊随麦永坚队长等20多人冲出重围。13日早，部队到达连阳三县（连县、连南、阳山）交界处水竹塘，又被50多敌人拦截，潘贻燊在撤出战斗时未跟上队伍，途中迷失方向而被捕。

潘贻燊被捕后，与其他一些被捕战友被关押在黎埠乡公所，几天后转押阳山。那时从黎埠到阳山全是崎岖小道，除十来里平地外，都要爬大山，穿峡谷，80里长的行程中，潘贻燊的双脚已被石头、荆棘刺伤，红肿化脓，时值寒冬腊月，每走一步都疼痛难忍。到了阳山，国民党县长李谨彪及亲信成家球等对潘贻燊轮番审讯，施尽酷刑。奄奄一息的潘贻燊宁死不屈，严守青盟与游击队秘密。在1948年12月底一个寒风凛冽的黑夜，他与女共产党员朱永仪等战友一起在阳山城外（今阳山宾馆入口处）英勇就义，年仅15岁。

（执笔人：谢东明）

## 谢新华

谢新华（1922—1948），男，五华县人。

谢新华因家境贫困，20岁时被国民党强征入伍。他在国民党军营里受尽上司打骂，缺食少穿，衣衫破烂。他不堪逼迫，想方设法逃出虎口，于1943年下半年来到阳山县朝天乡神岗村做工。后被西朝党支部吸收加入中国共产党，并参加部队。入党后，谢新华经常深入到人民群众中去，宣传革命道理，用自己的亲身经历，揭露国民党的黑暗统治，号召人民群众跟共产党闹革命，争取翻身解放。他经常利用趁圩赶集的机会到西江、朝天、龙坪、星子、连州等地了解社会动态，侦察敌情，并及时向党组织汇报。1948年7月，谢新华参加阳山人民武装起义，成了部队骨干。在游击队手枪突击队期间，参加袭击国民党西江乡公所、九甲庙等战斗。1948年10月上旬，游击队发起夜袭国民党阳山县黄坌乡公所的战斗，谢新华和战友丘桂等一起，用黄色炸药炸开敌人营门，并迅速冲入中心营垒。不到半小时，战斗结束，游击队缴获敌人一批枪支弹药。在清理战场时，潜伏的敌人向他放冷枪，击中他头部，因伤势过重，部队又缺医少药，经抢救无效而牺牲。

（执笔人：张国钧）

## 邵　甫

邵甫（1929—1949），男，怀集县人。

1947年2月，邵甫参加飞雷大队。1948年6月，随飞雷队挺进连阳，8月，编入猛虎队任手枪班班长兼麦永坚队长警卫员。邵甫在连阳和湖南地区参加数十次战斗，表现出色，后升任特务小队（手枪队）小队长。1948年12月，在寨岗鱼冲突围战斗中，邵甫第一个杀入敌阵，为战友打开突围缺口。1949年6月，猛虎队从湖南转战连阳，部队在连县潭源洞被国民党反动武装包围，邵甫奉命率领二班、四班两个步枪班摧毁敌人指挥阵地，为猛虎队发动反攻、组织突围开好局。同年7月，在夜袭国民党龙坪自卫队的战斗中，邵甫率领特务小队全歼敌人50多人。同年8月30

日，在夜袭国民党阳山县黄坌乡江咀吕桂生中队的战斗中，邵甫中弹受重伤，4天后不幸牺牲，献出年仅20岁的生命。临终前，邵甫向前来探望的特务小队副小队长谢东明艰难而断续地说出"……革……命……"

（执笔人：谢东明）

## 丘微艺

丘微艺（1924—1949），又名丘能，男，阳山县杜步镇人。

1942年，丘微艺高小毕业后，考入阳山中学初中班读书。1944年，日军进犯粤北，清远、英德沦陷，阳山形势岌岌可危。丘微艺豪情满怀，积极投身抗日救国运动。在老师带领下，丘微艺返回家乡杜步出墙报，唱歌、演戏、刷写标语，以各种形式动员群众参加抗日，组织青年开展军事训练，准备迎击日军进犯。1945年初，阳中党组织根据上级指示，秘密动员一批进步青年学生到东江纵队参加游击队，丘微艺毅然放弃即将升学或谋职的机会，决心投笔从戎。他跟随教师从阳山到东江，跋涉千里，跨越敌人的层层关卡，历尽艰险才到达博罗县罗浮山，参加东江纵队青年干部训练班并加入中国共产党。同年5月，在青干班学习结业后，丘微艺离开东江纵队被派返粤北，在北江抗日同盟军西北支队何俊才大队当战士。10月，丘微艺到翁源县新江，隐蔽在太平东面群山中大水坑一个破旧的香菇厂，读书学习，提高理论水平，同时帮文化水平较低的同志补习文化知识。1946年6月，何俊才认为恢复武装斗争时机已到，决定把疏散隐蔽的部队重新集结起来，组成翁源人民自卫军。丘微艺被分配在该队当政治服务员，随队深入农村，发动群众反"三征"，破粮仓，收缴反动地主的武器，镇压恶霸，成立民兵组织，建立农会。1948年冬，粤赣先遣队改编为粤赣湘边纵队北江第一支队，丘微艺被任命为该队第四团钢铁连政治指导员（后任北江支队中队长）。1949年1月21日清晨5时，钢铁连、飞虎连按原定计划部署在翁源县新江陈公湾战斗。8时，敌人进入伏击圈后，两个连队一轮炮火袭击，敌人死伤10余人，扔下1挺机枪、十几支步枪，仓皇退到南路一个山头上负隅顽抗。丘微艺在指挥撤退时，为掩护战友，他奋不顾身，端着枪向敌人猛射。丘微艺最后撤离阵地时，被敌人的子弹击中，光荣牺牲，献出了25岁的生命。

## 张月文

张月文（1914—1949），男，1914年6月21日出生，阳山县西江区（西江现属连州市）外塘乡外塘村人。

张月文从小聪明伶俐，从未进过学校门，自从懂事便开始分担家中事务，从事各种生产劳动，辛勤地耕耘，力图用自己的双手改变家境，使他一家过上幸福美满的生活。1948年7月，阳山人民武装起义后，游击队便到张月文家乡一带活动，攻下国民党西江乡公所，并向群众宣传革命道理，领导劳苦大众起来闹革命。张月文认识到只有跟着共产党走，推翻压在人民头上的"三座大山"，贫苦农民才能翻身得解放。于是他参加了民兵组织。1949年9月17日，国民党西江乡乡长张华岳带领连县保警营黄大舟、黄坤山和阳山自卫中队共300多人，攻打外塘村。该村民兵中队和群众以顽强战斗的精神，坚决抗击敌人，击退了敌人一次又一次进攻。在被敌人切断水源，不能到村外挑水吃的情况下，也毫不动摇，自己动手，在村内挖井取水。面临快要断粮的危机时，民兵们利用黑夜，冒着生命危险，跑到附近村庄借粮，从而坚持战斗了三天三夜。后来敌人攻入村中，民兵又与敌人展开巷战。在巷战中，张月文奋不顾身，英勇杀敌。正当张月文开枪射击顽敌时，他的枪失灵，敌人乘此机会向张月文连续打来几颗子弹，张月文因头部中弹而不幸光荣牺牲，时年35岁。

（执笔人：张华光、梁泽贤）

## 唐慎典

唐慎典（1924—1949），男，阳山县阳城镇城南唐屋村人。1947年加入曲英乳人民义勇队后改名叫古顿，战士们都爱笑称他为"古董"。

唐慎典1944年考入阳山中学。1947年夏，唐慎典毅然放弃即将毕业就业的机会，不顾兄弟父老的劝说和反对，在友人指引下，离开学校，专程到广州、中山、增城等地寻找革命队伍。几经波折，但未能如愿，又返回家乡。回到阳山后，他到处打听武装部队的活动情况。当年中秋节前，他又赶到曲江县，终于通过地下交通员，参加曲英乳人民义勇大队，被编在文丹战斗班任战士，改名叫古顿。古顿工作积极，经受了战斗和艰苦生活考验。不久，他被提升为事务长，又于同年冬加入中国共产党。

1948年春，古顿下瑶山后，染上怪病。由于部队缺医少药，古顿得不到有效治疗，身体极度虚弱。领导决定把古顿留在罗坑下洞肖屋一户农民家养病。由于反动保长告密，肖屋村被国民党驻白沙、龙归自卫队包围。古顿以一支火药枪抵抗数十名敌人，誓死不投降，终因寡不敌众，弹药耗尽而被捕，囚禁在韶关监狱。在1949年9月韶关解放前夕，古顿（唐慎典）与牢友一起，凿壁穿墙，准备越狱，不慎被敌人发觉，惨遭杀害。

（执笔人：陈如楠）

## 黄定勋

黄定勋（1925—1949），男，1925年3月出生，湖南省人。全面抗战前夕，黄定勋跟随父亲黄尚源迁居到广东省连县连州镇（今连州市）。

1939年，黄定勋以优异成绩毕业于连县燕喜中学。随后黄定勋一家又从连州搬到阳山县小江圩居住。1946年2月，中共小江区委建立，在小江、下坪一带开展活动。黄定勋参加党的外围组织青年民主同盟。1948年7月，阳山人民武装起义在小江下坪举行。黄定勋积极请求参加武装队伍，表示愿意为人民解放事业贡献青春。由于工作需要，党组织安排他当"秘密侦察员"。黄定勋积极工作，把秘密侦察得来的情报及时报送给游击队，对游击队准确判断敌情，确定行动计划，打击敌人，起了很大作用。1949年10月，黄定勋侦悉国民党军警先头部队败退经过小江，及时向游击队领导汇报，使游击队及时掌握敌人动向，赢得对敌斗争主动权。黄定勋却因此被国民党小江乡乡长陈汉隆逮捕，被押送到国民党阳山县政府。县长李谨彪亲自审讯他，软硬兼施，但毫无所获，遂于10月13日下午将他杀害。在临刑前，黄定勋拖着铁镣，昂首前行，唱着《义勇军进行曲》，高呼："工人、农民、贫苦大众团结起来，彻底打倒国民党反动派！"到达刑场后，行刑者迫其下跪时，黄定勋掉转身子，紧握拳头，怒斥："我要站着死！"并高呼"共产党万岁！"

（执笔人：梁受英、陈如楠）

## 谭罗海

谭罗海（1927—1950），男，阳山县黄坌镇塘底村鹞婆坪村人。

　　1948年冬，谭罗海参加共产党武工队。1949年2月至9月间，在反"清剿"斗争中，先后参加袭击国民党在黄垒、三江口的驻军等战斗。同年5月至8月，谭罗海和战友们多次参加破坏敌人通信设施的活动，阻挠敌人的通信联络。5月的一天晚上，武工队领导决定把破坏秤架鸡公坪国统区通信设施的战斗任务交给谭罗海等人去完成。谭罗海发挥自己的聪明才智，排除险阻，在当地民兵和战友们的密切配合下，终于砍掉了敌人半公里多电话线路，出色地完成了上级交给的战斗任务。8月，谭罗海还参加猛虎队和黄堂武工队联合发动的夜袭江咀吕桂生驻军据点的战斗，歼灭吕桂生大部兵力，拔掉这个据点。

　　1950年1月19日，潜入秤架乡人民政府的国民党"救国青年军"成员陈子雄在乡政府饭堂埋下用手榴弹改装成的定时炸弹，乘乡人民政府工作人员聚集开饭时引爆炸弹。当时担任政府总务工作的谭罗海和一位通讯员在饭堂工作，通讯员被炸伤，谭罗海光荣殉职，时年仅23岁。

（执笔人：黄堂、李锦川）

## 二、阳山革命前辈（主要部分）简介

　　该目记载的是革命战争年代参加过阳山革命斗争，经历艰难战争岁月，幸存下来的部分较具代表性的革命前辈。革命前辈在战争年代英勇战斗，为国家、民族和人民做出过重要贡献。中华人民共和国成立后，他们发扬革命优良传统，艰苦奋斗，在新的工作岗位上做出新的贡献。革命前辈是值得后人敬佩和永远颂扬的革命英雄人物。

## 陈 枫

陈枫（1916—1986），字文贤，又名哲
平、国梁，男，阳山县黄坌镇人。后随父定居
小江街。

陈枫1935年考入广州广雅中学读书，并加
入中国共青团。1937年赴延安抗大学习。1938
年加入中国共产党，同年8月奉中共广东省委
指派回阳山工作。他回阳山后，组建成立阳
山县青年抗敌同志会，建立中共阳山县支部委员会，并担任党
支部书记。之后又组织、带领共产党员和进步青年到七拱、青
莲、黎埠、小江、黄坌等地建立青抗分会，开展抗日宣传活动。
1940年，陈枫离开阳山，先后担任北江特委宣传干事，滒（江）
从（化）工委书记，北江地委常委、组织部长，兼滒（江）从
（化）花（县）分委书记，领导开展抗日斗争。1946年，陈枫调
广西，先后任桂柳区委特派员、区工委书记、广西省城市工委书
记，领导广西大中学校开展"反美、反蒋、反饥饿、反内战"民
主运动。中华人民共和国成立后，陈枫历任梧州市委书记，柳州
市委书记，广西壮族自治区民政厅副厅长，南宁市委书记、市长
等职。1965年，陈枫调外交部，历任亚非司副司长，驻阿富汗、
布隆迪、冰岛、毛里求斯等国大使。1984年，陈枫离休，享受副
部级待遇。1986年8月28日于北京病逝。

## 梁 嘉

梁嘉（1912—2009），本名梁荣生，字
绍基，男，1912年10月出生，开平县月山镇
博健乡东安里人。

1938年7月，梁嘉毕业于广州中山大学文

学院社会学系。青年时期投身革命，1936年9月加入中国共产党，任中共中山大学学生支部书记、广州市委青年部部长、广东省青年委员会副书记、广东省青年抗日先锋队总队副总队长，领导广东青年运动，开展抗日救亡活动。全面抗日战争时期，历任西江特委组织部长，南路特委书记，粤中区特委副书记、书记，珠江三角洲特委书记，广东人民抗日游击队珠江纵队政治委员。解放战争时期，任粤桂湘边区工委书记、粤桂湘边区工委军事委员会主席，中国人民解放军粤桂湘边纵队司令员兼政治委员。中华人民共和国成立后，历任西江地委书记、西江军分区政委、西江支前司令部政委，粤中区党委副书记，广东省委文教部常务副部长、宣传部副部长，广州市委书记处书记，中共中央中南局组织部副部长。"文革"后，任广州中医学院革委会副主任、主任、党委书记，广东省教育局局长，中国科学院广州分院院长，广东省科学院院长、党组书记。1986年离休，享受国家机关副部长级待遇和正部长级医疗待遇。梁嘉离休后，担任广东省老区建设促进会和广东省关心下一代工作委员会顾问等职。梁嘉是广东省第一、五届人大代表，广东省委第二、四届委员，政协广东省第四届常委会委员和全国政协第六届委员。2009年9月，梁嘉在广州市病逝。

## 周 明

周明（1911—2009），男，开平县人。

周明青年时代从事建筑设计工作，1932年参加革命，1935年加入中国青年团，1936年加入中国共产党。曾任中共广州市委委员，职工部部长、县委书记、县委特派员，珠江纵队政治部组织科科长，西江特委委员，广（宁）四（会）清（远）边区大队政治委员，东纵北撤后任粤桂湘边武装斗争主要负责人，粤桂湘边工委委员，第一挺进大队政治委员，粤湘边工委书记。1948年8月16日，冯光作为连江支队司令员，与政治委员周明率领西江部队飞雷队挺进连阳地区，在黄垈高陂村与阳山人民武装起义部队会师。会师后，留下两个排与阳山起义部队合编成立阳山人民抗征自救队。随后，冯光、周明统率部队继续挺进连县和粤湘边地区，执行扩大连江流域武装斗争任务，同年11月返回阳山，在阳山建立连江流域游击指挥中心，指挥清远、英德、乳源、阳山、连县各地人民武装开展游击战争。1949年1月22日冯光司令员牺牲后，周明任连江支队司令员兼政治委员。中华人民共和国成立后，曾任北江军分区副司令员，北江地委副书记兼组织部部长，粤北区党委城工部部长，广东省财委副秘书长，省建工局局长，省委工业部副部长，省工业厅厅长、党组书记，新丰江、南水水电工业局副局长，省林业厅副厅长，广州市建委副主任兼建港现场总指挥，广东省建委副主任兼省铁路建设指挥部副总指挥，中共广东省顾问委员会委员。离休。2009年9月在广州市病逝。

## 张 彬

张彬（1918—2003），男，开平县人。

张彬1938年1月加入中国共产党，先后在开平县任区委委员、区委书记、县委组织部部长。1944年春从地方党组织转到敌后参加武装斗争，在珠江纵队任政治处股长、中队指导员、大队政治委员。1947年调任连阳中心县委书记，1948年7月兼任阳山人民武装起义领导

小组组长。同年7月15日，在小江下坪村组织领导阳山人民武装起义，公开旗号为"阳山人民抗征抗暴义勇队"。起义队伍共46

人，梁呈祥任队长。同年8月16日，冯光、周明率领的西江部队飞雷队在黄坌高陂村与阳山人民武装起义部队会师。会师后，飞雷队留下两个排与阳山人民武装起义部队合编为阳山人民抗征自救队，张彬任中共阳山人民抗征自救队委员会书记，统一领导部队和地方党工作。1949年4月，部队整编为中国人民解放军粤桂湘边纵队连江支队第五团，张彬兼任团政治委员。1949年7月，张彬任阳山县委书记。中华人民共和国成立后，张彬先后任阳山县委书记，连县县委第二书记兼组织部部长，始兴县委书记，韶关地委委员、宣传部部长，并在广东省委宣传部、广东省工交干校任职，1978年离休。2003年9月病逝。

## 成崇正

成崇正（1909—1993），男，1909年10月出生，连州市星子镇大路边村人。

成崇正1938年12月加入中国共产党，是连县早期中国共产党员、连县地下党组织和武装斗争领导者之一。1939年2月，奉命回乡开展农民运动，发展进步力量，吸收先进分子入党。同年5月，建立中共大路边党支部，并任支部书记。1940年5月，调任连阳中心县委宣传部部长兼星子区委书记。1941年2月至1946年10月，先后任中共连县特派员、英德县委组织部长、番禺工委特派员。1947年3月组建二支禺南武工队。1948年春，接受粤桂湘边区工委挺进连阳开辟粤桂湘边根据地的任务，同年7月15日由上级指派到小江下坪村协助做好阳山人民武装起义的组织和指挥工作。1949年4月至11月，先后任连（县）宜（章）临（武）边人民抗征大队大队长兼政治委员和连江支队第八团团长。连县解放后，任连县第一届县委委员、副县长。1950年5月调任连南工委书记兼县长。1953年任韶关地区粮食局副局长、商业处代处长、外贸办代主任。1958年因错案蒙冤，1966年被劝退。1980年冤假错案得到平反，恢复名誉，享受地专级干部待遇。1993年2月病逝。

### 肖少麟

肖少麟（1920—1986），又名肖贻昌、肖伦，男，1920年10月24日出生，连州市丰阳镇湖江头村人。

肖少麟1939年加入中国共产党，1940年至1944年先后在曲江、佛冈、英德等地从事地下工作。1945年至1947年先后担任西江工委、清远工委特派员，曾参加中共中央香港分局游击战争训练班。后任粤桂湘边纵队连教导员。1947年9月受粤桂湘边纵队党组织派遣回连县筹备武装起义，任连县武委书记兼东陂区武委书记。1948年1月，组织和领导连县东陂武装起义，任连县抗征大队政治委员。1948年7月15日，由上级指派到小江下坪村协助阳山人民武装起义组织和指挥工作。1949年3月，任连县工委书记、连江支队第七团政治委员。中华人民共和国成立后，先后任连县工委书记兼组织部部长、韶关地委农村部部长、地委副秘书长。1958年任广东省土产公司经理。1986年病逝。

### 黄　振

黄振（1924—2016），男，1924年8月出生，中共党员，广州市番禺区市桥镇人。

1936年春至1943年，他先后在广州市宝华路烧腊店、沙溪小学当童工、杂工。1943年

10月至1945年11月，参加地方抗日武装关应部队任爆破队队员。1946年至1947年7月，参加抗日游击队珠江纵队二支队（后改为西江抗征义勇队），任战士、班长、小队长。1947年10月，在粤桂湘边支队任中队长。1947年11月至1948年7月，他先后被上级党组织派往连县、阳山协助地方组织发动武装起义。1948年7月15日，他指导和组织阳山人民武装起义，任参谋。1948年8月，任阳山抗征自救队副参谋长，猛虎队副中队长。1949年2月，任连江支队第七团参谋兼三营营长。1949年11月，连江支队第七团配合南下的第四野战军一四三师四二八团解放连阳地区。中华人民共和国成立后，1950年，黄振任连山县大队大队长。1951年11月，任海军海南水警区海岸炮兵独立四十一营副营长。1953年3月至1964年5月，他被派往海军烟台炮校学习，毕业后，先后被任命为北海舰队旅顺基地海岸炮兵司令部独立六十四营营长、司令部军械主任、基地司令部管理处副处长。1964年5月，转业到广州远洋运输公司任行政处处长、基建处处长。1984年1月离休。2016年在广州病逝。

## 梁天培

梁天培（1917—1995），又名梁志远、梁文山，男，阳山县小江镇下坪村人。

1938年参加阳山县青年抗敌同志会，兼任青抗会小江分会主任。1939年7月加入中国共产党。1940—1943年，先后就读于省钦州、韶州师范，任校党支部书记。1945年任英德临时中学训育主任，并兼任该校党支部组织委员。1946年夏入中山大学读书，任中山大学文学院及师范学院党支部书记。同年7月，受党派遣到东莞中学任教，参加东莞和虎门地下组织工作。后因东莞中学党组织负责人被捕，中山大学党组织指示梁天培转移到香港，进入中共中央华南分局主办的"农村民主运动与武装建设"训练班，后奉命到广宁粤桂湘边游击队任连指导员。1948年4月回家乡小江下坪村检查武装起义准备工作，同年7月15日，组织领导阳山人民武装起义。8月16日，起义部队与冯光、周明率领的西江部队飞雷队在黄垄高陂村会师。会师后，起义部队与飞雷队留下的两个排合编为阳山人民抗征自救队，梁天培任大队长。1949年4月整编为中国人民解放军粤桂湘边纵队连江支队第五团，梁天培任团长。1949年12月14日阳山县城解放，次日成立阳山县人民政府，梁天培任县长。1952年10月调离阳山，先后在中共中央华南分局农村部任副处长，在广东省高教局、省教育厅、中山医学院等单位工作。在"肃反审干"及"文化大革命"中受到迫害。1980年10月平反。1983年离休，享受厅级待遇。1995年11月于广州病逝。

## 梁呈祥

梁呈祥（1921—1993），男，1921年8月出生，阳山县小江镇下坪村人。

1938年冬，他经毛鸿筹介绍参加阳山县青年抗敌同志会，通过办民众夜校、创办《民声》墙报、演戏、唱革命歌、参加读书会等方法向群众宣传抗日救国真理。1944年5月19日与格夫、受英、栋祥、泽英、万国、茂发、岳荣7位梁姓兄弟，为"坚决与日本帝国主义侵略者及国民党反动派斗争到底"，在下坪村牛岩洞秘密宣誓，并参加青年抗日同盟会。1945年5月加入中国共产党。同年7月，他与梁格夫、梁受英开办"四健"作坊，以此作为地下交通站。1946年6月，中共下坪支部成立，梁呈祥任支部宣传委员，后任支部书记。1948年7月15日，梁呈祥参加阳山人民武装起义，任队长。同年8月16日，武装起义部队与冯光、周明率领的西江部队飞雷队在黄垄高陂村会师。会师后，起义部队与飞雷队留下的两个排合编为阳山人民抗征自救队，梁呈祥任东岳中队队长。中华人民共和国成立后，梁呈祥先后任阳山县青莲区区长、区委书记，乐昌县农村部部长，梅田矿务局九矿党委书记等职。1993年病逝。

## 梁格夫

梁格夫（1921—？），男，阳山县小江镇下坪村人。

1938年冬，经梁天培介绍参加阳山县青年抗敌同志会。通过办民众夜校、演进步戏、唱革命歌曲、出墙报、写标语等方法向群众宣传抗日救国真理。1944年5月19日，他与呈祥、受英、栋祥、泽英、万国、茂发、岳荣7位梁姓兄弟为"坚决与日本帝国主义侵略者及国民党反动派斗争到底"，在下坪村牛岩洞秘密宣誓，并参加青年抗日同盟会。同年夏，梁格夫参加东江纵队游击队，1945年2月加入中国共产党。1945年5月，梁格夫从东江纵队西北支队回到家乡下坪村开展地下工作，发展进步力量，筹粮筹款支持部队。他被聘为下坪育贤小学教员后，根据上级党组织指示，经与同校教员梁呈祥、梁受英商量，把各自教学薪金谷共9000斤作为资本开办"四健"作坊，将此处作为地下交通站，并用经营所得盈利购买枪支弹药，为武装起义做准备。1946年2月，中共小江区委员会成立，王式培任区委书记兼组织委员，梁格夫任统战委员。同年6月，中共下坪支部（全县第一个农村党支部）和中共西（江）朝

（天）支部相继成立，下坪党支部由梁格夫任支部书记。1948年7月15日，他参加阳山人民武装起义。同年8月16日，起义部队与飞雷队留下的两个排合编为阳山人民抗征自救队，梁格夫任武工队队长。阳山解放后，任阳山县人民法院首任院长。1952年调离阳山。已病逝。

## 梁受英

梁受英（1922—1994），又名梁奔光、梁灼华，男，1922年11月出生，阳山县小江镇下坪村人。

1938年冬，经毛鸿筹介绍参加阳山县青年抗敌同志会。他在担任民众夜校义务教员时，创办《民声》墙报，向群众宣传爱国思想和抗日救国真理。1941年夏秋，他在省立连州中学附设师资班学习，毕业后被聘为下坪育贤学校校长，并担任小江乡第八保（下坪村）保长。其间，以保长身份购买枪支弹药，以集训壮丁为名，对群众进行军事训练，为在下坪村举行武装起义奠定基础。1944年5月19日，他与格夫、呈祥、栋祥、泽英、万国、茂发、岳荣7位梁姓兄弟，为"坚决与日本帝国主义侵略者及国民党反动派斗争到底"，在下坪村牛岩洞秘密宣誓，并参加青年抗日同盟会。1945年5月加入中国共产党。7月，他与梁格夫、梁呈祥在下坪村集资开办"四健"作坊，以此作为地下交通站。"四健"作坊由黄象伯经营，用经营所得盈利购买枪支弹药，为武装起义做准备。1946年6月，中共下坪支部成立，梁受英任支部组织委员兼武装委员。1948年7月15日，参加阳山人民武装起义，旗号为"阳山人民抗征抗暴义勇队"。同年8月16日，起义部队与西江部队飞雷队在黄垒高陂村会师。会师后，梁受英任武工队队长。1949年8月,梁受英参加坚守高陂108天战斗。阳山解放后,梁受英历任小江乡乡长,阳山县农会副主席,岭背、附城公社党委书记,官陂电站、阳山中学党支部书记等职。离休后,任阳山县老干部协会会长、广东省老干部关心青少年成长研究会理事。1994年病逝。

## 张国钧

张国钧(1927—2009),男,1927年12月出生,连州市朝天神岗村人。

他1944年高中毕业后参加东江纵队。1945年2月加入中国共产党。东江纵队北撤后,奉命回乡开展党的地下工作,发展进步力量,建立"兄弟会"、农会、妇女、民兵等组织,做好武装斗争的准备。1946年2月,中共小江区委员会成立,王式培任区委书记兼组织委员,张国钧任宣传委员。同年6月,中共下坪支部(全县第一个农村党支部)和中共西(江)朝(天)支部成立,西朝支部由张国钧任支部书记。1948年7月15日,在中共连阳中心县委领导下,阳山人民在小江乡下坪村举行武装起义,张国钧率麦浪、张南香、丘桂、谢新华等5人带枪奔赴下坪村参加武装起义。同年8月16日,武装起义部队与飞雷队留下的两个排合编为阳山人民抗征自救队,张国钧任铁流中队队长兼政治指导员。阳山解放后,先后任阳山县岭背、杜步、附城区区长、区委书记。1952年任阳山县委秘书、宣传部部长、县委委员。1953年调离阳山,先后任共青团粤北区委宣传部部长、仁化县农村部部长、仁化县委常委、韶关市农村部副部长、韶关地区农科所所长、韶关地区农业局副局长等职。后离休。2009年病逝。

## 黄 伟

黄伟（1928—2011），男，1928年1月出生，广东省南海县人。

黄伟于1947年1月加入中国共产党。1948年6月参加革命，任地下交通员。其间，多次奉连阳中心县委之命到广宁，向粤桂湘边区工委报告阳山武装起义准备情况和请示工作。1948年7月15日，参加阳山人民武装起义。1949年4月，部队整编为连江支队第五团，黄伟从事部队军需工作。阳山解放后，黄伟历任阳山县交通局、二轻局副局长等职务。后离休。2011年病逝。

## 梁万国

梁万国（1920—1979），男，阳山县小江镇下坪村人。

1944年5月19日，他与格夫、呈祥、受英、栋祥、泽英、茂发、岳荣7位梁姓兄弟，为"坚决与日本帝国主义侵略者及国民党反动派斗争到底"，在下坪村牛岩洞秘密宣誓，同时参加青年抗日同盟会。1946年加入中国共产党。1948年7月15日，参加阳山人民武装起义。同年8月，武装起义部队与挺进连阳的飞雷队会师，梁万国任大东山大窝底医疗站站长，在下坪石化洛、大庙洞、鸡也母坑、石岩、外洞隔屋、罗汉横圳设立医疗点。1949年4月，部队整编，其时，他是连江支队第五团战士。1951年，他参加县土改工作队。1953年，复员回乡任高级社副主任。1958—1970年，他先后在附城、小江公社卫生院任副院长。1979年病逝。

## 梁栋祥

梁栋祥（1917—1952），男，阳山县小江镇下坪村人。

1938年冬，经毛鸿筹介绍参加阳山县青年抗敌同志会。1944年5月19日，他与格夫、呈祥、受英、万国、泽英、茂发、岳荣7位梁姓兄弟，为"坚决与日本帝国主义侵略者及国民党反动派斗争到底"，在下坪村牛岩洞秘密宣誓，并参加青年抗日同盟会。他变卖家中一切田产，解决地下党活动经费，购买枪支弹药为武装起义做准备。1948年7月15日，参加在下坪村举行的阳山人民武装起义。1949年4月，部队整编，梁栋祥是连江支队第五团战士。1950年，他曾先后被安排任青莲派出所所长和阳山县邮电局局长等职，均没有到职，自愿向组织申请要求回乡筹款（物）建石生学校（为纪念在战斗中光荣牺牲的冯光司令员）。1952年因错案蒙冤，受到迫害，石生学校被迫停建。1952年病逝。1983年平反，恢复名誉。

## 黄象伯

黄象伯（1924—1994），男，1924年9月出生，阳山县小江镇下坪外洞村人。

1945年5月，他经营下坪村地下交通站"四健"作坊，所得盈利购买枪支弹药，为武装起义做准备。1946年2月，中共小江区委成立。"四健"迁移到小江圩地下交通站"民康"杂货店，黄象伯任地下交通员。1948年7月15日，黄象伯参加阳山人民武装起义。同年8月16日，起义部队与飞雷队留下的两个排合编为阳山人民抗征自救队，黄象伯任武工队队长。1954年加入中国共产党。历任阳山县税务局副局长，公社书记，阳山县林业局、二轻局局长等职务。离休。1994年病逝。

## 梁泽深

梁泽深（1924—　），男，1924年10月出生，阳山县小江镇下坪村人。

他1945年在犁头乡小学任教，1946年至1948年5月，在小江外洞村组织成立"革命兄弟会"，1949年9月加入中国共产党。1948年7月15日，参加阳山人民武装起义。同年8月16日，起义部队与飞雷队留下的两个排合编为阳山人民抗征自救队，梁泽深编入梁受英武工队，任战士、班长。因作战勇敢，后升任武工队队长。1949年8月13日至11月27日，梁泽深参加坚守高陂108天战斗。1949年12月至1958年，梁泽深历任岭背乡乡长，县土改工作队队长，阳山县委委员、县人民法院审判员、副院长、院长，犁头乡党委书记等职务。1958年12月至1966年，历任连阳矿务局、曲仁矿务局车队党支部书记，大宝山矿劳动服务公司副经理等职务。1984年离休。现尚健在。

## 毛鸿筹

毛鸿筹（1915—1965），男，阳山县岭背镇犁头山塘村人。

他1935年就读于阳山中学，1938年参加阳山县青年抗敌同志会，1939年加入中国共产党。1942年，被国民党阳山县政府逮捕，后被犁头乡绅担保释放，并往韶关曲江开展抗日工作。1944年任犁头乡小学校长。同年9月，任犁头乡乡长，以此为掩护，以加强治安队为名义收购国民党军队散兵游勇的枪支弹药运往小江下坪村，支持阳山人民武装起义。同时，在犁头乡小学教师中积极发展壮大共产党力量，先后介绍小学教导主任陈持平及教师潘文华、潘启庭、梁呈祥、邝青、骆毅等参加革命队伍。1946年，奉命到韶关曲江县周田村地下工作联络站，任曲（江）乳（源）仁（化）副特派员。1949年5月调回阳山，在连江支队第五团政治部工作。同年12月14日，随队解放青莲，次日，阳山县人民政府成立，毛鸿筹任副县长。1951年，参加广东省土改工作培训班学习，后到曲江周田村搞土改试点。同年冬，任连县县委宣传部部长，兼连县文联主席。1952年起，先后调广东省始兴中学、广东省清远师范任教。1965年3月病逝。

## 李卜凡

李卜凡（1916—1960），又名李广仁，男，阳山县黄坌镇白屋生菜村人。

他1929年考入广州省立广雅中学，1935年考入省立勷勤大学教育学院师范科，其间加入青盟组织。1937年返回家乡黄坌小学任教，以教书职业为掩护从事革命活动。1938年加入中国共产党。1939年，中共阳山县支部委员会成立，李卜凡任支部宣传委员。他积极组织和领导青抗会开展抗日救亡宣传活动。后来活动暴露，受到国民党顽固派势力跟踪。先后奉命调曲江、乳源、翁源等县任小学、中学教师，继续从事地下革命活动。1942年中共粤北省委遭到破坏，党组织暂时停止活动，李卜凡在工作调动中，由于组织联络人牺牲，失去组织关系。在解放战争期间，先后在广宁、南海、广州等地任教。1949年，李卜凡返回阳山参加支前工作。同年12月，阳山解放后任县文教科科长。1950年任县政府秘书、阳山中学校长。1952年受到审查，被错误处理回乡。1960年病逝。1984年平反，恢复中共党员和国家干部名誉。

## 王式培

王式培（1914—2004），男，英德市黎溪镇新村人。

全面抗日战争爆发后，时任大坪小学教师的王式培立即在师生中组织宣传队，组织师生积极抗日。1939年冬，在国民党北江挺进纵队政治大队长邝达（中共英德县委宣传统战部部长）引导下，王式培、莫木组织30多名青年到北江挺进纵队直辖第二中队。1940年夏，任黎溪乡军民合作站干事，利用合法阵地开展抗日救亡宣传；同年加入中国共产党。1941年3月，任英德县民船工会浛洸分会书记；民船工会成立党支部后任组织委员。1944年夏，在黎溪乡大平集合30余人，成立大平人民抗日护耕队。1945年3月，配合东江纵队西北支队西渡北江；西北支队到达黎溪乡后，任黎溪人民抗日常备中队中队长；同年5月任黎溪人民抗日自卫大队副大队长兼常备中队中队长；同年11月，西北支队北撤山东烟台后，奉北江特委命令带领20余人的东江纵队西北支队留守英清边部队转入连阳地区工作。1946年2月，中共小江区委员会成立，任区委书记兼组织委员；同年7月，中共小江圩支部成立，兼任支部书记。1947年，奉命返回粤桂湘边纵队，向边区党委汇报阳山人民武装斗争筹备情况。1948年4月，任英（德）清（远）边区解放大队大队长；同年12月，任中共英（德）清（远）阳（山）边区县委委员。1949年4月，任中国人民解放军粤桂湘边纵队连江支队第四团团长。1949年10月，任中共英德县委委员。中华人民共和国成立后，历任中国人民解放军粤北军区新三团团长、英德县公安局局长、英德县委组织部部长、英德县土改委员会主任、韶关市委组织部副部长、广东省总工会韶关办事处主任、英德县县长、翁源县委书记、韶关市委组织部部长、韶关市科委副主任。离休后享受厅级干部待遇。2004年3月26日病逝。

## 麦永坚

麦永坚（1925—1988），男，1925年4月出生，广东省南海县人。

1940年8月加入中国共产党，1942年参加珠江纵队，历任战士、警卫员、副指导员、排长。1945年任香港《华商报》发行部主任兼党支部组织委员。1947年至1949年先后任西江游击队指导员兼党支部书记，阳山人民抗征自救队副大队长，猛虎队队长兼指导员，粤桂湘边纵队连江支队第五团副团长，北江军分区十二团营长、阳山大队大队长等职。1950年任阳山县公安局局长。1953年至1955年先后任连县县委副书记兼县公安局局长，韶关市委副书记兼市公安局局长、粤北行署公安局副局长等职。1956年至1962年先后任韶关专署公安处副处长、乐昌县委副书记、乳源县委书记。1969年任梅田矿务局二矿、五矿党委书记兼革委会主任。1973年至1982年先后任广东渔轮厂党委书记兼革委会主任、广州公路局党委副书记等职。1984年当选广州市第八届人大代表。1985年4月离休，享受厅级干部待遇，离休后当选为广东《华商报》史学会秘书长。1988年病逝。

## 麦　浪

麦浪（1928—1968），男，1928年10月出生，新会县人。

他全面抗日战争时期在连县东陂省立中学读书。1944年11月，参加东江纵队。1945年加入中国共产党。1946年担任中共西朝支部委员。1947年在寨岗住地下党员谢海达家里，以挑货郎身份卖针线、收鸡毛等为掩护，到各村寨开展革命活动。1948年7月15日，在小江下坪参加阳山人民武装起义。1949年任铁流中队副指导员、指导员。阳山解放后，1949年12月，任阳山县武装大队教导员。1950年12月，任北江军分区十二团一营教导员。后在山西空军某部任师政治委员。1968年在北京病逝。

（执笔人：谢东明）

## 郑　吉

郑吉（1926—2015），女，中山市人。

她1944年参加革命，1945年加入中国共产党。在广东人民抗日游击队珠江纵队司令部任卫生组长、卫生指导员。1948年8月，随冯光、周明率领的连江支队飞雷队挺进连阳，在阳山县黄坌高陂村与阳山人民武装起义部队会师，任连江支队司令部连政治指导员。

中华人民共和国成立后，郑吉先在中国人民解放军北江军分区十二团任连政治指导员，后在北江军分区司令部警卫连任政治指导员。1950年，任连南县公安局副局长、秘书。1953年，任连南县委组织部部长、纪委书记。1958年，任连阳各族自治县委组织部部长、宣传部部长。1960年，任连阳各族自治县委书记。1961年，任连南瑶族自治县委书记。1964年，任韶关地区教育局副局长。1981年，任广东省教育厅勤工办主任。后任广东省老区建设促进会理事。离休。2015年12月在广州市病逝。

## 黄　微

黄微（1925—？），女，1925年8月出生，鹤山县古劳区仁和乡人。

黄微读完初一就参加革命。1938年至1939年间，她先后被地下党派往新会杜阮松岭村小学、妇女夜校任教，从事地下联络工作。1940年加入中国共产党。1944年8月至1945年，先后任粤中纵队司令部交通员、生活员和香港《华商报》排字员。1947年由香港《华商报》调往粤桂湘边纵队。1948年8月，随冯光、周明率领的粤桂湘边纵队飞雷队挺进连阳，与阳山人民武装起义队伍在黄坌高陂村会师。会师后，飞雷队留下两个排与起义部队合编成立阳山人民抗征自救队，黄微任铁流中队副指导员。1949年10月，黄微调香港《华商报》工作；同年12月，随《华商报》撤回广州，后任韶关地区新华书店经理。1951年10月调回广州，任广东省新华书店人事科长、工会主席、副经理等职务。1983年离休。现已病逝。

## 冼润泉

冼润泉（1926—2005），男，1926年5月出生，佛山地区顺德县人。

他1944年3月参加革命，1946年3月加入中国共产党。在广东顺德县任珠江支队战士、警卫员，后任西江部队飞雷队、连江支队小队长、中队长。1949年10月后，先后任北江军分区十二团三营副营长，阳山县公安局股长、副局长、局长，阳山县委常委，韶关地区公安处科长，清远县公安局局长、县委常委，韶关市公安局局长、市委常委、韶关地区公安处副处长，韶关地区干校党委委员，韶关地区医院党委书记，韶关地区公安局副局长，韶关地区中级人民法院副院长、院长，韶关市政法委副主任兼公安局局长，政协韶关市第四届副主席兼市委统战部部长，政协韶关市第五届副主席兼市委对台工作领导小组副组长。离休。2005年3月22日病逝。

## 附录四 红色歌曲歌谣

本节收录解放战争时期，流传于阳山游击根据地游击部队中的和民间传唱的革命歌曲和歌谣。这些在当时起到了很好的鼓舞士气与宣传作用。

### 一、红色歌曲

#### 连江支队队歌

飞雷队之歌

周明 词
伍兵 曲

1=G 2/4

飞 雷 飞 雷 冲 出 老 区 开 辟
新 区 目 标 在 粤 桂 湘 边 目 标 在 粤 桂 湘
边 开 辟 新 区 依 靠 地 党 发 动 群 众
随 处 播 种 遍 地 开 花 武 装 人 民 发 展 壮 大
再 壮 大 为 人 民 谋 解 放 依 靠 壮 大 的
人 民 武 装 英 勇 战 斗 再 战 斗 我 们
一 定 要 胜 利 我 们 一 定 能 够 胜 利

# 战斗在大东山

### 连支五团战歌

肖　英　整理

1=G $\frac{2}{4}$

```
1  6. 6 | 3 6 0 | 1 6 5 | 3 2 3 5 | 6 - | 6. 3. 3 |
莫  回 顾 你     脚 边 的 黑   影    请 抬 头

1 1 0 2 | 3. 2 1 6 1 2 | 3 - | 1 6. 6 | 1 6 0 2 |
望 你 前 面 的 朝      霞    谁 爱 呀 自 由 谁

3. 2 1 2 1 2 | 3. 5 | 6 - | 6. 1 | 3 5 2 3 | 5. 6 1 |
就 要 付 出 血 的 代  价   茶 花 开 满 了 山

5 - | 3. 1 | 6 5 5 1 5 | 6 - | 6 5 | 1 6 1 2 |
头   红 叶 落 遍 了 原 野   谁 也 不 叹 息

3 6 6 1 2 | 3 0 | 3 3 6 6 | 2 1 5 5 | 6 - ‖
道 路 的 崎 岖   我 们 战 斗 在 大 东 山 下
```

## 二、民间红色歌谣

### （一）农村对唱

妻：为什么你成天不快活，一个人愁着脸，眉头扣着一把锁，不想吃，不想喝，夜晚睡不着，究竟为什么，快点告诉我。

夫：我这几天，心头压着一块磨，打内战，抽壮丁，保长说，抽中了我，当兵打内战，我实在不愿意，孩子的妈，你想想下，我怎么不焦急，田地无人耕，还要我杀自己人。

妻：你讲的话，实在有道理，打日本，当兵去，死了也愿意，不知啥道理，又自己打自己，孩子的爸，你怎么忍心去。老百姓快起来，大家来反对，反对自己人打自己。

325

夫：穷人的命本来苦到底，要翻身，除非自己靠自己，大家联合起，反对打自己。太平了，苦命的人，才能站得起，快停战，不能打，越打越没出息。

**（二）《剪辫歌》**

如今世界唔同腔，咁多妇女来改装，头上改装要剪辫，身上改装短衣裳。

如今世界唔比先，咁多妇女来剪辫，剪辫好得剪得快，免得消费咁多钱。

如今世界唔比先，咁多妇女做委员，又做委员农会长，妇女翻身笑连连。

**（三）《妇女放哨歌》**

正打八点钟，太阳出正东，妇女来放哨，检查路行人。远看山头上，近看路途中，背枪着军衣，远看是英雄。女同志开言，你是那部分，哪来哪里去，做的何事情？

同志仔细听，我是解放军，从北打到南，来杀老蒋兵。

**（四）《锄头歌》**

穷人世世代代拿锄头呀！今日红军救星到呀！打牛骨，捉灰条，穷人翻身，拿起锄头挖蒋根，挖蒋根！

穷人翻身大家好呀！有吃有着唔使忧呀！穷佬子，心要齐，参加人民军，打好世界有田分，有田分。

地主恶霸怎么办呀！有咗组织怕乜嘢呀！大家来，齐郁手，搞好新农会，新农会快快组织好，组织好！

三荒四月有办法呀！退租退息分浮财呀！借谷种，帮耕牛，军民一条心，几多嘅事情搞得通，搞得通！

光头老蒋无晒行呀！坏蛋地主心慌慌呀！今日世界掉转头呀！坏地主，未郁手，穷人有力量，你敢尻屎杀你头，杀你头！

（白：杀！杀！）

**（五）《劳苦大众歌》**

劳苦大众起来，参加我哋人民军。

你地哋乜无食，唔系天注定。你哋一切"罪恶"，都系富人作怪。

请你快把眼睛睁大来。

牛骨烧你房屋，拉去你的牛。你讲佢系你的朋友重系敌人？

做乜嘢红军，无有咁嘅事，就系因红军系人民嘅军队。

红军系为人民，打呀打天下，大军已经渡江，解放好多地方。

就快到来城喥，同我哋解放，个阵时大家嘅幸福都讲唔晒。

红军解放全中国，幸福归人民，个阵有住有食，重掌国家大权。

再过三五七年，贫富也不分，变成有福同享，有难同当新中国。

**（六）《高陂108天英雄战斗战歌》**

革命红心红又红，凶敌面前要威风。

土炮劣枪抵大敌，枪林弹雨亦冲锋。

喝水充饥无怨意，风餐露宿显笑容。

一夜杀声惊天地，大东山上放豪光。

**（七）《反"扫荡"歌》**

反扫荡，反扫荡，我哋部队群众合力反扫荡。

只要沉着，只要淡定，几大同佢牛骨擦一仗。

反扫荡，反扫荡，我哋部队群众合力反扫荡。

你有钢炮，我有地雷，唔怕牛骨条友几凶狠。

**（八）亲家对唱**

亲家甲：亲家，你去边处（那里）来？

亲家乙：我去趁圩籴米返。

甲：你去探到乜嘢好消息？

乙：好多红军到咗来。

甲：我听人地讲，个的系奸匪。

乙：哎呀亲家，哎呀亲家，你真系"十尻昂"（笨呀）！个的红军真系好。

甲：你话红军有乜嘢好。

乙：我话红军真正好。

甲：红军究竟怎样好？

乙：唔使抽壮丁，唔使乱征粮，军民团结打老蒋。

甲：亲家，红军真系好呀，唔当我地去睇下。

乙：去！大家去睇下。

## （九）《当军歌》

正月当军百花开，解放大军几时来，早日到来早安乐，坏蛋政府早下台。

二月当军百花香，我去当军打老蒋，千辛万苦你要挨，挨过辛苦有福享。

三月当军草木青，我去当军你莫惊，家中子女都要养，堂上双亲你要敬。

四月当军拜婆婆，我去当军无奈何，剥了皮来又剥骨，日子咁长怎么过。

五月当军拜爷爷，我去当军别爷爷，牛骨到来你要走，杀人放火如毒蛇。

六月当军拜哥哥，我去当军哥刈禾，刈得多少要隐蔽，咪俾牛骨来放火。

七月当军拜娘娘，我去当军要打仗，枪林弹雨我不怕，唔打胜仗唔返乡。

八月当军拜嫂嫂，我去当军好唔好，打好世界有饭吃，怎会今日咁辛苦。

九月当军别妹妹，妹妹问哥几时回，我去当军光荣事，光荣死了莫流泪。

十月当军嘱我妻，我去当军妻莫思，早早起身早早睡，睡眼唔着你莫啼。

十一月当军雪花飘，我去当军捉乌龟，捉到乌龟返家下，一家团圆笑微微。

十二月当军腊花开，妻在家中望夫回，全国红军打胜仗，不妨多饮两三杯。

**（十）《春风吹来》**

春风吹来，番薯包麦种满山头。

阳山嘅人民好痛苦，交得租来又无米。

春风吹来，番薯包麦种满山头。

红军阿哥你知唔知，阳山人民盼你来。

春风吹来，番薯包麦种满山头。

三岁孩儿半夜问，红军阿哥几时来。

**（十一）《坚持在山头》**

在森林和山头是多么快活呀！

亲爱的同志们呀！大家集合起来，出操上课认真把本领学好呀，资金积累出击敌人呀，时间不远了。

不远了呀不远了，只要坚持在山头，民主呀胜利呀就要飞到了。

**（十二）《告别游击区群众》**

解放大军到了，总出击，我哋就要告别游击根据地，下秤架，出岭背，犁头圩黄垄全阳山，处处都解放，回顾山区我哋在建设的日子，再会吧！

**（十三）《连阳红军红又红》**

连阳红军红又红，背起背包打先锋。

出湖南，打北岸，英勇激战潭源洞。

回师一路打胜仗，兄弟拍档真英勇。

大刘家的机关枪，乖乖送俾我哋用。

连阳红军红又红，背起背包打先锋。

袭马水，打龙坪，烧肉鸡蛋慰英雄。

攻下朝天乡公所，坐车剿匪显威风。

黄坤山这个老龟公，害怕缩返入老洞。

### （十四）《能征惯战的猛虎队》

同志同志你唔好睇下边，下边是一条大深坑咧，

请大家抬头望，几高嘅大东山，

挺起胸膛向前走，翻过一山又一山，

树荫吹来风阵阵啰口盅煲饭真过瘾哩。

我哋系能征惯战嘅猛虎队嗱，几大都唔怕行军嘅艰难呀。

注：解放战争时期流传在大东山一带的游击区。"猛虎队"为连江支队化整为零后编成的小分队

（资料来源：县史志办。第（一）至（十二）首由苏桂搜集整理，第（十三）（十四）首由丘廷辉搜集整理。）

革命历史文献

　　阳山县革命历史文献，主要收集解放战争时期上级党组织和部队有关报告中涉及阳山有关情况内容的资料，以及当时阳山党组织和游击队向上级党组织和部队报告有关情况的资料。内容主要包括党的组织建设、游击队建立与发展情况、游击区开展革命斗争情况、阳山县情社情民意情况等。

## 中共广东省委组织部报告
### ——关于党组织状况问题（节选）
### （1938年8月）

一、过去状况——分三个时期说明

…………①

二、目前组织状况

1. 分布的情形（参看组织分布表）。根据目前组织分布的情况来看，有它很重要的意义与价值。

…………

第四、从对抗战，保卫大广东的战争任务上说。

…………

　　C. 再则将来广东抗日根据地上有意义的地区，如座东江之

---

① 各文中无关阳山方面的内容，编者用省略号作省略。

紫金、龙川、和平、增城、从化，北江之南雄、仁化，西北之连县、阳山，南路之开平、恩平、茂州等地区都是将来大战根据（地）与游击战争根据地区。还有如海陆丰、台山、惠阳等地都将是敌人占领后的后方重要地区。然而这里我们都有相当工作，这里是极有意义的。

…………

**附组织表一份：**

### 广东组织分布表

| 领导机关 | 所属地区 | 所属组织 | 党员人数 | 备考 |
|---|---|---|---|---|
| | 已有组织的或尚无组织的 | | | |
| …… | …… | …… | …… | …… |
| 北江工委 | 已有的：南雄、曲江、乐昌、乳源、翁源、英德、连县、阳山；未有的：始兴、仁化、连山 | ①二个区委<br>②四个支部 | 80 | 二个月前数目 |
| …… | …… | …… | …… | …… |

## 中共广东省委青委给中央青委的报告

——关于广东各地青年运动工作的总结（节选）

（1939年11月）

…………

第三部分　目前概况及工作总结

（上）目前概况

Ⅰ．各区情况

…………

下面是各区的政治状况

…………

六、北江——包括翁源、花县、佛冈、英德、从化、清远、曲江、南雄、连县、连山、阳山等县，在工作上说是新垦地，接近后方，大部分县除了南雄之外，都是华南战争爆发后才重新开始的。因此一切工作，都是从最基本点点滴滴的积集群众开始的。……

Ⅱ．组织概况表

（除了有特别附注之外，一般都是在我党领导下的）

| 县份 | 团体名称 | 人数 | 附注 |
|---|---|---|---|
| …… | …… | …… | …… |
| 3．阳山 | "青抗" | 200 | |
| …… | …… | …… | |

## 关于阳山县情况报告

### （1947年8月25日）

周明：由于连县、连山这两个县是冯兄负责，我不大清楚，只是阳山较清楚些。……

现在就让我讲讲阳山情形吧：

首先，我们看到统治者的力量是弱的，因为：第一，钟正君老爷（他是五华人，李国俊的结义）大部分用亲戚同乡办事，对当地人采取排斥态度，引起阳山人不满与不愿与他合作，而且他的"干部"是庸俗无能，只知道刮剥的。第二，本身贪污腐化，什么都不干，只要有钱就行，所以烟赌林立，盗匪蜂起，人民痛苦不堪。法院的事，他越俎代庖，每一案贪索五百万元，每一区的烟土多至一二百斤，任何一个地方都聚财，每区乡每月收入数百万元，乡警所则"自筹自给"，即是说，明示他们公开贪污抽剥，以致民怨沸腾。第三，与参议会、党部等不和，参（议）会邓树年（议长）于本年五月第二次会议上指责他贪污无能，包庇烟赌，怂容土匪，蔑视阳山人……党部书记李济铭原是县中校长，他在经济上控制他，以致迫他辞职，自己取而代之。这样，地主阶级及议长等与CC派①之间展开了尖锐的斗争。第四，财政入不敷出，每月不敷二三千万元，要从苞谷中打算弥补。科长待遇仅每月十余万元，他又不准彼等贪污，因此科长、科员、职员纷纷离职，一个科长兼两三科，一个科员也象一个小学教师，变为万能的人物了，连杂勤人员在内，全个县不满三十人。第五，由于地主阶级不和他合作，各地土匪活动使他最头痛。

其次，地主阶级与农民层的生活悬殊是极大的。阳山最大的地主是李××，每年租谷达三千担之多，另外自己经营农场及高利贷等共一二千担。他的儿子在国民党军队当官，顽固反动，仗势欺人，无恶不作，县民对他是不受欢迎的，特别当地□、陈等姓恨之入骨，因为他家的人常常自制"法律"去鞭剥群众，屠杀民众。一句话就可以杀人，自己制定法庭、监狱，不受县政控制，所以荒淫残忍，到了绝顶。该乡的女人，相当部分都被强奸过，特别是十四、五岁以上的少女。民众处此非人生活之下，比敌人统治更恶劣。他为了自己地盘巩固，抗战中把被征的壮丁抢过来，给以军事教练，做三年无酬，自己带来伙食费的苦役。一如奴隶（更甚），任意杀掉。（他）对于剿也很感兴趣，为的是到有匪踪的乡村抢掠财富，所有谷物、衣服、牛猪鸡甚至耕具都洗劫一空，强奸、诬罪、抓民勒赎等更是常事了，就是匪，只要有钱就可释放。还有非法的贩卖鸦片等罪过。他所以这么

---

① 指国民党中央俱乐部。

有势力，不仅（因为）有高官厚禄，而且把国家的武器私运回来，有轻机八挺、重机六挺，驳壳二十条（快掣），德式步枪四十条，手榴、子弹无数。这就是他的力量。平时有卫兵三五个（也即农奴），有事时才召集一二百人，这是所有地主的领袖。其次是刘，也有一二千担收入，高利贷也多，但是最大财富是生意处处。广州、清远、青莲、黎埠、连州等部分大商行都是固积操纵的商号，无人可计算出他的财富。他的三个儿子分别在省、县当官，都是顽固反动，拔一毛利天下而不为的。他家也有两挺轻机，步枪、短枪都有一些，但没有多大拿来用，也不晓用，是放在乡间（风山）。人民受剥削甚重，恨之入骨，甚至亲戚、绅士都不同情他。较次之地主有二十个左右。民众大多数是无田地的，只替人做散工，每天法币数百元，最高二三千元，整年吃着"麦羹"（即玉蜀黍粉）、蕃薯和芋头，租来地主的田要缴出百分之七八十，好些的是吃粥水，中农虽自己有些田，但亦不够吃，所以也很多吃粥。若不是过佳节，休想吃饭和肉类。富农以上都可以吃到饭。这样的经济情况的人，他们没有什么幻想，他们在渴望着红军来协助他们解放，也因为是生活所迫，抗拒被征调去，所谓土匪，就是以这情况下产生的。今天他们还很少大规模的行动，只有个别逃亡。农会全在地主阶级手里，不生力量，二五减租很少行得通。也因为他们为了生活的解决，种鸦片烟的事情很多，三山、岭背、朝天、黄垄、秤架等地最多，各乡村都有，他们与土匪联合武装生产。就是今年七月二十日，县老爷钟正君据报岭背生烟很多，借口搜查，带领几名县警赴该乡，原来该乡民曾缴出百来斤烟土交给罗芳局长，现他只想再多取百余斤，并不是什么查办。可是这么贪婪，哪能再出？于是老爷把几名保长拘拿作为威迫，引起一二千乡民大闹交涉。结果无效。在此情形下，只有武力解决这条路了，于是乡民鸣锣集众，拿锄头、长短枪"起义"者数百人，一涌进乡公所。老爷慌忙放了保长，抱头鼠窜而去，以后亦无下文。

再次，土匪如毛。随着统治者、恶霸、地主的压迫剥削，人民生活痛苦，及烟赌糜烂，就产生匪首匪区许多。李福本部十余人，结人百余，出没犁头一带；曾香二三十人出没黄坌乡，梁桂生、黎九等三五十人出没英阳、秤架、东山、杜步、小江一带。另散匪二三百名出没七拱，刘伟超二百余人又在白莲、太平一带，都有一二挺轻机以上，最善用是快掣驳壳短枪。李福部最强，经常洗劫船只、商旅，甚至出入县城亦如无人之境。七月底一次，李福百余人于犁头乡进攻，洗劫富商，该乡公所枪械被缴，曾都报县府，县警不敢前赴对抗，只有他走后应景而已。后来钟正君乞求往日匪首李锦泉（现暗中有来往）据答亦无办法。各地见政府如此懦弱，人人自危，只好自卫防卫，各村都武装起来。他们觉得最宝贵的是枪。

最后，没有坚强的特务活动，比较明显的是钟正君、李伟兴（党部秘书）、刘德培（参会秘书）、曾亮祥（青年团主任）、张美腾（县督学）、刘庆云、陈鸿钧（参议）、朱日晖（流浪汉）等人，手腕低能，人人可憎，干不出什么来。

至于我们怎样呢？

第一，我们没有坚强的组织领导。停止组织后，各散西东，直至去年春虽说是恢复了关系，然而仅在小江有一位姓黄（福）的在负责，没有整顿，等于没有恢复。暑期我们到黎埠虎岗中学及阳中去，仍未取得联系，彼此脱节，直到最近才由我负责，开始整顿各地干部，但由于各地距离远，岗位限制，走动不便，组织仍未健全。特别未经思想改造，群众路线未正确把握，大大落后形势需要之后。五月中旬因学校经费困难，曾断炊，被迫停课数天。时适平、津、京、沪学生反饥饿反内战活动，大大暴露了政治色彩，这是不合长久利益的，被反动派留意，有损群众斗争利益。这不能不承认犯了策略上的错误。

第二，农民运动未能推进一步，过去本来有基础的，如犁头乡，由于做得好，三年前全部撤退，今无人，全部停顿。小江、西江是有农民干部的，可是只停留在几个人员里面，没有更多样的群众自己的组织。青莲、七拱、太平、白莲、岭背、犁头等地还未有组织，就是黎埠等有组织的地方，只停留在文化线上（教师），这会影响武装斗争的开展。

第三，武装未能广泛把握，除了小江有一队十余人，长短枪二十枝，西江十余人，长短枪六、七枝，朝天把握长短枪十余枝，黎埠三、五枝等之外，其他的还未能开展，武装斗争还待群众运动的大大开展。

第四，各地干部忽略具体的调查研究，他们未明白这是有决定意义的事情，报告写得极空泛或甚至没有报告，这样哪能够广泛开展民运呢？策略上自然免不了错误。

第五，把握政权的乡只有西江一乡，还只一个副乡长。其余有该乡黎埠、朝天等校长而已。

从上面看来，我们武装斗争的主观条件很不够，特别是群众运动方面不够，今后我们这样做：

1. 于连阳边境界滩建立领导据点，从事商业，开油榨及囤货或走货，一方面可以灵活地掩护自己，加强各地干部的领导，多进行思想上的领导，并具体协助，特别是用东纵的整风教训来教育干部，使他们获得群众的观点，走群众路线；一方面亦是一种生产，解决今后武装开展时的困难。

2. 以西江、小江两地武装为骨干，放手动员群众，展开群众斗争，引导走向武装葬送反动势力的道路。同时各地亦组织各式各样的群众斗争来配合这支队伍。这支队伍，将以大东山为基地,向着湘桂边境发展。

3. 未有组织的地方,先从学校或生意上建立开展,比如七拱、太平、寨岗等地。

4. 阳中、光中及各小学,有计划地培养地方干部,发展党和群众组织。

5. 展开抗"三征"的斗争,开展群众运动。

6. 进行整风和具体的调查研究。

这只是几个工作的目标,还得依照当时当地的情况去活用党最近所指示的方针和策略。

这里提出两点希望:

第一,加强党在这个地方的领导,多联络、帮助、指示,使困难容易克服及工作易开展,最好有什么重要转变能由此地指示,以免放过时机或遭遇损失。

第二,调查过去阳山党的历史,总结经验训练,以帮助今后领导上不致犯大错。如果那里有条件开展武装斗争,能否派一两个优秀的军政干部去协助?

上面报告是很不完整的、片面的,不了解的地方可以直接问以及以后加以补充。

因经济存在困难,现只交上200元港币,以后续集,祈谅。


## 挺进连县阳山区的报告（节选）
### （1949年1月19日）

一、挺进经过:

（一）实力:

1. 人数共175人（官、兵、夫在内）,编制为三个不足数的连,十二个不足数的班,手枪一班,爆破一班（不足数）。

2. 武器配备：机枪六挺、掷弹筒一个、步枪一百枝（内单响占二十多枝），短枪30余枝（连干部自卫枪在内），机枪弹每枝300发，步枪弹每枝50发，驳壳手枪每枝80—100发（步短枪抄弹占多数）。

3. 干部：大队级四名、中队级十二名、小队级十九名。

4. 经济：全无现款，全部都动用基金——黄金、港币。

（二）行进过程中：离开广宁到清远时曾三次与马、苏二部配合战斗。1. 河口战斗；2. 太平市战斗（打清远县长）；3. 袭击英德黎洞之自卫中队，全部解决，缴机枪一挺。接到阳山地方起义的消息，当即迅速挺进阳山去。经过英德九龙黄花而渡江（小北江），到达大湾住了几天，留下一小队（人数30）与当地结合于英乳区，该队发展最高时有百余人，现在尚有七十余人。大队伍很顺利地到达了阳山起义的地区附近和地方队结合起来，准备袭击南江的敌人（人数百余）。可是侦察未成熟，敌人就向我们进攻，于是在南平展开了战斗。这次战役杀伤敌人七八十人，我们也牺牲了四个同志，内一个小队长，伤五个。当时连、阳两县的反动力量，集中"扫荡"我们（敌人数量大约五百至六百多人），加上韶关（所谓正规军）张光复也增援一部分来。在战斗第二天，敌人将我们包围，于是突围退后一步于英德三山，留一中队和阳山起义的队伍返阳山活动（人数大约60人）。其余被迫挺进过星子。……可是返到阳山时，阳山队伍经过三四个月内发展几倍，就停于此巩固工作。

在挺进中的方针是：迅速挺到目的地，达成任务，到处播种（所经过的地方就留下一些队伍和当地结合）。做法：筹粮除奸、组织群众。政策：反三征，减租减息。

当时去东陂是被迫而去，未知道黄部崩溃（星子）；同时未有估计到这样困难，因此才迫返阳山，阳山有初步的发展才站稳于阳山，再挺一小队返星子配合整个地区，联系群众，收容黄的残部，重新开辟星子区。

二、阳山队伍有初步的发展，经过二三个月已发展三倍至四倍，根据阳山的条件和环境而整顿各队，将全部队伍分编为几队独立活动。

一队，于河两岸，挺去寨口与老区——广宁联系。

一队，于黄坌秤架。

一队，于西江朝天。

一队，于西江茶田小江。

一队，于西岭——小江犁头山、岭背之间。

阳山四百余人。

…………

返阳山后的方针是：巩固队伍，壮大自己，普遍发展。政策：反三征、除暴。做法：筹粮建立税站，没收反动分子一切粮食出口。现在已在界滩建立一个税站，每天收入一千斤谷左右。从此阳山局面稳定了，一切都是主动。

挺进寨口的队伍政策上过"左"，除奸不小心，才引起四面都是敌人。反动分子鼓动了八百余人和两个师的自卫队，大约千人，包围我寨口队百余人，经过剧烈的冲杀才突围返老区。可是这次损失重大，被俘十三人、杀亡几人，共二十人左右，大枪破坏一挺。

自从寨口事变后，我们由主动转为被动了。

这次的政策方针是成功的，到处播种，退返阳山后就改变为普通发展，巩固队伍，同时加上阳山民众斗争性高，才有今天的发展。自从寨口事变后，整个转变为被动。

该队开进寨口的目的是：一在阳山之西部牵制敌人，二与老区——广宁联系。

··········

三、本队情况，基本方针：

普遍发展，巩固队伍，扩大老区，政策；反"三征"、除暴、减租减息、筹粮、组织群众。小江、西江、黄垌三个反动乡公所被我们摧毁了，现在变无政府状态，秤架、朝天、黎埠、云涛、犁头大部控制着，各地民兵已经组织起来。

自从寨口失利后的方针，积极争取主动出击敌人，基本是普遍发展，但重心放于秤架、黄垌这一方向，想向路东挺来的突击大队及翻身队靠拢。该两队曾在英西活动，现在到乳源边境。

整个连阳三属的民众倾向于我们，假定自己有力量，很容易发动起来。

湘桂边境也有关系去开辟，同时该两省的人民反蒋统治十分厉害，有些人民自抗战反征兵上山到现在仍未下山，也很渴望我们解放他们。可是原有力量太小，阳山方面亦未有大的发展。

··········

四、目前困难：（略）

五、对东海的意见（即梁加兄）认为战略思想有弱点：

1. 挺进力量小，配备劣，挺进到达后，老区不设法靠近一些，变成陷于孤军深入，没有配合。

2. 马部至现在仍未渡河（小北江），集中几百人于老区，没有起大的作用，连阳三属的地区环境对我们绝大有利开展，只要有力量，尤其足够力量开辟粤、湘、桂边区。

3. 请求东海迅速挺第二个主力（三百人以上）到连阳三属，马部可不过河，但要开到英清阳、九龙、黄花、浸潭、白石潭、七拱、杜步，那边非常空虚，路东过来之突击大队和翻身大队，要和李冲于英西、乳源一带，这样做法是全部靠拢起来，可解决一切问题。照原有的力量开辟粤桂边区是十分困难的，只要增加力量，开辟此区是有条件的。

六、对区党委的要求：

1. 地下党组织陷于停顿，请求派一至二个县级干部负责地下党组织工作，乘寒假动员一批青年返回地下党组织工作。

2. 请多派干部及将留港连阳三属党员返去，如陈哲平、马秀车、毛鸿筹等，请调各区连阳三属的干部返。

…………

## 关于连江支队半年来情况的报告（节选）

### （1949年3月10日）

这支队伍在半年多的斗争过程已经向前发展了，而且发展得很快，据说他们已经发展到14个中队的番号（人数在一千人以上，K[①]也这样的承认）。从地区方面说，他们已经从山地小村而发展到平地的大村，甚至进住圩镇。现在，在连阳边区的西江、朝天、茶田、小江、黄坌、岭背以及黎埠、犁头等乡，都在他们的活动范围内。在这纵横几十里的地区内，可以自由地行走，因为这一区域内大部分的地主恶势力的反动武装已经肃清，残存的小部，因与K政府存在着矛盾，所以他们都采取中立，互不侵犯的存在着。

在连阳这一区域内，K方面的兵力可说是没有半个K的正规部队，只有三中队新编的保安队（主力），其余能够抽调的都是一些地方县警以及地方自卫队，他们的装备可说是比解放军优越，弹药比较充足。据说保安队配有小钢炮一门，重机二挺，航空机、轻机、枪榴炸（弹），其余的都是普通的七九步枪，而交通工具他们可以抽调几架汽车作运输之用。

在上月底，国民党阳山县政府秘书（刘）曾到连县商谈"合

---

① 指国民党，下同。

剿"计划（第二次）这一攻势。这计划在上月二十七日开始，开始前两天有×中队，曾由连县边界的飞鹅坪向阳山西江的边界作过一次试探的进击，河边的税站（界滩）也在这次"合剿"前被国民党军队占领，作为进攻的前哨的据点。

这次"合剿"的人数约千五人，以驻连的三保安中队为主力，分四路进攻：第一路由三保安中队以及一自卫中队（约四百人）为主力，沿韶连路经龙坪、飞鹅坪，进驻西江。第二路由阳山自卫队（人数不详）由小江经下坪进西江。第三路由星子经朝天进西江（约二中队）。第四路沿湟水到桐灌口汇由黎埠开来部队经茶田到西江，以西江为"合剿"指挥所，汇合后用"拼林绝种"的"围剿"法。

解放区以及K区的民众经已认识这些部队不是乌合散匪，而是有组织有政治背景的共党武装（民众通称他们为红军），对他们军纪甚好。他们说："有二十多年没有见过这样又打仗又唱歌的军队了（长征路经此地）。虽然是吃苦，但总比在家快乐、风流呢！你看他们个个都生得肥肥胖胖"。因此参军的热潮非常踊跃。据说有很多未参军的人要求参军，经部队拒绝，原因是部队的枪弹甚缺乏，三五颗子弹的人也有，参加战争的村妇用石作战斗武器的事也有。

最近的群情有了改变，由于K对解放区以及参军家属的烧杀政策，引起对K军的害怕，纷纷要求解放军保护他们，不要离开他们。有些因解放后而又被占领的地区一毛不留，有些还要求解军攻打县城，早日解放，以便春耕，免除今后缺粮的饥荒。

在部队本身来说，应该加强巩固工作，加强政治教育，虽然现在还没逃跑的现象发生，然而要求请假回乡的人也日见增多。据说他们日常要多睡眠、休息，很少上政治课，同时还普遍存在祈望外来的部队去参加他们的战斗。负责的同志也用"大队快要开到"来安慰、鼓励他们以及民众。

对内是这样，但对外的政治宣传工作也做得很不够，据说部队常到的地方很少做宣传工作，很少开大会以及口头宣传，文字上只贴贴传单，墙报也很少见。

对解放区外的消息很隔膜，没有交通情报网的建立，只靠普通的商人或者部队里的人化妆到K区探消息，但对解放区外围的普通同情的群众或有联络的群众，来往的秘（密）工（作）做得不好，因此有些外围进步的群众往往暴露、公开，遭遇不幸或被警告而参加部队。

顺群众的要求而打硬仗、争地盘的作风，和敌人打消耗，打得不偿失的仗，走（跟）群众的尾巴走，打一天到晚，强冲敌人轻机阵地，希望得到敌人的枪弹。

有一次捕获冒解放军名义去打劫的土匪十三人，开了一次群众大会来处理。当时群众一致要求枪毙，而部队为了节省子弹，当众用耕具解决。这一次给群众的印象很不好，认为他们太残酷，不应该这样。

以上的情况是几天内和十几个接近解放军的乡民以及一位K乡公所乡长的谈话里出来结果。

他们急需解决的问题：

1. 枪弹的给养。

2. 军事干部。

3. 救伤人员及医药。

4. 交通网的建立指示及传达，据说他们好几个月都得不到一份来自本港的报纸一阅。

## 小北江工作报告（节选）

（1949年3月30日）

（一）阳山区已有五分之二地方经常活动，三分之一地方已有民兵组织，并于阳西、连南、连山边沿地方活动。过去一部分主力曾在此受相当挫折，今日多个武工队继续执拾与活动。

连县工作可以坚持并发展了，并有一些关系，向大龙山区发展。

（二）阳山"扫荡"今仍未停止，表现出来是外宽内紧，是敌人在巩固他的胜利，并准备向老区"扫荡"，并培养条件，作歼灭我之企图。敌人此次"扫荡"，我大部分民兵被吓缩了，过去热烈放哨、打击敌人之行经大部分改变了。有个别民兵干部变节了，我们半新区被他拼掉了（但必可恢复），扶植了几个小地反和很多奸细。这一切形成了我们今天有个矛盾，是兵多粮少地狭，主力非迅速突出，则粮绝，有食垮拖垮之危。

（三）造成此次扫荡我们处于下风的原因：

1. 自上次反"扫荡"胜利后，没有作应付下一次"扫荡"之任何准备。当此次"扫荡"开始，我们对形势估计只是认为可能，未作肯定之认识，至"扫荡"发展到进一步时，束手无策。

2. 从扫荡开始及今日有五星期，主力从未给过敌人一次打击，只是武工队结合起民兵进行过四次阻击，但无收获可言，同时又未能坚决执行主动出击与向□□执行之方针。

3. 有内奸，一个武工队长潜伏多时及很多爪牙，敌人相当了解我内情，被敌乘虚而入（但内奸已解决了）。

4. 敌人取稳扎稳打办法，并以"四光"与诱降政策互相下，我民兵组织大部分被暂时打垮了。民众对我埋怨，这由于我民兵基础太弱，没有上层干部支持，无地党，而且以清一色面目，无灰色、秘密、统线等建区方法，根本这种做法是过早过"左"表现。然而由于我力量无损失（张华甫对你们报告全属主观测度，至上述情况，我们认为完全可以恢复）。因敌力弱，我力量保存，敌地反没伪政权难于建立，民众对敌仇恨甚深，坚决要部队给他们报仇，灰条虽多，但对我甚慌，可以作争取工作。

今天主要问题是我主力能否挺到湘南与桂东去（今已有若干关系，并踏入了湘南几个县份边），如果达到这点，便可以克服这样之基本矛盾，打破连江区之狭长及狭窄孤立局面，能够在阳西与连山、连南边开展起来，则可以改变局处一隅之阳山局面（目前这里武工队与绿林队共有一百人左右）。

（四）我之所以与港方联络，我们应该取得牛哥[①]领导为主，但去年主力挺到连阳后及今，只有过一次联络，故东海对此间了解，大大不如港方对此间之了解，而且当马部[②]挺来时，牛哥吩咐不能与他联络时，可径向你们取得联络，事实上我们与牛哥之联络比到港联络困难十倍。马部来时，东海已确定连阳区建立一地委，包括连县、连山、连南、阳山、英德、乳源、曲江、清远等，以周明、蔡洪、马奔、司徒毅生、陈禹、冯光及提拔一地方干部组成。冯光牺牲后，则这地委暂由五人负责，而周明为书记及政委。此次你们指示建立一湘粤边工作临时委员会，则执行你们的决定还是执行牛哥之决定？请示！及我们与你们联络，牛哥已交带黄夫向你们报告，且约定符号（略）。

（五）我们的工作方针：

1. 关于具体方向：

…………

阳山队——重点向阳西、连山、连南边发展，这是阳山工作之中心任务，其次向东北（秤架、太平洞及湘南纲山）发展。

…………

---

① 当时的秘密代号。

② 当时的秘密代号。

2. 关于方针方面：

（1）保全力量，坚持斗争，建立主力，扩大新区，多创回旋点，向主要方向推进。又以部份兵力加强各县，以一连（六十名战斗兵）的小型骨干队及多数武工队结合民兵坚持旧区。

（2）广泛发动群众，以反"三征"为主，注意举办民众福利事业，重视组织多种多样下层群众，避免清一色的过"左"过早赤白对立。

（3）对土匪问题，对群众所憎恨及政治性土匪坚决消灭之；对经济性和可以改造及争取的土匪，在队外合作原则下收编，并利用其广泛社会关系，去开辟我们未能到地区。对连山、连南、阳西、大龙山等地已这样做。

（4）关于干部分配问题

…………

阳山拟建立大队部领导机关，以张彬、梁天培、麦永坚三人，以张彬为主。

…………

全区主力领导机关，负责领导各县工作，以周明、蔡洪、马奔三人，以周明为主，直属于连江地委。

（六）请尽可能设法调下列干部回来，最急切的是连山之彭厚望（仅有的），阳山黎埠熊冬祥，阳山犁头毛鸿筹（上二人在翁江支队，后者在曲江），……

关于情况方面，这里列举甚少，由来人口达。

你们指示信及反"清剿"总结已收。

三月三十日

（摘自《广东革命历史文件汇集》）

附录六 阳山县革命烈士名录

## 新民主主义革命时期阳山籍革命烈士名录表

| 姓名 | 性别 | 出生年月 | 籍贯 | 入伍时间 | 所在单位、职务 | 牺牲时间、地点 |
|---|---|---|---|---|---|---|
| 黄大钧 | 男 | 1900年 | 七拱四方楼村 | 1927年 | 广州起义基层单位负责人 | 1928年5月在广州黄花岗被国民党反动派杀害 |
| 黄柏远 | 男 | 1925年 | 阳城镇通儒黄屋村 | 1942年 | 英(德)清(远)抗日游击队员 | 1944年5月在连县被国民党反动派杀害 |
| 邓文成 | 男 | | 白莲乡 | | 三纵二十二师战士 | 1947年5月牺牲 |
| 林金发 | 男 | | 太平镇太平街 | | 三纵九师战士 | 1947年5月牺牲 |
| 伍佩垓 | 男 | 1927年 | 小江下坪新屋塝村 | 1947年10月 | 不明 | 1947年11月在小江新屋塝战斗中牺牲 |
| 邹君(邹军茂) | 男 | | 太平清水塘村 | 1944年 | 中共党员,职位不明 | 1947年在广宁县大油峒高山作战牺牲 |

（续上表）

| 姓名 | 性别 | 出生年月 | 籍贯 | 入伍时间 | 所在单位、职务 | 牺牲时间、地点 |
|---|---|---|---|---|---|---|
| 江风（曹献贤） | 男 | 1925年 | 阳城镇城东街村 | 1944年 | 佛冈人民义勇大队副大队长 | 1948年11月在翁源新江渔溪径口作战牺牲 |
| 陈静中（陈连） | 男 | 1926年 | 小江双山江顶村 | 1948年10月 | 连江支队战士 | 1948年11月在犁头作战中被捕遭杀害（忠骨置于阳山烈士陵园） |
| 梁杨观 | 男 | 1904年 | 小江下坪牛主塝村 | 1948年10月 | 小江下坪民兵 | 1948年11月在小江狗春寨战斗中被捕遭杀害 |
| 伍荣 | 男 | 1918年 | 小江下坪新屋塝村 | 1948年10月 | 小江下坪民兵 | 1948年11月在小江狗春寨作战中被捕遭杀害 |
| 伍廷 | 男 | 1930年 | 小江下坪新屋塝村 | 1948年10月 | 小江下坪民兵 | 1948年11月在小江狗春寨作战中牺牲 |
| 梁新贵 | 男 | 1902年 | 小江下坪新屋塝村 | 1948年10月 | 小江下坪民兵 | 1948年11月在小江狗春寨作战中牺牲 |
| 赵廷 | 男 | 1932年 | 小江塘冲赵屋村 | 1948年8月 | 连江支队战士 | 1948年11月在小江下坪枫林塘被捕，遭杀害（忠骨置于阳山烈士陵园） |
| 梁连光 | 男 | 1918年 | 小江下坪田心村 | 1948年10月 | 连江支队战士 | 1948年11月在英德县黄花作战中牺牲 |

（续上表）

| 姓名 | 性别 | 出生年月 | 籍贯 | 入伍时间 | 所在单位、职务 | 牺牲时间、地点 |
|---|---|---|---|---|---|---|
| 伍火耀 | 男 | 1931年 | 小江下坪山根村 | 1948年2月 | 连江支队战士 | 1948年11月在高峰作战中牺牲 |
| 梁水松 | 男 | 1930年 | 小江下坪田心村 | 1948年7月 | 连江支队战士 | 1949年8月在小江乡作战中牺牲（忠骨置于阳山烈士陵园） |
| 梁泽英 | 男 | 1922年 | 小江下坪下庄村 | 1948年7月 | 连江支队副小队长 | 1948年12月在寨岗鱼冲作战后转移广宁途中被捕遭杀害 |
| 文福如（文振） | 男 | 1922年 | 黎埠洞冠瓦寮村 | 1948年9月 | 连江支队班长 | 1948年12月在寨岗鱼冲突围到老虎冲作战中牺牲 |
| 袁德安 | 男 | 1921年 | 黎埠民合良村 | 1948年9月 | 连江支队战士 | 1948年12月在寨岗鱼冲突围到老虎冲被捕遭杀害 |
| 梁珠 | 男 | 1930年 | 凤埠民合高洞村 | 1948年9月 | 连江支队战士 | 1948年12月在寨岗鱼冲突围到老虎冲作战中被捕遭杀害 |
| 邹北扬 | 男 | 1930年 | 黎埠民合草湖村 | 1948年9月 | 连江支队战士 | 1948年12月在寨岗鱼冲突围到老虎冲作战中被捕遭杀害 |
| 李明 | 男 | 1917年 | 黎埠鲁塘老屋 | 1948年9月 | 连江支队战士 | 1948年12月在寨岗鱼冲作战中被捕遭杀害 |

（续上表）

| 姓名 | 性别 | 出生年月 | 籍贯 | 入伍时间 | 所在单位、职务 | 牺牲时间、地点 |
|------|------|---------|------|---------|--------------|--------------|
| 黎章房 | 男 | 1907年 | 凤埠塘上滑村 | 1948年9月 | 连江支队战士 | 1948年12月在寨岗鱼冲作战中被捕遭杀害 |
| 陈火胜 | 男 | 1927年 | 黎埠隔江陈屋围村 | 1948年9月 | 连江支队战士 | 1948年12月在寨岗鱼冲作战中被捕遭杀害 |
| 黄金带 | 男 | 1925年 | 黎埠贵龙井头村 | 1948年10月 | 连江支队战士 | 1948年12月在寨岗鱼冲作战中被捕遭杀害 |
| 刘路养 | 男 | 1911年 | 黎埠鲁塘黄豆塘村 | 1948年10月 | 连江支队战士 | 1948年12月在寨岗鱼冲作战中被捕遭杀害 |
| 伍石富 | 男 | 1933年 | 小江外洞伍屋塘村 | 1948年10月 | 连江支队战士 | 1948年12月在寨岗鱼冲作战中被捕遭杀害 |
| 陈东城 | 男 | 1928年 | 黎埠水井村 | 1948年10月 | 连江支队猛虎队战士 | 1948年12月在寨岗鱼冲突围到老虎冲作战中被捕遭杀害 |
| 曾扬才 | 男 | 1928年 | 黎埠鲁塘村 | 1948年10月 | 连江支队猛虎队战士 | 1948年12月在寨岗鱼冲作战中牺牲 |
| 曾荣胜 | 男 | 1926年 | 黎埠黄豆塘村 | 1948年10月 | 连江支队战士 | 1948年12月在寨岗鱼冲作战时被捕遭杀害 |
| 曾荣新 | 男 | 1925年 | 黎埠黄豆塘村 | 1948年10月 | 连江支队战士 | 1948年12月在寨岗鱼冲作战时被捕遭杀害 |

（续上表）

| 姓名 | 性别 | 出生年月 | 籍贯 | 入伍时间 | 所在单位、职务 | 牺牲时间、地点 |
|---|---|---|---|---|---|---|
| 李海 | 男 | | 黎埠水井村 | | 农会会员 | 1948年12月在水井山区被捕遭杀害 |
| 古火城 | 男 | | 黎埠水井村 | | 农会会员 | 1948年12月在水井山区被捕遭杀害 |
| 邹根 | 男 | | 黎埠界滩村 | 1948年8月 | 连江支队战士 | 1948年12月在界滩水岩角作战中牺牲 |
| 张记 | 男 | 1923年6月 | 黎埠联坝白石塘村 | 1948年6月 | 农会会员 | 1948年12月在黎埠圩被捕后遭杀害 |
| 陈锐 | 男 | 1910年 | 小江外洞黑山脚村 | 1948年 | 小江外洞黑山脚民兵 | 1948年冬国民党"扫荡"下坪村时，奉命送信途中被捕遭杀害 |
| 袁北扬 | 男 | 1922年 | 凤埠民合江边村 | 1948年10月 | 连江支队副班长 | 1948年12月在凤埠界滩碌石磅作战中牺牲 |
| 吴金 | 男 | 1916年 | 凤埠民合坑尾村 | 1948年10月 | 连江支队战士 | 1949年1月在寨岗老虎冲作战中牺牲 |
| 袁火胜 | 男 | 1901年 | 凤埠民合高洞村 | 1948年10月 | 黎埠乡民兵 | 1949年1月在凤埠界滩碌石磅作战中受重伤牺牲 |

（续上表）

| 姓名 | 性别 | 出生年月 | 籍贯 | 入伍时间 | 所在单位、职务 | 牺牲时间、地点 |
|---|---|---|---|---|---|---|
| 陈发钦 | 男 | 1928年 | 凤埠民合田寮村 | 1948年10月 | 连江支队战士 | 1949年1月在凤埠界滩碌石磅作战中牺牲 |
| 袁球 | 男 | 1913年 | 凤埠民合江边村 | 1948年10月 | 连江支队战士 | 1949年1月在凤埠界滩碌石磅作战中牺牲 |
| 邹日旺 | 男 | 1924年 | 凤埠民合村 | 1948年10月 | 连江支队战士 | 1949年1月在凤埠界滩碌石磅作战中牺牲 |
| 叶池 | 男 | 1914年 | 小江冷水坑村 | 1948年 | 农会会员 | 1949年1月在凤埠界滩碌石磅作战中牺牲 |
| 欧春奎 | 男 | 1927年 | 凤埠界滩村 | 1948年9月 | 连江支队战士 | 1949年1月在小江罗汉塘作战中牺牲 |
| 黄日安（袁日安） | 男 | | 凤埠民合村 | 1948年 | 连江支队战士 | 1949年4月在大田头战斗中负伤被捕遭杀害 |
| 丘微艺 | 男 | 1924年 | 杜步旱坑铺仔村 | 1941年 | 北江支队中队长 | 1949年1月在翁源县新江陈公湾伏击战斗中牺牲 |
| 黄勤早 | 男 | 1917年 | 秤架大塘面村 | 1949年1月 | 连江支队战士 | 1949年5月在秤架四方庙作战中牺牲 |
| 黄罗 | 男 | 1922年 | 秤架炉田青垌村 | 1949年3月 | 连江支队战士 | 1949年5月在秤架炉田作战中牺牲 |

（续上表）

| 姓名 | 性别 | 出生年月 | 籍贯 | 入伍时间 | 所在单位、职务 | 牺牲时间、地点 |
|---|---|---|---|---|---|---|
| 庞荣（庞业荣） | 男 | 1919年 | 秤架炉田麻元村 | 1949年4月 | 连江支队战士 | 1949年5月在秤架炉田作战中牺牲 |
| 冯英 | 男 | 1933年 | 附城双塘村 | 1948年 | 连江支队战士 | 1949年5月在麦冲被蛇咬伤脚后被捕遭杀害 |
| 欧田 | 男 | 1924年 | 附城双塘墩头村 | 1949年1月 | 阳山人民抗征自救队队员 | 1949年6月在附城双塘村作战中被捕遭杀害 |
| 欧万兴 | 男 | 1905年 | 附城双塘墩头村 | 1949年1月 | 阳山人民抗征自救队队员 | 1949年6月在附城双塘村作战中被捕遭杀害 |
| 陈全 | 男 | 1906年 | 附城双塘陈屋村 | 1949年2月 | 阳山人民抗征自救队队员 | 1949年6月在附城双塘村作战中被捕遭杀害 |
| 郭贺 | 男 | 1922年 | 附城双塘村 | 1949年2月 | 阳山人民抗征自救队队员 | 1949年6月在附城双塘村作战中被捕遭杀害 |
| 郭仲 | 男 | 1924年 | 附城双塘村 | 1949年2月 | 阳山人民抗征自救队队员 | 1949年6月在附城双塘村作战中被捕遭杀害 |
| 毛战 | 男 | 1934年 | 附城双塘村 | 1949年2月 | 阳山人民抗征自救队队员 | 1949年6月在附城双塘村作战中被捕遭杀害 |
| 陈均 | 男 | 1906年 | 附城双塘陈屋村 | 1949年2月 | 阳山人民抗征自救队队员 | 1949年6月在附城双塘村作战中被捕牺牲 |

（续上表）

| 姓名 | 性别 | 出生年月 | 籍贯 | 入伍时间 | 所在单位、职务 | 牺牲时间、地点 |
|---|---|---|---|---|---|---|
| 冯灿 | 男 | 1913年 | 附城双塘村 | 1949年2月 | 阳山人民抗征自救队队员 | 1949年6月在附城双塘村作战中被捕遭杀害 |
| 冯先 | 男 | 1921年 | 附城双塘村 | 1949年2月 | 阳山人民抗征自救队队员 | 1949年6月在附城双塘村作战中被捕遭杀害 |
| 冯昌 | 男 | 1924年 | 附城双塘村 | 1949年2月 | 阳山人民抗征自救队队员 | 1949年6月在附城双塘村作战中被捕遭杀害 |
| 陈衡 | 男 | 1934年 | 附城双塘陈屋村 | 1949年2月 | 阳山人民抗征自救队队员 | 1949年6月在附城双塘村作战中被捕遭杀害 |
| 谭生 | 男 | 1900年 | 凤埠洞冠大海村 | 1948年11月 | 连江支队地下交通员 | 1949年6月在连县飞娥坪被捕遭杀害 |
| 冯荣 | 男 | 1908年 | 附城麦冲洞头村 | 1949年2月 | 阳山人民抗征自救队队员 | 1949年7月在城南被捕遭杀害 |
| 陈超贤 | 男 | 1932年 | 小江罗汉横圳村 | 1948年 | 连江支队战士 | 1949年7月在秤架车坑坪作战中牺牲 |
| 叶记芬 | 男 | 1908年 | 小江黄牛滩石灰田村 | 1948年 | 连江支队战士 | 1949年7月在小江黄牛滩筹粮时被捕遭杀害 |

（续上表）

| 姓名 | 性别 | 出生年月 | 籍贯 | 入伍时间 | 所在单位、职务 | 牺牲时间、地点 |
|---|---|---|---|---|---|---|
| 陈棠 | 男 | 1923年 | 黎埠联坝村 | 1948年8月 | 连江支队战士 | 1949年8月在攻打小江区公所时牺牲 |
| 马东成 | 男 | 1920年 | 秤架坑底村 | 1949年3月 | 秤架乡民兵 | 1949年8月在秤架单竹坪佛仔坳作战中牺牲 |
| 唐慎典（古顿） | 男 | 1924年 | 附城通儒唐屋村 | 1949年 | 曲英乳人民义勇大队事务长 | 1949年9月在韶关被捕遭杀害 |
| 黄忠胜 | 男 | 1908年 | 凤埠洞冠黄屋村 | 1949年8月 | 黎埠十五村民兵、农会会员 | 1949年9月在连县被捕遭杀害 |
| 陈柱 | 男 | 1917年 | 小江罗汉横墩村 | 1947年10月 | 连江支队战士 | 1949年在黄垒东坑坪军事演习中牺牲 |
| 罗灿 | 男 | 1920年 | 小江直二街 | 1947年 | 解放军战士 | 1949年在东北作战中牺牲 |
| 伍苟娣 | 男 | 1934年 | 小江外洞伍屋螃村 | 1948年 | 连江支队七团一连战士 | 1949年在湖南蓝山浆洞作战中牺牲 |
| 黄河 | 男 | 1913年 | 小江外洞格屋村 | 1948年秋 | 连江支队战士 | 1949年在小江黑山脚侦察敌情时被捕遭杀害 |
| 陈宏 | 男 | 1917年 | 秤架漏水坪村 | 1949年4月 | 连江支队医生 | 1949年10月在连县潭岭作战中牺牲 |

（续上表）

| 姓名 | 性别 | 出生年月 | 籍贯 | 入伍时间 | 所在单位、职务 | 牺牲时间、地点 |
|---|---|---|---|---|---|---|
| 温敖（温伯明） | 男 | 1920年 | 小江双山焦坑村 | 1948年12月 | 小江焦坑民兵 | 1949年11月在小江热水池被捕遭杀害 |
| 邱可养 | 男 | 1919年 | 黄坌高陂桥头村 | 1949年3月 | 高陂村民兵 | 1949年8月在黄坌高陂作战中牺牲 |
| 张光明 | 男 | 1893年 | 小江黄牛滩 | 1948年8月 | 连江支队战士 | 1949年11月在小江热水池被捕遭杀害 |
| 黄定勋 | 男 | 1925年 | 小江小江街 | 1946年 | 连江支队侦察员 | 1949年11月在小江侦察敌情时被捕遭杀害 |
| 曾荣胜 | 男 | 1926年 | 凤埠鲁塘黄豆塘村 | 1947年2月 | 连江支队战士 | 1949年11月在寨岗作战中被捕遭杀害 |
| 黄安 | 男 | 1914年 | 黄坌大坪村 | 1948年12月 | 阳山县第二区中队战士 | 1949年12月在秤架公安队病故，阳山解放初追认为烈士 |
| 黄锦 | 男 | 1930年 | 黄坌大坪村 | 1948年12月 | 秤架公安队战士 | 1949年12月在秤架公安队病故，阳山解放初追认为烈士 |
| 莫金发 | 男 | 1917年 | 秤架联崆墩头村 | 1948年10月 | 连江支队战士 | 1949年12月在秤架半岭作战中牺牲 |

## 新民主主义革命时期在阳山牺牲的外县籍革命烈士名录表

| 姓名 | 性别 | 出生年月 | 籍贯 | 入伍时间 | 所在单位、职务 | 牺牲时间、地点 |
|---|---|---|---|---|---|---|
| 吴体志 | 男 | | 广东连县 | | 连江支队排长 | 1948年8月在南坪（1956年6月前属阳山，下同）作战中牺牲 |
| 钱金 | 男 | | 广东广宁 | | 连江支队战士 | 1948年8月在南坪作战中牺牲 |
| 冯胜 | 男 | | 广东广宁 | | 连江支队战士 | 1948年8月在南坪作战中牺牲（忠骨置于阳山烈士陵园） |
| 谢新华 | 男 | 1922年 | 广东五华 | 1947年 | 连江支队战士 | 1948年10月在黄垄乡公所战斗中受伤后牺牲 |
| 莫发 | 男 | 1928年 | 广东惠阳 | 1945年 | 连江支队小队长 | 1948年12月在寨岗（1952年12月前属阳山，下同）鱼冲战斗中负伤后牺牲 |
| 黄玉林 | 男 | | 广东广宁 | 1947年 | 连江支队班长 | 1948年12月在寨岗鱼冲战斗中被捕遭杀害 |
| 朱永仪 | 女 | 1925年 | 广东台山钱眼村 | 1947年11月 | 连江支队卫生员 | 1948年12月，在寨岗鱼冲战斗被捕遭杀害 |

（续上表）

| 姓名 | 性别 | 出生年月 | 籍贯 | 入伍时间 | 所在单位、职务 | 牺牲时间、地点 |
|---|---|---|---|---|---|---|
| 钟灵 | 男 | | 广东大埔 | 1946年 | 连江支队文化教员 | 1948年12月在寨岗鱼冲作战后突围到怀集县时被捕遭杀害 |
| 冯唐 | 男 | | 广东广宁 | 1947年 | 连江支队战士 | 1948年12月在寨岗鱼冲作战后突围到怀集县时被捕遭杀害 |
| 高湛 | 男 | | 广东广宁 | 1947年 | 连江支队副班长 | 1948年12月在寨岗鱼冲突围战斗中牺牲 |
| 冯步芝 | 男 | | 广东广宁 | 1947年 | 连江支队供给员 | 1948年12月在寨岗鱼冲作战后突围到怀集县时被捕遭杀害 |
| 陈启 | 男 | 1932年 | 广东广宁 | 1947年 | 连江支队战士 | 1948年12月在寨岗鱼冲突围战斗中牺牲 |
| 潘贻燊 | 男 | 1933年 | 广东翁源龙仙镇 | 1947年 | 连江支队战士 | 1948年12月在寨岗鱼冲突围战斗中被捕遭杀害 |
| 杨运先 | 男 | 1927年 | 广东连南寨岗老虎冲村 | 1948年 | 连江支队战士 | 1948年12月在寨岗鱼冲突围战斗中牺牲 |

（续上表）

| 姓名 | 性别 | 出生年月 | 籍贯 | 入伍时间 | 所在单位、职务 | 牺牲时间、地点 |
|---|---|---|---|---|---|---|
| 黄全 | 男 | | 广东广宁 | 1947年 | 连江支队班长 | 1948年12月在寨岗鱼冲突围到水竹塘（1952年12月前属阳山）作战中牺牲 |
| 蓝亚金 | 男 | 1901年 | 广东连南寨岗成头冲村 | 1948年 | 连江支队战士 | 1948年12月在寨岗大田头冲（1952年12月前属阳山）家中被捕遭杀害 |
| 冯光 | 男 | 1921年 | 广东佛冈汤塘复兴村 | 1949年 | 连江支队司令员 | 1949年1月在小江罗汉塘作战中牺牲（忠骨置于阳山烈士陵园） |
| 李土和 | 男 | | 广东连县西江 | 1948年 | 连江支队战士 | 1949年1月在小江罗汉塘作战中牺牲（忠骨置于阳山烈士陵园） |
| 骆福苟 | 男 | | 广东连县西江 | 1948年 | 连江支队战士 | 1949年1月在小江罗汉塘作战中牺牲（忠骨置于阳山烈士陵园） |
| 冯着 | 男 | 1927年 | 广东广宁 | 1947年 | 连江支队五团猛虎队班长 | 1949年1月在小江罗汉塘作战中牺牲 |

（续上表）

| 姓名 | 性别 | 出生年月 | 籍贯 | 入伍时间 | 所在单位、职务 | 牺牲时间、地点 |
|---|---|---|---|---|---|---|
| □木新 | 男 | | 广东广宁 | 1947年 | 连江支队五团猛虎队班长 | 1949年1月在小江罗汉塘作战中牺牲 |
| 博万继 | 男 | | 广东广宁 | 1947年 | 连江支队战士 | 1949年2月在秤架作战中牺牲（忠骨置于阳山烈士陵园） |
| 蔡苏 | 男 | | 广东番禺 | 1944年 | 连江支队副中队长 | 1949年2月在秤架作战中牺牲 |
| 朱清 | 男 | | 广东广宁 | 1947年 | 连江支队战士 | 1949年2月在秤架作战中牺牲 |
| 李远泉 | 男 | 1913年 | 广东连南寨岗官坑 | 1948年 | 连江支队战士 | 1949年2月在寨岗从事地下联络工作时被捕遭杀害 |
| 黄永英 | 男 | 1932年 | 广东广宁 | 1947年 | 连江支队五团猛虎队手枪班班长 | 1949年7月在夜袭龙坪战斗中牺牲 |
| 陈堂 | 男 | | 广东阳山黎埠 | 1949年 | 连江支队五团猛虎队手枪班战士 | 1949年8月在夜袭小江区公所战斗中牺牲 |
| 邵甫 | 男 | 1929年 | 广东怀集 | 1947年 | 连江支队手枪队小队长 | 1949年8月在黄垒江咀战斗中牺牲 |

361

（续上表）

| 姓名 | 性别 | 出生年月 | 籍贯 | 入伍时间 | 所在单位、职务 | 牺牲时间、地点 |
|---|---|---|---|---|---|---|
| 陈继贵 | 男 | | 广东连县西江 | | 连江支队文化教员 | 1949年8月在黄垒江咀战斗中牺牲 |
| 陈福林 | 男 | | 广东连县朝天 | | 民兵队长 | 1949年9月在朝天大围（1956年6月前属阳山，下同）战斗中牺牲 |
| 陈亚荣 | 男 | | 广东连县朝天 | | 民兵 | 1949年9月在朝天大围战斗中牺牲 |
| 陈宏 | 男 | | 广东连县朝天 | | 民兵 | 1949年9月在朝天大围战斗中牺牲 |
| 罗贵 | 男 | | 广东连县朝天 | | 民兵 | 1949年9月在朝天大围战斗中牺牲 |
| 罗子安 | 男 | | 广东连县朝天 | | 民兵 | 1949年9月在朝天大围战斗中牺牲 |
| 罗炳炜 | 男 | | 广东连县朝天 | | 民兵队长 | 1949年9月在朝天神岗（1956年6月前属阳山，下同）战斗中牺牲 |

（续上表）

| 姓名 | 性别 | 出生年月 | 籍贯 | 入伍时间 | 所在单位、职务 | 牺牲时间、地点 |
|---|---|---|---|---|---|---|
| 张伟扬 | 男 | | 广东连县朝天 | | 民兵 | 1949年9月在朝天神岗战斗中牺牲 |
| 张德兴 | 男 | | 广东连县朝天 | | 民兵 | 1949年9月在朝天神岗战斗中牺牲 |
| 张木星 | 男 | | 广东连县朝天 | | 民兵 | 1949年9月在朝天神岗战斗中牺牲 |
| 张亚灶 | 男 | | 广东连县朝天 | | 民兵 | 1949年9月在朝天神岗战斗中牺牲 |
| 陈桂芳 | 男 | | 广东连县朝天 | | 民兵 | 1949年9月在朝天神岗战斗中牺牲 |
| 邝亚发 | 男 | | 广东连县朝天 | | 民兵 | 1949年9月在朝天神岗战斗中牺牲 |
| 邱章友 | 男 | | 广东连县朝天 | | 民兵 | 1949年9月在朝天神岗战斗中牺牲 |
| 卢新娇 | 男 | | 广东连县朝天 | | 民兵 | 1949年9月在朝天神岗战斗中牺牲 |

（续上表）

| 姓名 | 性别 | 出生年月 | 籍贯 | 入伍时间 | 所在单位、职务 | 牺牲时间、地点 |
|---|---|---|---|---|---|---|
| 张亚池 | 男 | | 广东连县西江 | | 民兵 | 1949年9月在西江外塘（1956年6月前属阳山，下同）战斗中牺牲 |
| 张月文 | 男 | 1914年 | 广东连县西江 | | 民兵 | 1949年9月在西江外塘战斗中牺牲 |
| 张华洲 | 男 | | 广东连县西江 | | 民兵 | 1949年9月在西江外塘战斗中牺牲 |
| 张亚汉 | 男 | | 广东连县西江 | | 民兵 | 1949年9月在西江外塘战斗中牺牲 |
| 张亚羊 | 男 | | 广东连县西江 | | 民兵 | 1949年9月在西江外塘战斗中牺牲 |
| 谭光 | 男 | | | | 民兵 | 1949年9月在西江外塘战斗中牺牲 |
| 谭中福 | 男 | | | | 民兵 | 1949年9月在西江外塘战斗中牺牲 |
| □□□ | 男 | | | | 解放军一四三师四二八团战士 | 1949年12月在解放黎埠的战斗中牺牲 |

（续上表）

| 姓名 | 性别 | 出生年月 | 籍贯 | 入伍时间 | 所在单位、职务 | 牺牲时间、地点 |
|------|------|---------|------|---------|--------------|--------------|
| □□□ | 男 | | | | 解放军一四三师四二八团战士 | 1949年12月在解放黎埠的战斗中牺牲 |

# 附录七 大事记（1938—1949）

## 1938年

8月，阳山籍共产党员陈枫在延安抗日军政大学毕业后受中共广东省委派遣返回阳山，开展抗日救亡和筹备建立党组织的工作。

9月，陈枫组织进步青年梁天培、马秀居、李广仁、毛鸿筹、熊东祥等成立阳山县青年抗敌同志会（简称"青抗会"）。青抗会以阳山中学为主要阵地组织流动宣传队，从县城到青莲、岭背、黎埠、小江、七拱等乡村开展抗日宣传，发动募捐，支持前线。

10月，日军南侵。在广州沦陷前夕，中共广东省委分头撤出广州。陈枫协助省委常委、军委书记尹林平，宣传部长饶彰风及省委部分工作人员沿小北江转移到连县。

11月，在连州建立中共连阳特支，负责连县、阳山、连山各县党的工作，由王炎光任特支书记，杨克毅任副书记兼管统战工作，张尚琼负责组织工作，陈枫负责宣传工作兼任中共阳山县支部书记，阳山县党组织从此诞生。

## 1939年

3月，陈枫已从阳山县青抗会先进分子中先后吸收李广仁、梁天培、马秀居、毛鸿筹、熊东祥等人加入中国共产党，上级又从外地派共产党员吴震乾、刘俊、黄奔、梁桃生、吴奇勋等到阳山工作，阳山县党组织力量不断壮大，成立中共阳山县支部委员会。支部书记由陈枫担任，吴震乾任副书记兼组织委员，李广仁和刘俊任宣传委员。

11月，由于国民党阳山县党部书记范少阶贪污青抗会筹捐款被揭露，青抗会发动学生和群众游行示威，影响很大。陈枫引起国民党当局注意，上级党组织决定把他调离阳山，安排到北江特委任宣传干事。中共阳山县支部书记职务由吴震乾接任。

## 1940年

3月，国民党阳山县政府配合反共高潮，通缉搜捕共产党员。活动在阳山的外地党员陆续撤离阳山，本地党员采取隐蔽形式活动，由梁天培负责单线联系。

9月，梁天培离开阳山，到连县东陂钦州师范学校任党支部书记，领导学运工作。

## 1941年

9月，原中山大学文学院党支部书记卢炽辉通过社会关系来到阳山任阳山中学校长。

10月，建立中共阳山中学支部，卢炽辉任支部书记，林之纯任副支部书记。阳山中学党支部直属中共广东省委青年部领导，不与地方党组织发生横向联系。

## 1942年

8月，"南委"粤北省委事件发生后，中共中央南方局和周恩来指示，国统区党组织一律暂停活动，党员分散隐蔽，执行"勤学、勤业、勤交友"任务。

11月，原中共粤北省委青年部副部长张江明到阳山中学隐蔽，任图书管理员。

## 1944年

夏，阳山籍青年学生张国钧、梁格夫、张桦奔赴东江纵队，参加抗日游击队。

## 1945年

2月，阳山中学党支部书记、校长卢炽辉离开阳山，并秘密带领30余名师生奔赴东江纵队，参加抗日武装斗争。

5月，张国钧、梁格夫、张桦奉命从东江纵队返回阳山开展地下工作，任务是发展进步力量，筹集粮款，支持部队。

5月，中共连阳中心县委成立，管辖连县、阳山、连山三县的党组织，李信任书记。

7月，梁格夫与梁受英、梁呈祥，共同在小江下坪开设一间作坊名曰"四健"，作为党的地下交通站，接待过往地下党同志。

8月15日，日本天皇宣布无条件投降，抗日战争胜利结束。

冬，西江游击队派马奔、陈胜带领一支二三十人的武装队伍首次到阳山县的杨梅大凼、蕉坑、坪洞一带活动。

# 1946年

2月，中共小江区委成立，王式培任区委书记兼组织委员，张国钧任宣传委员，梁格夫任统战委员。区委驻地设在小江圩"民康"杂货店。

6月，中共下坪支部和中共西（江）朝（天）支部成立，下坪支部是阳山县最早建立的农村党支部。下坪支部先后由区委委员梁格夫和梁呈祥担任，梁受英任组织委员兼武装委员。西朝支部由区委委员张国钧兼任支部书记。

6—7月，党组织派遣共产党员王廷雄打入国民党西江乡公所任副乡长，为以后阳山人民武装起义作内应；又指示公开身份为国民党小江乡第八保保长的共产党员梁受英利用国民党内部不合之机，获得一批武器弹药。

7月，成立中共小江圩支部，王式培兼任支部书记。

8月，中共虎岗中学支部成立，由教导主任岑文彬任支部书记，党支部直接归中共连阳中心县委领导。在党支部领导下，虎岗中学在学生中建立党的外围组织中国民主青年同盟。

8—9月，马奔带领西江游击队从广宁、怀集逐渐深入到阳山县的杨梅、太平、七拱筹粮及开展统战工作。

# 1947年

1月，张彬接替魏南金任中共连阳中心县委书记。

4月，张彬到小江下坪检查阳山人民武装起义准备工作。此时，下坪党支部领导的"革命兄弟会"组织已有120人。西江、朝天、黄坌、黎埠、茶田、小江等地区也先后建立地下群众组织，人数达200多人。

12月，中共粤桂湘边区工委在广宁组成挺进大队，代号"飞雷队"，司令员兼大队长冯光、政治委员周明，下设3个中队和1个手枪队，共170多人，准备向连阳地区挺进。部队经过阳山县杨梅、白莲到怀集县凤岗孔洞时，遭到强大敌人截击，被迫返回广宁。

## 1948年

1月，张彬再次来到下坪召开党支委会议，指示梁受英以"保长集中壮丁训练"的公开形式，对武装起义骨干开展军事训练，提高军事素质，为武装起义做准备。

2月，中共粤桂湘边区工委派共产党员吴裕元、梁天培进入阳山英阳三山做匪首李福、曾香的统战工作，为飞雷队第二次挺进连阳清除路障。

4月，梁天培回到小江下坪，向正在下坪检查武装起义准备工作的张彬传达中共粤桂湘边区工委关于组织地方武装起义的指示，并商讨解决粮食的办法。

5月，张彬来到黎埠，召开黎埠地区党员会议，要求党支部在继续做好青年学生工作外，还应将重点转向农村，并决定派共产党员钟文靖到水井山区，潘耀霖到寨岗农村发动群众，组织武装斗争。

6月，中共连阳中心县委先后两次派地下交通员黄伟到广宁，向中共粤桂湘边区工委报告阳山武装起义的准备情况和请示工作。随后边区工委从西江部队分批派出黄振等军政干部到小江下坪，协助做好阳山武装起义的组织和指挥工作。

7月14日，武装起义意图已被国民党阳山当局觉察，国民党小江乡副乡长兼乡队副伍鸿儒带领一股武装人员来到下坪搜查，捉拿梁呈祥、梁受英。

7月15日凌晨，起义领导小组在小江下坪召开紧急会议，决定当天晚上举行武装起义，起义人员共46人。誓师后，起义部队开往大东山。

7月23日，在地下党员、秘密潜入国民党西江乡公所任副乡长的王廷雄接应下，起义部队首战袭击西江乡公所，活捉乡长郭汉亭，全俘国民党乡自卫班16人，缴获一批枪支和粮食。

7—8月，共产党员钟文靖在黎埠水井山区发动群众组织"农民分田分地会"，并于10月建立武工队。

8月16日，西江部队飞雷队在冯光、周明率领下，第二次挺进连阳，顺利通过英阳三山后，经阳山县秤架五元坑、漏水坪到达黄坌高陂村与阳山起义部队胜利会师。

8月下旬，飞雷队在秤架东坑坪召开会议，决定主力北挺后，留下两个排在阳山，与阳山起义部队合编为阳山人民抗征自救队。同时，决定成立中共阳山人民抗征自救队委员会，由中共连阳中心县委书记张彬兼任党委书记，梁天培、麦永坚任大队党委委员，统一领导部队和地方党组织工作。阳山人民抗征自救队下辖5个中队11个武工队。

9月中旬，猛虎队袭击界滩敌护航队，缴获枪支和粮食一批。同时建立游击队界滩税站，江浩任站长。

9月下旬，雄狮队、铁流队联合袭击驻下坪九甲庙的国民党集结队，俘小江乡副乡长兼集结队队长伍鸿儒后就地处决，缴获枪支40支、子弹2000多发。

9月底，猛虎队在界滩花车河段伏击卸任的阳山县县长黄渊北返连县的船队。不日又截获黎埠大地主刘晋丰运往广州的物资一批。

10月上旬，猛虎队、铁流队和雄狮队联合袭击国民党黄坌乡公所，缴获枪支、粮食一批，游击队战士谢新华在战争中牺牲，丘英负伤。

11月，冯光、周明率领飞雷队主力从连县回到阳山，在阳山建立连江流域武装斗争指挥中心，做出向阳山南部开辟游击区的战略部署。

11月下旬，麦永坚、黄振带领猛虎队开辟黎埠寨岗新区，袭击国民党寨岗乡公所，全俘自卫班20多人，缴获枪支弹药和粮食一批。

12月11日，猛虎队在寨岗鱼冲遭到反动武装1000多人包围，在突围中有8位游击队战士牺牲；22位战士被俘后遭惨杀。

12月，界滩游击区遭连县来敌200多人进攻，钟文靖李达、杨青山张源两个武工队带领民兵300多人联合抗击，战斗进行2天，游击队牺牲1人。

12月，梁呈祥率东岳队袭击犁头乡恶霸地主貌信财的反动据点，缴获机枪2挺、长短枪20多支。

12月，杨青山张源武工队在界滩河段袭击国民党连县县长詹宝光的军粮船，缴获大米30万斤分给群众。

12月下旬，国民党阳山县县长李谨彪带领两个连兵力"清剿"下坪游击区，梁呈祥、梁受英率武工队及下坪、外洞300多民兵奋起反击，牺牲民兵2人，1人被俘后遭杀害。

## 1949年

1月22日，国民党阳山县县长李谨彪和驻连县的广东省保安司令部十七团三营营长王笃祥率领400多人兵分两路进攻罗汉塘游击根据地。飞雷队与阳山人民抗征自救队集中兵力奋起迎击，激战终日，毙伤敌人40多人，连江支队司令员冯光等牺牲。

2月中旬，中共粤桂湘边区工委派马奔、蔡雄、陈奇略、司徒毅生率领增援部队火箭队300多人从英（德）清（远）边到达阳山县黄坌高陂村，与在阳山地区活动的飞雷队会师。

2月，中共粤桂湘边区工委先后派黄孟沾和郑吉回到阳山，向飞雷队领导人传达中共中央香港分局指示。香港分局要求在阳山活动部队迅速组织力量向湘南发展，配合南下大军解放广东，并指示成立中共粤湘边临时工委和连江支队司令部领导挺进湘南工作。

3月1日，阳山人民抗征自救队在黄坌召开有8个民兵中队近千人参加的誓师大会，给各民兵中队长、小队长颁发委任状。

4月，阳山人民抗征自救队改编为中国人民解放军连江支队第五团。

4月23日，连江支队第五团中的铁流队、东岳队和猛虎队一部分编入连江支队主力团，从秤架东坑坪出发北上湘南。

5月，对第五团进行整编，除梁天培、张彬率领第三中队留在阳山坚持斗争外，麦永坚率猛虎队余下部分和从各武工队中抽调的人员，继续开赴湘南，归连江支队司令部指挥。

7月初，由于敌人大规模"清剿"阳山游击区，连江支队司令部派麦永坚率领猛虎队返回阳山，并按上级党委指示成立中共阳山县委，统一领导阳山党组织和部队开展工作。

7月，中共阳山县委在东坑坪召开各武工队队长会议，部署开展反"清剿"斗争，并从各武工队中抽调力量充实猛虎队，主动出击敌人，打乱敌人的"清剿"计划。

8月8日，猛虎队与路过阳山的连江支队第六团黄锦辉中队联合袭击小江区公所驻敌，游击队战士陈堂、梁水松牺牲。

8月13日开始，国民党阳山县县长李谨彪率400多兵力轮番进攻连江支队司令部原驻地黄坌高陂村，张彬指挥梁受英、黄堂、梁泽深、李松年、冯家进等武工队（组）和黄坌民兵第六中队坚守战斗108天。

8月30日，猛虎队联合黄堂武工队消灭驻黄坌江咀的国民党军吕桂生部40多人。

9月中旬，国民党军队对西江、朝天游击根据地不断"清剿"，杀害民兵、群众20多人。

10月7日，韶关解放，北江军分区成立。连江支队奉命赶赴韶关与解放军会师。连江支队第五团除留下部分队伍在阳山由张彬率领继续坚持斗争外，其余由梁天培、麦永坚率领从支队司令部赶赴韶关，被编为北江军分区十二团，麦永坚为二营营长。

11月下旬，解放连阳前线指挥小组成立，由解放军四十八军一四三师参谋长王中军、政治部主任吕琳和北江军分区副司令员（连江支队原司令员）周明共同组成。

12月初，人民解放军四十八军一四三师和北江军分区发起解放连阳战役，兵分南、北、中三路进军，麦永坚率领的十二团二营是解放连阳先锋营。最后队伍会师于连南三江，歼国民党中将司令官李楚瀛。

12月13日，中路大军解放连州后派出100多人乘夜长途奔袭黎埠，守敌邓树年部200多人顽固抵抗，激战两小时后缴械投降，黎埠解放，牺牲解放军战士2名。

12月13日，向连阳进军的解放军南路部队左路进入七拱，驻七拱国民党常备队已逃跑，双方没有发生大的战事，七拱解放。

12月14日上午，解放军南路部队的右路军进入青莲，部分队伍乘胜进军阳山县城。两地未遇任何抵抗便告解放。

12月15日，解放七拱后的解放军继续开往大崀地，未遇任何抵抗就迅速占领大崀圩，大崀解放。

同日，阳山县人民政府宣告成立，梁天培任县长，毛鸿筹任副县长，新的人民政权从此诞生。

12月20日，解放军占领岭背圩。

12月24日晨，营长罗志文率领解放军北江军分区十团一营一连从岭背出发，远道奔袭龟缩在秤架的国民党李谨彪残部。战斗到中午，敌人纷纷投降，李谨彪化装带伤逃脱。至此，阳山县全境解放。

12月，成立以钟文靖、杨冠三为正、副司令的阳黎支前司令部，发动组织学生和群众筹集粮款支持解放军。

# 附录八 阳山县老区建设促进会历届机构设置

阳山县老促会名称全称第一、二届为阳山县老区建设研究促进会，从第三届起改称为阳山县老区建设促进会（简称"老促会"）。

## 阳山县第一届老促会理事会（1992年4月—1999年12月）

理　　事　　长：罗水钦（县委调研员、原县长）

常务副理事长：冯家进（离休干部）

　　　　　　　陈子思（县长）

　　　　　　　梁树为（副县长）

　　　　　　　莫坤（县人大常委会副主任）

副　理　事　长：梁文法（县政协调研员、县政协原副主席）

　　　　　　　梁受英（离休干部）

　　　　　　　吴政治（县民政局局长）

秘　　书　　长：张华光（县党史研究室主任）

另设副秘书长2名，常务理事14名，理事37名。

1993年6月28日做调整。调整后组成人员如下：

理　　事　　长：莫坤（县人大调研员、县人大常委会原副主任）

常务副理事长：冯家进（离休干部）

副　理　事　长：董水房（副县长）

　　　　　　刘英杰（县政协副主席）

　　　　　　唐胄统（县民政局局长）

**秘　书　长：** 张华光（离休干部）

另设副秘书长2名，常务理事12名，理事33名。

## 阳山县第二届老促会理事会（1999年12月—2003年5月）

**名 誉 理 事 长：** 黄家标（县委副书记）

**理　　事　　长：** 莫坤（离休干部、县人大常委会原副主任）

**常务副理事长：** 罗水钦（离休干部、原县长）

　　　　　　梁庭英（离休干部）

**副　理　事　长：** 冯家进（离休干部）

　　　　　　刘英杰（县政协原副主席）

　　　　　　梁秀莲（县政协副主席）

　　　　　　欧国兴（副县长）

　　　　　　唐胄统（县民政局局长）

**秘书长：** 陈如楠（县党史办主任）

另设副秘书长2名，理事35名，办公室主任1名。

## 阳山县第三届老促会理事会（2003年5月—2007年8月）

**名 誉 理 事 长：** 刘宪宽（县委副书记）

　　　　　　罗水钦（离休干部）

**理　　事　　长：** 唐国英（县委原常委、县纪委原书记、县政
　　　　　　协原主席）

**常务副理事长：** 莫坤（离休干部、县人大常委会原副主任）

　　　　　　冯家进（离休干部）

**副　理　事　长：** 唐胄统（县民政局原局长）

　　　　　　陈如楠（县党史办原主任）

秘　书　长：陈如楠（兼）

副 秘 书 长：李锦川（县党史办副主任）

另设副秘书长1名，理事33名。

### 阳山县第四届老促会理事会（2007年8月—2012年7月）

名 誉 理 事 长：刘宪宽（县委副书记）

戴拥军（县委常委）

钟土城（副县长）

梁秀莲（县政协副主席）

罗水钦（离休干部）

冯家进（离休干部）

理　　事　　长：唐国英（县委原常委、县纪委原书记、县政
协原主席）

副 理 事 长：李扬基（县纪委原副书记、县监察局原局长）

梁庭英（离休干部）

秘　书　长：张松初（县委组织部原副科级组织员）

另设副秘书长1名，理事21名。

### 阳山县第五届老促会理事会（2012年7月—2017年1月）

名 誉 理 事 长：刘创（县委副书记）

戴拥军（县委常委）

王秀明（副县长）

赖秀华（县人大常委会副主任）

欧阳丽霞（县政协副主席）

黎旭日（离休干部、县人大常委会原副主任）

黄坤（离休干部、县吉古煤矿原党支部
书记）

会　　　长：唐国英（县委原常委、县纪委原书记、县政
　　　　　　　协原主席）

副　会　长：李扬基（县纪委原副书记、县监察局原局长）
　　　　　　　陈章钦（县扶贫办原主任、县人大常委会原
　　　　　　　委员、农村工委原主任）
　　　　　　　李炽光（县纪委原常委、县监察局原副局长）

秘　书　长：李炽光（兼）

另设会员32名。

## 阳山县第六届老促会理事会（2017年1月—　　　　）

名　誉　会　长：唐国英（县委原常委、县纪委原书记、县政
　　　　　　　　　协原主席）

会　　　　　长：陈章钦（县扶贫办原主任、县人大常委会原
　　　　　　　　　委员、农村工委原主任）

常务副会长：李扬基（县纪委原副书记、县监察局原局长）
　　　　　　　李炽光（县纪委原常委、县监察局原副局长）
　　　　　　　李两平（县人大常委会原委员、党组原成
　　　　　　　员、办公室原主任、财经工委原
　　　　　　　主任）

秘书长：李两平（兼）

另设会员27名。

阳山县老区建设促进会自1992年成立以来，在中共阳山县委、阳山县政府的领导下，围绕中心，服务大局，积极服务老区人民，为老区建设发展做了大量卓有成效工作，起到积极促进作用。全力协助开展评划解放战争时期游击根据地（老区村庄）工作，确保依时完成任务。积极当好参谋助手，围绕县委、县政府

各个时期中心工作任务，坚持经常性、针对性调查研究。及时反映老区社情民意，积极建言献策，发挥老促会作为党委、政府开展老区建设"参谋""助手""桥梁"作用。重视红色教育平台基地建设，传承红色基因。先后兴建思源室、纪念碑、纪念馆一批，开展爱国主义优良传统教育，广泛宣传革命老区英雄事迹和革命传统，大力弘扬、传承老区精神。积极协力争取，使阳山县被国务院扶贫开发领导小组批准纳入光伏扶贫项目实施范围。开展老区实用科技培训，帮助老区人民提高发展生产技能。督促强化老区农田水利设施建设，改善生产条件。促解老区难点问题，想方设法为老区修路建桥，提升交通条件。开展老区村庄整治，改善老区人居环境，提高生活水平。促补老区饮用水安全短板，解决一批老区群众饮水难、饮用水安全问题。协力开展改造老区破危学校工程，大大改善老区教学条件，促进老区乡村教育事业发展。推动开展老区医疗卫生设施建设，督促落实省政府改造老区乡镇卫生院部署，改善农村医疗条件，缓解老区群众看病难问题，为老区人民群众看病就医提供保障。积极为老区做实事好事，想方设法，采取多方面争取，多渠道筹资，多形式开展老区奖教奖学和扶贫助学活动。开展扶持革命烈士后裔困难学生、慰问老游击队队员活动，温暖老区革命烈士后裔，感恩革命先辈，传递党和政府关怀。

　　《阳山县革命老区发展史》（以下简称"本史"），是《全国革命老区县发展史丛书·广东卷》的阳山分册。本史根据中国老区建设促进会统一部署和要求，在省、市老区建设促进会指导下，在阳山县委、县政府领导下开展编纂工作。阳山县于2018年初正式启动编纂工作，成立阳山县革命老区发展史编委会，下设编辑部和评审组。编纂具体工作由县老区建设促进会负责组织实施，历时近三年时间，数易其稿，于2021年上半年正式面世。

　　本史是一部阳山革命老区综合发展史，承担着严肃的历史责任。这部史书，通过记述阳山革命老区历史和现状，展示党和政府对革命老区建设的重视和支持、政策倾斜与实际投入，展示老区建设成就、发展与进步，展现革命老区精神风貌、历史贡献和地位作用，缅怀老区的革命先烈、革命前辈的英雄事迹、崇高革命精神和光荣传统，启迪和鼓舞后人传承"红色基因"，弘扬老区精神，发扬革命传统，不忘初心，牢记使命，继续前进。为达到这一目标，编纂人员认真学习革命老区历史知识和编史基本知识，在编纂过程中，收集和查阅大量史实资料和老区建设发展情况资料，认真细致整理记述，反复校正，反复修改，查漏补缺，力求全面。

　　本史根据广东省老促会印发的《革命老区县发展史编纂大纲》，结合阳山实际，拟定符合阳山特色的《阳山县革命老区发展史编纂提纲》，采用章、节、项、目四个层次和编年体与纪事体相结合的形式记述。全史共开立8章33节8个附录，并视实际情况和需要，在节下设若干项，在项下设若干目，努力做到章、节、项、目层次分明。本史按照上限时间1927年，下限时间2018年底进行编纂。

本史编纂工作得到县有关领导的指导，得到县史志办和县直有关部门、单位、老区乡镇（含有老区村的乡镇）大力帮助。本史资料来源：《阳山县志》、《中国共产党阳山县地方史》、《阳山县革命斗争史》、《中共阳山县组织史》、《历史的丰碑》、《黎寨风云》、阳山县人民代表大会文件汇编等文献资料。县史志办为主要资料提供单位，本史中的统计数据来自县统计局。县委办公室、县人大常委会办公室、县政府办公室、县老促会、县发展改革局、县文广新局、县民政局、县扶贫办、县档案局、县博物馆等县直部门单位和小江镇、黄坌镇、黎埠镇、秤架瑶族乡、阳城镇、江英镇等老区乡镇（含有老区村的乡镇）人民政府也根据要求提供相关资料。

在征求意见和初审阶段，上述部门单位和乡镇，以及县委组织部、县委宣传部、县委党校、县财政局、县经信局、县科技和农业局、县林业局、县交通运输局、县教育局、县卫计局、县水务局、县行政服务中心、县旅游局、县老干服务所、县关工委、县老干大学等部门单位，本史编辑部和评审组全体成员，以及谢东明、黎旭日、李锦川、李健、李秤酬等同志，对本史作了认真阅审，并提出了大量修改意见和建议。在此，一并表示衷心感谢！

本史在编纂过程中，编纂人员以认真、务实、负责、严谨的精神，收集、查阅、整理、核实各种相关资料，付出辛勤劳动。本史各部分撰稿人为（按全书顺序）：地方序言：李两平；第一章：李学森、李两平；第二章：陈发娣；第三章：李学森、陈发娣；第四章：除第一节第五目为李两平从《黎寨风云》摘录整理外，其余为陈发娣；第五章：郭流、唐国英、李扬基、欧阳钢烨、林桂英、梁清云、黄京木、邓文锋、黎雪枚，李两平综合整理；第六章、第七章、第八章：李两平；附录：除已在文中注明外，其余为欧志光、冯俐俐、陈发娣，李两平综合整理；后记：李两平。本史整体编纂、综合统稿、编辑汇编、校对修改等具体工作由执行主编李两平负责。各章章扉页文字简述、以及各章节导语由李两平撰稿或整理插入。在编辑部人员协助下，经认真编纂和耐心细致的反复修改，于2018年10月形成草稿，经小范围征询意见，作修改补充后，于2018年12月形成初稿。将初稿给县各有关部门单位、老区乡镇和有关人员作较大范围的意见征求，并根据所收集的意见建议，对初稿再作进一步修改补充。2019年4月形成初稿修改稿，由评审组组织评审，根据评审意见再作修改完善后，呈报编委会全体成员审读，并经编委会全体会议审定，形成正式初稿，上报清远市编纂革命老区县发展史丛书指导小组审读，并根据审读意见对正式初稿再作修改完善后，于2019年6月形成送审稿，报送广东人民出版社。后又根据广东省革命老区县发展史书稿修改培训班精神和要求，对送审稿再作修改。2019年12月形成送审稿再改稿，重报广东人民出版社，经出版社和省史志专家几审几修改后，于2021年2月作终审定稿、出版付印。

编纂《阳山县革命老区发展史》是一件全新工作。由于老区历史时间跨度较大，部分相关资料欠缺，且篇幅和编者的水平有限，编纂时间仓促，不足之处在所难免，恳请各界人士批评指正。

阳山县革命老区发展史编辑部

2021年2月6日

# 广东人民出版社 党政精品图书

围绕中心，服务大局，做最具高度、深度和温度的主题出版物

## 中宣部主题出版重点出版物

**《中华人民共和国通史》（七卷本）**

· 全国第一部反映中华人民共和国70年光辉历程的多卷本通史性著作
· 中央党校、中央党史和文献研究院权威专家倾力打造

**《账本里的中国》**

一册册老账本，串起暖心回忆，讲述你我故事，体味民生变迁。

**《全国革命老区县发展史丛书·广东卷》**

· 挖掘广东120个革命地区的红色记忆
· 中国老区建设促进会牵头组织

**《红色广东丛书》**

· 广东省委宣传部重点主题出版物
· 传承红色基因，弘扬革命精神

---

本书配有智能阅读助手，为您1V1定制

# 《阳山县革命老区发展史》阅读计划

帮助您实现"时间花得少，阅读体验好"的阅读目的

建 议 配 合 二 维 码 一 起 使 用 本 书

**您可根据自己的学习需求，量身定制专属于您的阅读计划：**

| 阅读服务方案 | 阅读时长指数 | 为您提供的资源类型 | 帮助您达到以下学习目的 |
|---|---|---|---|
| 1. 高效阅读 | 阅读频次 较低 每次时长 较短 总共耗费时长 ■ | 总结类 | 快速学习和掌握红色精神。 |
| 2. 轻松阅读 | 阅读频次 较高 每次时长 适中 总共耗费时长 ■■ | 基础类 | 简单了解革命老区的历史。 |
| 3. 深度阅读 | 阅读频次 较高 每次时长 较长 总共耗费时长 ■■■ | 拓展类 | 继承和发扬红色精神，推动老区发展。 |

**针对您选择的阅读计划，您可以享受以下权益：**

**立刻获得的主要权益**

▶ **专享本书社群服务**：提供创造价值与私密的深度共读服务，群内分享阅读干货，发起话题探讨
▶ **1套阅读工具**：辅助您高效阅读本书，终身拥有

**每周获得的主要权益**

▶ **专属热点资讯**：16周社科文学类资讯推送，每周2次
▶ **精选好书推荐**：16周文学社科热门好书推荐，每周1次

**长期获得的主要权益**

**线下读书活动推荐**：精选活动，扩充知识
开拓视野
不少于1次

**抢兑礼品**：免费抽取实物大礼
不少于2次限时抽类

**微信扫码**
添加智能阅读助手

**只需三步，获取以上所有权益：**
1. 微信扫描二维码；
2. 添加智能阅读助手；
3. 获取本书权益，提高读书效率。

※ 鉴于版本更新，部分文字和界面可能会有细微调整，敬请谅解。